KB132476

(공부계획표)

01일차	02일차	03일차
10~13쪽	14~17쪽	18~21쪽
월 일	월 일	월 일

06일차	07일차	08일차
30~33쪽	34~37쪽	38~41쪽
월 일	월 일	월 일

11일차	12일차	13일차
50~53쪽	54~59쪽	62~65쪽
월 일	월 일	월 일

16일차	17일차	18일차
74~77쪽	78~81쪽	82~85쪽
월 일	월 일	월 일

21일차	22일차	23일차
94~97쪽	98~101쪽	102~105쪽
월 일	월 일	월 일

잘라서 사용할 수 있습니다.

(나의 다짐)

나는 이렇게 공부할 거야!

나는	
집중이 잘 되는 시간은	
공부가 잘 되는 장소는	
나의 장점은	
좀 더 잘했으면 하는 점은	
내가 꿈꾸는 미래의 모습은	

초등학교　　이름

04일차	05일차
22~25쪽	26~29쪽
월　　일	월　　일

09일차	10일차
42~45쪽	46~49쪽
월　　일	월　　일

14일차	15일차
66~69쪽	70~73쪽
월　　일	월　　일

19일차	20일차
86~89쪽	90~93쪽
월　　일	월　　일

24일차	25일차
106~109쪽	110~115쪽
월　　일	월　　일

한끝

진도책

초등 사회 6·1

한끝 구성과 특징

진도책

개념 학습

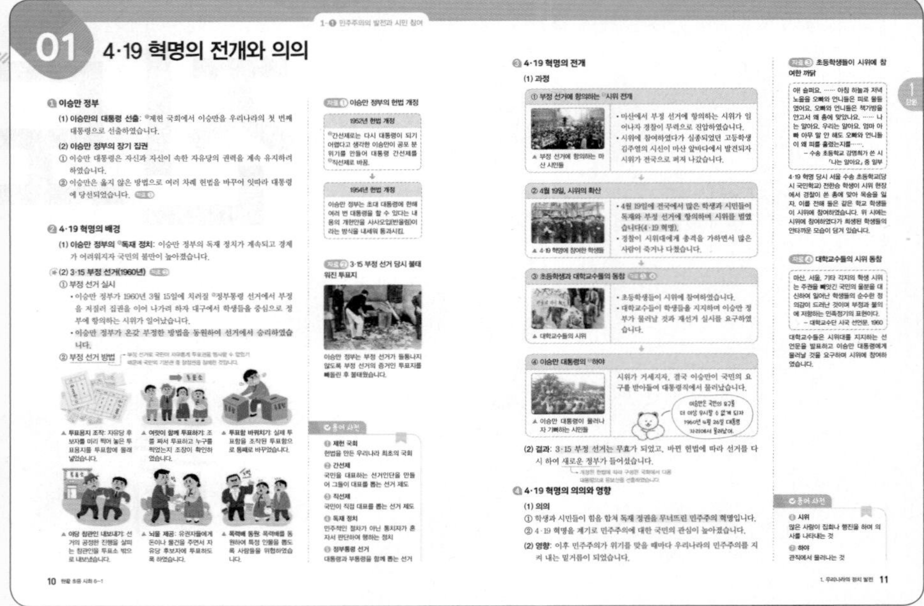

11종 사회 교과서를 꼼꼼하게 분석하여 핵심 주제를 선정하고, 이를 개념 정리와 사진, 그림 자료로 한눈에 들어오게 정리하였습니다. 한 번에 학습하기에 알맞은 분량의 개념을 펼친 면으로 구성하여 집중도 높은 학습이 이루어지도록 하였습니다.

문제 학습

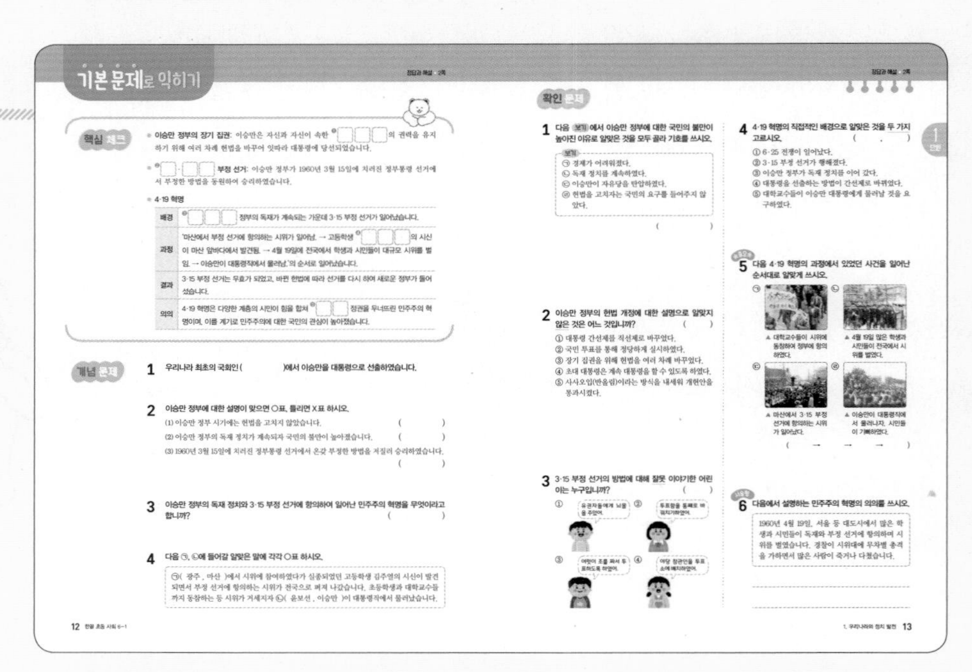

주제별 개념을 핵심 체크 ▶ 개념 문제 ▶ 확인 문제를 통해 완벽하게 이해할 수 있도록 하였습니다.

중단원 학습

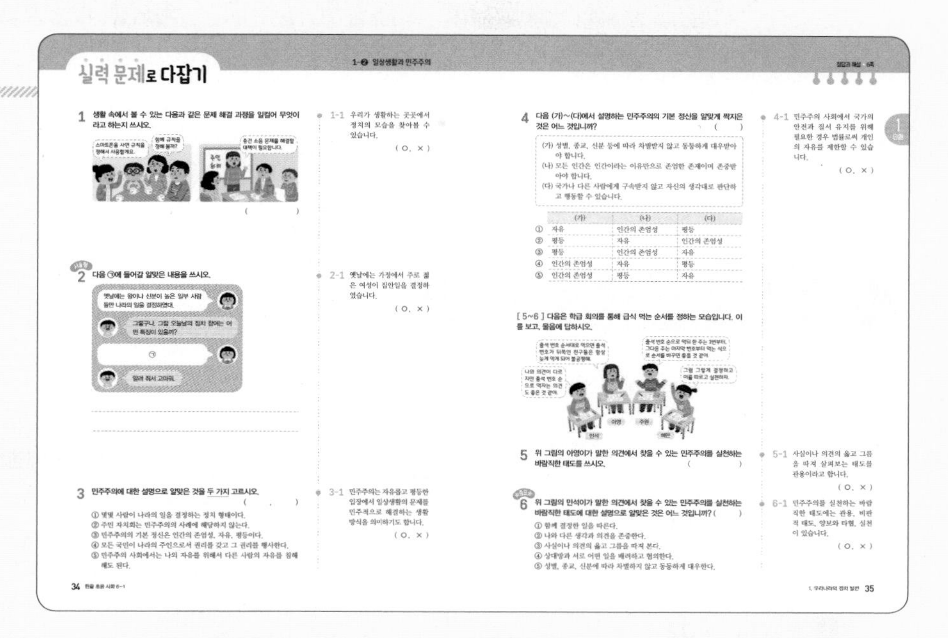

중단원 단위의 학습을 문제를 풀면서 체계적으로 복습할 수 있도록 하였습니다.

단원 마무리

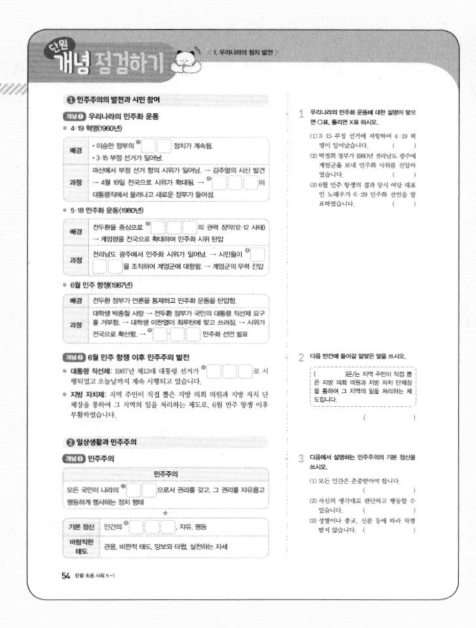

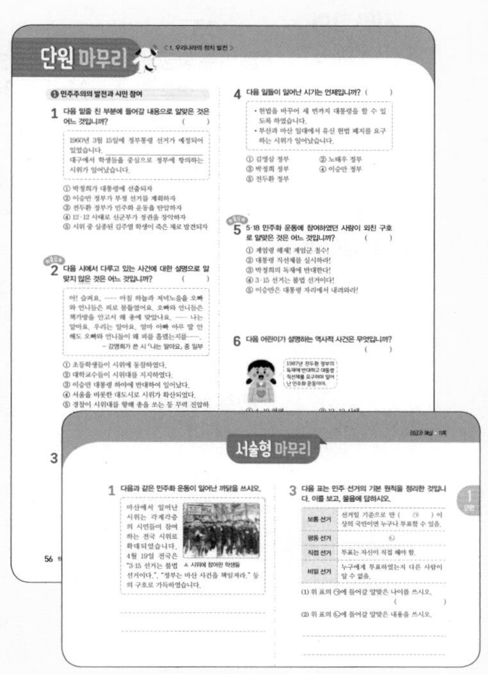

대단원 단위의 학습을 빈칸을 채우며 정리하고, 핵심 문제로 확인하도록 하였습니다. 답을 글로 쓰는 서술형 문제로 배운 내용을 다시 한번 확인할 수 있습니다.

사회 공부 한 권으로 끝!

평가책

- 단원 평가 대비
  중단원별 개념 정리 / 쪽지 시험
  실전 단원 평가 / 수행 평가
- 학업성취도 평가 대비
  학업성취도 평가 대비 문제

한끝과 내 교과서 단원 비교하기

1 우리나라의 정치 발전

		한끝	비상 교육	비상 교과서	교학사	금성	김영사	동아	미래엔	아이스크림	지학사	천재 교육	천재 교과서
❶ 민주주의의 발전과 시민 참여	01 4·19 혁명의 전개와 의의	10~13	10~14	11~15	11~14	14~17	12~15	8~11	14~17	11~14	10~13	12~15	17~21
	02 5·18 민주화 운동의 전개와 의의	14~17	15~21	16~21	15~20	18~21	16~22	12~15	18~23	15~20	14~17	16~21	22~25
	03 6월 민주 항쟁의 전개와 이후 민주주의의 발전	18~21	22~34	22~32	21~30	22~32	23~32	16~25	24~33	21~30	18~28	22~32	26~36
❷ 일상생활과 민주주의	01 민주주의의 의미와 중요성	26~29	36~44	35~42	33~41	36~39	36~44	30~41	38~44	35~42	32~41	36~41	39~47
	02 민주적 의사 결정 원리	30~33	45~50	43~48	42~49	40~46	45~50	42~49	45~51	43~49	42~50	42~48	48~52
❸ 민주 정치의 원리와 국가 기관의 역할	01 민주 정치의 원리	38~41	52~57	51~56	53~55	48~51	54~56	54~57	56~59	55~62	54~57	52~57	55~57
	02 국회와 행정부의 역할	42~45	58~67	57~62	56~62	52~59	57~63	58~65	60~67	63~69	58~65	58~61	58~67
	03 법원의 역할과 일상생활 속 민주 정치의 원리 적용 사례	46~49	68~74	63~68	63~70	60~70	64~74	66~70	68~75	70~76	66~72	62~68	68~70

한끝의 각 일차가 내 교과서의
몇 쪽에 해당하는지 확인할 수 있어.
만약 비상 교과서 22~32쪽이면
한끝 18~21쪽을 공부하면 돼.

2 우리나라의 경제 발전

		한끝	비상 교육	비상 교과서	교학사	금성	김영사	동아	미래엔	아이스크림	지학사	천재 교육	천재 교과서
❶ 우리나라 경제 체제의 특징	01 가계와 기업의 경제적 역할	62 ~65	84 ~88	79 ~81	83 ~85	82 ~85	84 ~86	80 ~83	88 ~93	89 ~91	82 ~85	78 ~81	83 ~87
	02 가계와 기업의 합리적 선택	66 ~69	89 ~95	82 ~88	86 ~91	86 ~91	87 ~92	84 ~93	94 ~101	92 ~97	86 ~93	82 ~87	88 ~93
	03 우리나라 경제의 특징과 바람직한 경제활동	70 ~73	96 ~104	89 ~98	92 ~102	92 ~100	93 ~104	94 ~99	102 ~109	98 ~106	94 ~102	88 ~96	94 ~100
❷ 우리나라의 경제 성장	01 6·25 전쟁 이후~1980년대 우리나라의 경제 성장	78 ~81	106 ~113	101 ~107	105 ~110	102 ~111	108 ~113	104 ~107	114 ~121	111 ~115	106 ~111	100 ~105	103 ~109
	02 1990년대 이후 우리나라의 경제 성장	82 ~85	114 ~116	108 ~111	111 ~113	112 ~113	114 ~117	108 ~111	122 ~124	116 ~120	112 ~115	106 ~107	110 ~113
	03 경제 성장에 따른 사회 변화와 문제	86 ~89	117 ~126	112 ~120	114 ~122	114 ~124	118 ~128	112 ~119	125 ~131	121 ~128	116 ~124	108 ~116	114 ~122
❸ 세계 속의 우리나라 경제	01 나라와 나라 사이에 경제 교류가 필요한 까닭	94 ~97	128 ~135	123 ~128	125 ~133	128 ~129	132 ~140	124 ~129	136 ~139	133 ~137	128 ~131	120 ~129	125 ~127
	02 우리나라와 다른 나라의 경제 관계	98 ~101	136 ~140	129 ~136	134 ~136	130 ~135	141 ~143	130 ~136	140 ~147	138 ~144	132 ~141	130 ~133	128 ~135
	03 다른 나라와 경제 교류를 하면서 생기는 문제	102 ~105	141 ~144	137 ~140	137 ~142	136 ~142	144 ~148	137 ~139	148 ~153	145 ~150	142 ~146	134 ~138	136 ~140

1 우리나라의 정치 발전

2 우리나라의 경제 발전

❶ 우리나라 경제 체제의 특징

❷ 우리나라의 경제 성장

❸ 세계 속의 우리나라 경제

규칙적으로 공부하고, 공부한 내용을 확인하는 과정을 반복하면서 사회가 재밌어지고, 자신감이 쌓여 갈 거야.

1

우리나라의 정치 발전

01 4·19 혁명의 전개와 의의

❶ 이승만 정부

(1) 이승만의 대통령 선출: [1]제헌 국회에서 이승만을 우리나라의 첫 번째 대통령으로 선출하였습니다.

(2) 이승만 정부의 장기 집권

① 이승만 대통령은 자신과 자신이 속한 자유당의 권력을 계속 유지하려 하였습니다.

② 이승만은 옳지 않은 방법으로 여러 차례 헌법을 바꾸어 잇따라 대통령에 당선되었습니다. 자료 ①

❷ 4·19 혁명의 배경

(1) 이승만 정부의 [4]독재 정치: 이승만 정부의 독재 정치가 계속되고 경제가 어려워지자 국민의 불만이 높아졌습니다.

(2) 3·15 부정 선거(1960년) 자료 ②

① 부정 선거 실시

- 이승만 정부가 1960년 3월 15일에 치러질 [5]정부통령 선거에서 부정을 저질러 집권을 이어 나가려 하자 대구에서 학생들을 중심으로 정부에 항의하는 시위가 일어났습니다.
- 이승만 정부가 온갖 부정한 방법을 동원하여 선거에서 승리하였습니다.

② 부정 선거 방법 — 부정 선거로 국민이 자유롭게 투표권을 행사할 수 없었기 때문에 국민의 기본권 중 참정권을 침해한 것입니다.

▲ 투표용지 조작: 자유당 후보자를 미리 찍어 놓은 투표용지를 투표함에 몰래 넣었습니다.

▲ 여럿이 함께 투표하기: 조를 짜서 투표하고 누구를 찍었는지 조장이 확인하였습니다.

▲ 투표함 바꿔치기: 실제 투표함을 조작된 투표함으로 통째로 바꾸었습니다.

▲ 야당 참관인 내보내기: 선거의 공정한 진행을 살피는 참관인을 투표소 밖으로 내보냈습니다.

▲ 뇌물 제공: 유권자들에게 돈이나 물건을 주면서 자유당 후보자에 투표하도록 하였습니다.

▲ 폭력배 동원: 폭력배를 동원하여 특정 인물을 뽑도록 사람들을 위협하였습니다.

자료 ① 이승만 정부의 헌법 개정

1952년 헌법 개정

[2]간선제로는 다시 대통령이 되기 어렵다고 생각한 이승만이 공포 분위기를 만들어 대통령 간선제를 [3]직선제로 바꿈.

↓

1954년 헌법 개정

이승만 정부는 초대 대통령에 한해 여러 번 대통령을 할 수 있다는 내용의 개헌안을 사사오입(반올림)이라는 방식을 내세워 통과시킴.

자료 ② 3·15 부정 선거 당시 불태워진 투표지

이승만 정부는 부정 선거가 들통나지 않도록 부정 선거의 증거인 투표지를 빼돌린 후 불태웠습니다.

용어 사전

❶ **제헌 국회**
헌법을 만든 우리나라 최초의 국회

❷ **간선제**
국민을 대표하는 선거인단을 만들어 그들이 대표를 뽑는 선거 제도

❸ **직선제**
국민이 직접 대표를 뽑는 선거 제도

❹ **독재 정치**
민주적인 절차가 아닌 통치자가 혼자서 판단하여 행하는 정치

❺ **정부통령 선거**
대통령과 부통령을 함께 뽑는 선거

③ 4·19 혁명의 전개

(1) 과정

① 부정 선거에 항의하는 ⑥시위 전개

▲ 부정 선거에 항의하는 마산 시민들

- 마산에서 부정 선거에 항의하는 시위가 일어나자 경찰이 무력으로 진압하였습니다.
- 시위에 참여하였다가 실종되었던 고등학생 김주열의 시신이 마산 앞바다에서 발견되자 시위가 전국으로 퍼져 나갔습니다.

↓

② 4월 19일, 시위의 확산

▲ 4·19 혁명에 참여한 학생들

- 4월 19일에 전국에서 많은 학생과 시민들이 독재와 부정 선거에 항의하며 시위를 벌였습니다(4·19 혁명).
- 경찰이 시위대에게 총격을 가하면서 많은 사람이 죽거나 다쳤습니다.

↓

③ 초등학생과 대학교수들의 동참 자료 ③, ④

▲ 대학교수들의 시위

- 초등학생들이 시위에 참여하였습니다.
- 대학교수들이 학생들을 지지하며 이승만 정부가 물러날 것과 재선거 실시를 요구하였습니다.

↓

④ 이승만 대통령의 ⑦하야

▲ 이승만 대통령이 물러나자 기뻐하는 시민들

시위가 거세지자, 결국 이승만이 국민의 요구를 받아들여 대통령직에서 물러났습니다.

이승만은 국민의 요구를 더 이상 무시할 수 없게 되자 1960년 4월 26일 대통령 자리에서 물러났어.

(2) 결과: 3·15 부정 선거는 무효가 되었고, 바뀐 헌법에 따라 선거를 다시 하여 새로운 정부가 들어섰습니다.

• 개정된 헌법에 따라 구성된 국회에서 다음 대통령으로 윤보선을 선출하였습니다.

④ 4·19 혁명의 의의와 영향

(1) 의의

① 학생과 시민들이 힘을 합쳐 독재 정권을 무너뜨린 민주주의 혁명입니다.

② 4·19 혁명을 계기로 민주주의에 대한 국민의 관심이 높아졌습니다.

(2) 영향: 이후 민주주의가 위기를 맞을 때마다 우리나라의 민주주의를 지켜 내는 밑거름이 되었습니다.

자료 ③ 초등학생들이 시위에 참여한 까닭

> 아! 슬퍼요. …… 아침 하늘과 저녁 노을을 오빠와 언니들은 피로 물들였어요. 오빠와 언니들은 책가방을 안고서 왜 총에 맞았나요. …… 나는 알아요. 우리는 알아요. 엄마 아빠 아무 말 안 해도 오빠와 언니들이 왜 피를 흘렸는지를…….
>
> – 수송 초등학교 강명희가 쓴 시 「나는 알아요」 중 일부

4·19 혁명 당시 서울 수송 초등학교(당시 국민학교) 전한승 학생이 시위 현장에서 경찰이 쏜 총에 맞아 목숨을 잃자, 이를 전해 들은 같은 학교 학생들이 시위에 참여하였습니다. 위 시에는 시위에 참여하였다가 희생된 학생들의 안타까운 모습이 담겨 있습니다.

자료 ④ 대학교수들의 시위 동참

> 마산, 서울, 기타 각지의 학생 시위는 주권을 빼앗긴 국민의 울분을 대신하여 일어난 학생들의 순수한 정의감이 드러난 것이며 부정과 불의에 저항하는 민족정기의 표현이다.
>
> – 대학교수단 시국 선언문, 1960

대학교수들은 시위대를 지지하는 선언문을 발표하고 이승만 대통령에게 물러날 것을 요구하며 시위에 참여하였습니다.

용어 사전

⑥ **시위**
많은 사람이 집회나 행진을 하며 의사를 나타내는 것

⑦ **하야**
관직에서 물러나는 것

기본 문제로 익히기

핵심 체크

- **이승만 정부의 장기 집권**: 이승만은 자신과 자신이 속한 ❶☐☐☐의 권력을 유지하기 위해 여러 차례 헌법을 바꾸어 잇따라 대통령에 당선되었습니다.
- ❷☐·☐☐ **부정 선거**: 이승만 정부가 1960년 3월 15일에 치러진 정부통령 선거에서 부정한 방법을 동원하여 승리하였습니다.
- **4·19 혁명**

배경	❸☐☐☐ 정부의 독재가 계속되는 가운데 3·15 부정 선거가 일어났습니다.
과정	'마산에서 부정 선거에 항의하는 시위가 일어남. → 고등학생 ❹☐☐☐의 시신이 마산 앞바다에서 발견됨. → 4월 19일에 전국에서 학생과 시민들이 대규모 시위를 벌임. → 이승만이 대통령직에서 물러남.'의 순서로 일어났습니다.
결과	3·15 부정 선거는 무효가 되었고, 바뀐 헌법에 따라 선거를 다시 하여 새로운 정부가 들어섰습니다.
의의	4·19 혁명은 다양한 계층의 시민이 힘을 합쳐 ❺☐☐ 정권을 무너뜨린 민주주의 혁명이며, 이를 계기로 민주주의에 대한 국민의 관심이 높아졌습니다.

개념 문제

1 우리나라 최초의 국회인 (   )에서 이승만을 대통령으로 선출하였습니다.

2 이승만 정부에 대한 설명이 맞으면 ○표, 틀리면 X표 하시오.

(1) 이승만 정부 시기에는 헌법을 고치지 않았습니다. (   )

(2) 이승만 정부의 독재 정치가 계속되자 국민의 불만이 높아졌습니다. (   )

(3) 1960년 3월 15일에 치러진 정부통령 선거에서 온갖 부정한 방법을 저질러 승리하였습니다. (   )

3 이승만 정부의 독재 정치와 3·15 부정 선거에 항의하여 일어난 민주주의 혁명을 무엇이라고 합니까? (   )

4 다음 ㉠, ㉡에 들어갈 알맞은 말에 각각 ○표 하시오.

> ㉠(광주 , 마산)에서 시위에 참여하였다가 실종되었던 고등학생 김주열의 시신이 발견되면서 부정 선거에 항의하는 시위가 전국으로 퍼져 나갔습니다. 초등학생과 대학교수들까지 동참하는 등 시위가 거세지자 ㉡(윤보선 , 이승만)이 대통령직에서 물러났습니다.

확인 문제

1 다음 보기 에서 이승만 정부에 대한 국민의 불만이 높아진 이유로 알맞은 것을 모두 골라 기호를 쓰시오.

보기
㉠ 경제가 어려워졌다.
㉡ 독재 정치를 계속하였다.
㉢ 이승만이 자유당을 탄압하였다.
㉣ 헌법을 고치자는 국민의 요구를 들어주지 않았다.

( )

2 이승만 정부의 헌법 개정에 대한 설명으로 알맞지 않은 것은 어느 것입니까? ( )

① 대통령 간선제를 직선제로 바꾸었다.
② 국민 투표를 통해 정당하게 실시하였다.
③ 장기 집권을 위해 헌법을 여러 차례 바꾸었다.
④ 초대 대통령은 계속 대통령을 할 수 있도록 하였다.
⑤ 사사오입(반올림)이라는 방식을 내세워 개헌안을 통과시켰다.

3 3·15 부정 선거의 방법에 대해 잘못 이야기한 어린이는 누구입니까? ( )

①

②

③
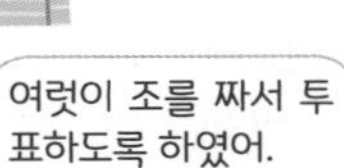

④

4 4·19 혁명의 직접적인 배경으로 알맞은 것을 두 가지 고르시오. (,)

① 6·25 전쟁이 일어났다.
② 3·15 부정 선거가 행해졌다.
③ 이승만 정부가 독재 정치를 이어 갔다.
④ 대통령을 선출하는 방법이 간선제로 바뀌었다.
⑤ 대학교수들이 이승만 대통령에게 물러날 것을 요구하였다.

중요

5 다음 4·19 혁명의 과정에서 있었던 사건을 일어난 순서대로 알맞게 쓰시오.

㉠

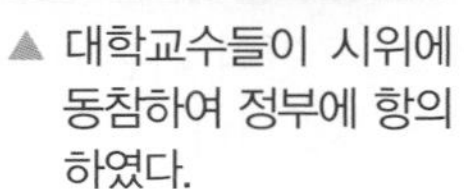
▲ 대학교수들이 시위에 동참하여 정부에 항의하였다.

㉡

▲ 4월 19일 많은 학생과 시민들이 전국에서 시위를 벌였다.

㉢

▲ 마산에서 3·15 부정 선거에 항의하는 시위가 일어났다.

㉣

▲ 이승만이 대통령직에서 물러나자, 시민들이 기뻐하였다.

(→ → →)

서술형

6 다음에서 설명하는 민주주의 혁명의 의의를 쓰시오.

1960년 4월 19일, 서울 등 대도시에서 많은 학생과 시민들이 독재와 부정 선거에 항의하며 시위를 벌였습니다. 경찰이 시위대에 무차별 총격을 가하면서 많은 사람이 죽거나 다쳤습니다.

02 5·18 민주화 운동의 전개와 의의

❶ 박정희 정부

(1) 5·16[1]군사 정변(1961년)

① 국민들은 4·19 혁명 이후 민주적인 사회를 기대하였습니다.
② 새로운 정부가 들어선 지 1년도 되지 않아 박정희를 중심으로 한 일부 군인들이 정변을 일으켜 정권을 잡았습니다(5·16 군사 정변).

(2) 박정희 정부의 성립

박정희의 대통령 당선	• 박정희는 두 번의 선거에서 대통령에 당선되었습니다. • 박정희는 장기 집권을 위해 대통령을 세 번까지 할 수 있도록 헌법을 바꾸어 다시 대통령이 되었습니다.
↓	
유신 헌법 선포	1972년 10월에 박정희는 대통령을 할 수 있는 횟수 제한을 없애고 대통령 직선제를 간선제로 바꾸는 등의 내용이 담긴 유신 헌법을 선포하였습니다. 자료 ①
↓	
유신 헌법 선포 이후	박정희 정부는 유신 헌법을 통해 막강한 권한을 가지게 되었고, 국민의 기본권을 제한하며 독재 정치를 더욱 심하게 하였습니다. ↳ 머리카락 길이, 옷차림 등을 단속하여 일상에서의 자유를 빼앗았습니다.

(3) 유신 헌법에 대한 반대

① 대학생들이 유신 헌법 폐지를 외치며 시위에 앞장섰습니다.
② 정치인, 언론인, 종교인 등이 개헌을 요구하는 서명 운동을 펼쳤습니다.
③ 작가들이 작품을 통해 민주 사회에 대한 열망을 표현하였습니다.
④ 1979년, 부산과 마산 일대에서 박정희 정부의 독재 정치에 반대하고 유신 헌법 폐지를 요구하는 시위가 크게 일어났습니다.

(4) 박정희 대통령의 사망(1979년): 유신 반대 시위로 혼란한 상황에서 박정희 대통령이 측근에게 암살당하였습니다.

❷ 5·18 민주화 운동의 배경

(1) 신군부의 정권 장악: 박정희가 죽고 난 후 시민들은 민주화를 기대하였으나 전두환을 중심으로 한 [2]신군부가 다시 정변을 일으켜 권력을 장악하였습니다(12·12 사태, 1979년).

(2) 신군부의 민주화 시위 탄압

① 시민들의 민주화 시위: 전국 곳곳에서 학생과 시민들이 신군부의 퇴진과 민주화를 요구하며 시위를 벌였습니다. 자료 ②
② 신군부의 [3]계엄령 확대: 신군부는 계엄령을 전국으로 확대하고 민주화 시위를 더욱 탄압하였습니다.

신군부는 대학교를 강제로 휴교하는 등의 조치를 내렸어.

자료 ① 유신 헌법의 내용

대통령 임기	임기가 4년에서 6년으로 늘고, 대통령을 할 수 있는 횟수 제한이 없어짐.
대통령 선출	직선제에서 간선제로 바꾸어 대통령을 통일 주체 국민 회의에서 뽑게 함.
대통령 권한	• 대통령은 국회 의원의 삼분의 일을 임명할 수 있고, 국회를 해산할 수 있음. • 대통령은 법관을 임명할 수 있음.

유신 헌법에서는 대통령의 지위와 권한을 강화하였습니다.

자료 ② 서울역 앞에서 민주화를 요구하며 시위하는 시민들

1980년 많은 시민이 서울역 앞에 모여 전두환과 군인들이 물러날 것과 민주화를 요구하며 시위를 벌였습니다.

✔용어 사전

❶ **군사 정변(쿠데타)**
군인들이 힘을 앞세워 불법적인 방법으로 정권을 잡는 행위

❷ **신군부**
새로 권력을 잡은 군인 세력

❸ **계엄령**
국가에 비상사태가 일어났을 때 사회 질서를 유지하기 위해 군대를 동원할 수 있는 긴급 명령

❸ 5·18 민주화 운동의 전개

광주 시민들은 가족의 안전, 자유와 민주주의를 지키기 위해 시민군을 조직하였어.

(1) 과정

광주에서의 시위	❹시민군의 저항	계엄군의 무력 진압
 ▲ 전남 대학교 학생들의 시위	 ▲ 계엄군에 맞서 저항하는 시민들	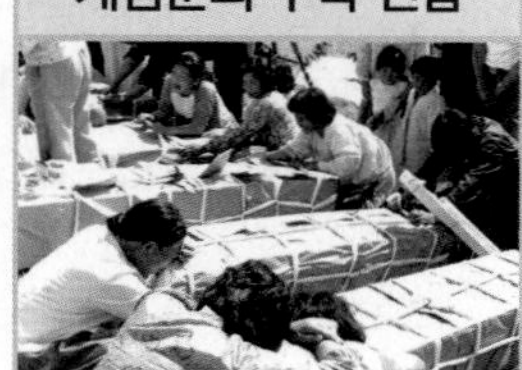 ▲ 계엄군에게 희생당한 시민들
1980년 5월 18일, 전라남도 광주에서 계엄령 해제와 민주화를 요구하는 대규모 시위가 일어났습니다.	전두환이 광주에 ❺계엄군을 보내 시위를 폭력적으로 진압하자, 분노한 시민들은 시민군을 만들어 맞섰습니다.	계엄군이 전라남도 도청에서 저항하던 시민군을 무력으로 진압하는 과정에서 수많은 사람이 희생되었습니다.

(2) 5·18 민주화 운동이 당시에 잘 알려지지 않은 까닭 자료 ❸

① 계엄군은 광주의 교통과 통신 수단을 차단하여 광주 사람들이 다른 지역의 사람들과 접촉하지 못하도록 하였습니다.

② 전두환 등이 언론을 통제하여 광주에서 일어나는 일을 사실대로 전하지 못하도록 막았습니다.

(3) 5·18 민주화 운동 중 광주 시민들의 노력

스스로 조직을 만들어 질서를 유지하였습니다.

시민군에게 음식을 나누어 주었습니다.

부상자를 돕기 위해 의료 봉사를 하였습니다.

❹ 5·18 민주화 운동의 의의와 영향

(1) 의의

① 군사 독재 정권에 맞서 민주주의를 지키고자 한 시민들의 의지를 보여 주었습니다.

② 우리나라의 민주주의 발전에 밑거름이 되었고, 아시아 여러 나라의 민주화 운동에도 영향을 주었습니다.

(2) 영향 자료 ❹

① 국가 기념일 지정: 1997년 정부는 시민들의 노력과 희생을 기억하고자 5월 18일을 국가 기념일로 지정하였습니다.

- 5·18 민주화 운동 당시 희생된 사람들을 기리기 위해 국립 5·18 민주 묘지가 설립되었습니다.

② 5·18 민주화 운동 기록물의 세계 기록 유산 지정: 5·18 민주화 운동 당시의 상황을 알려 준다는 점과 다른 나라의 민주화 운동에 영향을 준 점 등을 인정받아 2011년 유네스코 세계 기록 유산으로 등재되었습니다.

자료 ❸ 5·18 민주화 운동을 알리려 한 기자들의 노력

국내 기자	언론 통제로 제대로 된 신문 기사를 싣지 못하였지만 일부 기자들은 광주에서의 일을 취재 수첩에 적어 기록으로 남김.
외국 기자	• 외국인 기자들이 위험을 무릅쓰고 광주로 들어가 민주화 운동을 취재함. • 독일 출신의 방송 기자였던 위르겐 힌츠페터는 광주에서 찍은 영상을 독일 방송국에 보내 5·18 민주화 운동을 전 세계에 알림.

자료 ❹ 5·18 민주화 운동 기록물

5·18 민주화 운동 기록물은 당시 5·18 민주화 운동에 참여한 시민들의 일기, 선언문, 기자들의 취재 수첩과 사진 자료, 국가 기관이 만든 문서와 피해 보상 자료 등으로 구성되어 있습니다.

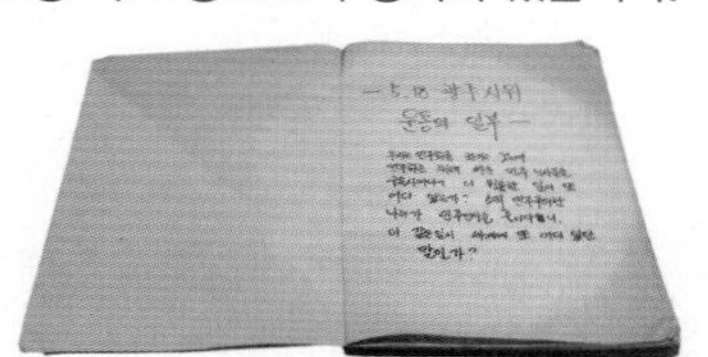

▲ 유네스코 세계 기록 유산으로 등재된 어느 여고생의 일기

용어 사전

❹ **시민군**
시민들이 스스로 조직한 군대

❺ **계엄군**
전쟁과 같이 국가에 위급한 상황이 발생하였을 때 전국 또는 일부 지역을 지키는 임무를 맡은 군대

기본 문제로 익히기

정답과 해설 • 2쪽

핵심 체크

● 박정희 정부의 독재 정치

박정희 정부의 성립	박정희는 두 번의 선거에서 연이어 ❶ □□□에 당선된 후 세 번까지 대통령을 할 수 있도록 헌법을 바꾸었습니다.

↓

유신 헌법 선포	박정희는 대통령을 할 수 있는 횟수 제한을 없애고 대통령 ❷ □□□를 실시한다는 등의 내용이 담긴 유신 헌법을 선포하였습니다.

● 5·18 민주화 운동

배경	전국에서 학생과 시민들이 신군부의 퇴진과 민주화를 요구하며 시위를 벌이자 신군부가 ❸ □□□을 전국으로 확대하였습니다.
과정	'❹ □□에서 대규모 민주화 시위가 일어남. → 전두환이 계엄군을 보내 시위를 폭력적으로 진압함. → 시민들이 시민군을 조직하여 계엄군에 맞섬. → 계엄군이 시민군을 무력으로 진압하는 과정에서 수많은 사람이 희생됨.'의 순서로 일어났습니다.
의의	• 군사 독재 정권에 맞서 민주주의를 지켜 내려는 시민들의 의지를 보여 주었습니다. • 우리나라 민주화 운동의 밑거름이 되었으며, ❺ □□□ 여러 나라의 민주화 운동에도 영향을 주었습니다.

개념 문제

1 다음 괄호 안에 들어갈 알맞은 말에 ○표 하시오.

> 4·19 혁명 이후 (박정희 , 전두환)을/를 중심으로 한 일부 군인들이 정변을 일으켜 정권을 잡은 5·16 군사 정변이 일어났습니다.

2 1972년 10월, 박정희는 대통령 직선제를 간선제로 바꾸고 대통령의 지위와 권한을 강화하는 내용이 담긴 (　　　　　)을/를 선포하였습니다.

3 박정희가 죽고 난 뒤 전두환을 중심으로 한 신군부가 다시 정변을 일으켜 권력을 장악한 사건을 무엇이라고 합니까? (　　　　　)

4 5·18 민주화 운동에 대한 설명이 맞으면 ○표, 틀리면 X표 하시오.

(1) 계엄군은 언론을 통해 광주의 일을 널리 알렸습니다. (　　　)

(2) 계엄군이 시민군을 무력으로 진압하는 과정에서 수많은 사람이 희생되었습니다. (　　　)

확인 문제

1 **5·16 군사 정변에 대해 바르게 이야기한 어린이는 누구인지 쓰시오.**

- 민희: 유신 헌법에 반대하여 일어났어.
- 준호: 신군부가 권력을 장악하기 위해 일으켰어.
- 현정: 박정희를 중심으로 일부 군인들이 일으킨 사건이야.

( )

2 **박정희가 장기 집권을 위해 벌인 일로 알맞은 것은 어느 것입니까?** ( )

① 12·12 사태를 일으켰다.
② 유신 헌법을 선포하였다.
③ 대통령의 권한을 약화시켰다.
④ 광주에 계엄군을 투입하였다.
⑤ 3·15 부정 선거를 계획하였다.

중요

3 **유신 헌법에 대해 정리한 내용 중 알맞지 않은 것은 어느 것입니까?** ( )

유신 헌법의 내용

① 대통령이 법관을 임명할 수 있음.
② 대통령 간선제에서 직선제로 바꿈.
③ 대통령 임기를 4년에서 6년으로 늘림.
④ 대통령을 할 수 있는 횟수 제한을 없앰.
⑤ 대통령이 국회 의원의 삼분의 일을 임명할 수 있음.

4 **다음에서 설명하는 인물은 누구입니까?** ( )

- 1979년, 12·12 사태를 일으켜 권력을 장악하였습니다.
- 계엄령을 전국으로 확대하고 민주화 운동을 탄압하였습니다.

① 김주열 ② 박정희 ③ 윤보선
④ 이승만 ⑤ 전두환

서술형

5 **다음 민주화 운동이 일어나게 된 배경을 쓰시오.**

▲ 계엄군과 시민군의 대치

1980년 5월 18일에 전라남도 광주에서 대규모 민주화 시위가 일어나자, 신군부가 광주에 계엄군을 보내 시위를 폭력적으로 진압하였습니다. 이에 분노한 광주 시민들이 시민군을 만들어 계엄군에 맞섰습니다.

6 **5·18 민주화 운동 중 광주 시민들의 노력에 대해 잘못 이야기한 어린이는 누구입니까?** ( )

① 조직을 만들어 질서를 유지하였어.
② 시민군에게 음식을 나누어 주었어.
③ 부상자를 위해 의료 봉사를 하였어.
④ 광주의 일이 외부에 알려지지 않게 노력하였어.

중요

7 **다음 보기 에서 5·18 민주화 운동에 대한 설명으로 알맞은 것을 모두 골라 기호를 쓰시오.**

보기

㉠ 김주열의 시신이 발견되면서 전국으로 확산되었다.
㉡ 시민들이 군사 독재에 맞서 전두환과 신군부를 몰아냈다.
㉢ 1997년 정부가 시민들의 희생을 기억하고자 5월 18일을 국가 기념일로 지정하였다.
㉣ 5·18 민주화 운동 기록물이 가치를 인정받아 유네스코 세계 기록 유산에 등재되었다.

( )

6월 민주 항쟁의 전개와 이후 민주주의의 발전

❶ 6월 민주 항쟁

(1) 배경

① 전두환의 대통령 당선: 전두환은 5·18 민주화 운동을 무력으로 진압한 뒤 간선제로 대통령이 되었습니다.

② 강압 통치: 전두환 정부는 신문과 방송 등 언론을 통제하여 정부를 비판하지 못하도록 하였고, 민주화를 요구하는 국민을 탄압하였습니다.

(2) 과정 자료 ①

민주화 운동에 참여하였던 대학생 박종철이 경찰에 끌려가 [1]고문을 받다가 사망하는 사건이 일어났습니다. → 학생과 시민들이 사건의 진실을 밝힐 것, 고문 금지, 대통령 직선제 등을 요구하며 시위를 벌였습니다. → 전두환 정부가 대통령 직선제를 비롯한 국민의 요구를 받아들이지 않겠다고 발표하였습니다. →

- 전두환 정부가 이를 숨기려 한 사실이 알려지면서 시민들의 분노가 커졌습니다.

시위가 확산되던 가운데 대학생 이한열이 경찰이 쏜 최루탄에 맞아 의식을 잃고 쓰러지는 사건이 일어났습니다. 자료 ② → 전두환 정부의 독재에 반대하고 대통령 직선제를 요구하는 시위가 전국으로 퍼져 나갔습니다(6월 민주 항쟁, 1987년). → 전두환 정부가 [2]여당 대표였던 노태우를 통해 대통령 직선제 등 민주화 요구를 받아들이겠다고 발표하였습니다(6·29 민주화 선언).

(3) 6·29 민주화 선언에 포함된 내용

- 6·29 민주화 선언에 따라 법을 새롭게 만들면서 민주적인 기본 질서와 제도가 정착되었습니다.

대통령 직선제 시행

언론의 자유 보장

지방 자치제 시행

기본권 보장

(4) 의의

① 시민들이 군사 독재를 끝내고 민주적인 정부 수립의 길을 열었습니다.

② 6월 민주 항쟁으로 우리 사회에 민주적인 제도가 만들어졌으며, 시민들의 민주주의 의식이 크게 높아졌습니다.

자료 ① 국민들이 대통령 직선제를 요구한 까닭

- 박정희와 전두환은 정부 지지자들로 선거인단을 구성하여 간선제를 권력 유지의 수단으로 이용하였습니다. 이에 국민은 직접 대통령을 뽑을 수 있도록 헌법 개정을 요구하였습니다.
- 국민이 대통령을 직접 뽑으면 독재를 막을 수 있고, 국민의 의사를 최대한 반영할 수 있습니다.

▲ 6월 민주 항쟁 당시 대통령 직선제를 요구하는 시위

자료 ② 이한열 학생이 최루탄에 맞아 쓰러진 사건이 미친 영향

민주화 시위 중 대학생 이한열이 경찰이 쏜 최루탄에 맞아 혼수상태에 빠졌습니다. 이에 학생과 시민들이 더욱 분노하였고, 대통령 직선제와 민주화를 요구하는 시위가 전국으로 확산하였습니다.

▲ 이한열을 추모하려고 모인 시민들

용어 사전

❶ 고문
숨기고 있는 사실을 강제로 알아내기 위해 육체적·정신적 고통을 주며 조사하는 것

❷ 여당
현재 정권을 잡고 있는 정당

❷ 6월 민주 항쟁 이후 민주주의 발전

6월 민주 항쟁 이후
노태우 대통령부터
윤석열 대통령까지 직선제로
선출되어 왔어.

대통령 직선제 시행	• 6월 민주 항쟁의 결과 헌법이 개정되어 대통령 선출 방법이 직선제로 바뀌었습니다. • 1987년에 치러진 제13대 대통령 선거 이후 대통령 직선제는 오늘날까지 계속 시행되고 있습니다.
지방 자치제 실시 자료 ❸, ❹	• 의미: 지역 주민이 직접 뽑은 ❸지방 의회 의원과 ❹지방 자치 단체장을 통해 그 지역의 일을 처리하는 제도입니다. • 시행: '1952년 처음 시행 → 5·16 군사 정변으로 폐지 → 6월 민주 항쟁 이후 부활 → 1991년 지방 의회 의원 선거 실시 → 1995년 지방 의회 의원과 지방 자치 단체장 선거 동시 실시'의 순서로 시행되었습니다. • 의의: 주민들은 스스로 지역 문제를 해결하고자 의견을 제시하고, 지역의 대표는 주민들이 낸 의견을 반영하여 지역 문제를 민주적으로 해결할 수 있게 되었습니다.
시민 참여 확대	• 민주적인 사회 분위기가 형성되면서 시민들이 다양한 ❺시민 단체를 만들어 사회 문제 해결에 나섰습니다. • 많은 시민 단체가 공정한 사회를 만들고 시민의 권리를 보장하기 위한 운동을 활발하게 벌이고 있습니다.

❸ 오늘날 시민들의 사회 공동의 문제 해결

(1) 사회 공동의 문제에 대한 관심 확대: 6월 민주 항쟁 이후 시민들이 인권, 복지, 환경 등 사회 공동의 문제에 관심을 두기 시작하였습니다.

(2) 오늘날 시민들이 사회 공동의 문제 해결에 참여하는 방식

① 촛불 집회, 1인 시위, 캠페인, 서명 운동 등과 같은 평화적이고 민주적인 방식으로 사회 공동의 문제를 해결하는 데 참여합니다. 자료 ❺

② 정보 통신 기술의 발달로 공공 기관 누리집이나 누리 소통망 서비스(SNS)에 여러 사회 문제에 대한 자신의 의견을 올리는 시민들이 많아졌습니다. — 사회 공동의 문제를 해결하는 데 참여하는 시민층이 확대되었고 시민들의 영향력도 더욱 커졌습니다.

③ 선거에 참여하거나 ❻공청회에 참석합니다.

④ ❼정당을 만들어 활동하거나 시민 단체에 가입하여 활동하기도 합니다.

서명 운동	선거 참여	시민 단체 활동

시민 단체 활동 — 환경 보호 운동, 인권 보호 운동, 양성 평등 실천 운동 등 다양한 시민운동을 펼치고 있습니다.

↳ 오늘날 시민들이 다양한 방식으로 사회 공동의 문제 해결에 참여하면서 사회 문제를 민주적으로 해결하고 있으며, 이를 바탕으로 우리 사회가 진정한 민주 사회로 발전하고 있습니다.

자료 ❸ 지방 자치제를 풀뿌리 민주주의라고 부르는 까닭

민주주의의 뿌리 역할을 하는 지방 자치제가 잘 정착되어야 민주주의가 실현된다는 뜻에서 지방 자치제를 풀뿌리 민주주의라고 부르기도 합니다.

자료 ❹ 주민 소환제

의미	주민이 선출한 지방 의회 의원이나 지방 자치 단체장이 직무를 잘 수행하지 못하였을 때 주민들이 투표로 그들을 자리에서 물러나게 하는 제도
의의	대표자들이 책임감을 가지고 일할 수 있게 함.

자료 ❺ 촛불 집회

시민들이 사회 문제 해결을 위해 직접 거리로 나서 촛불을 들고 평화적으로 시위하는 방식입니다.

용어 사전

❸ 지방 의회
지방 자치 단체의 주요 사항을 심의하고 결정하는 기관

❹ 지방 자치 단체장
지방 자치 단체의 각종 정책을 집행하는 기관의 장

❺ 시민 단체
사회 공동의 문제를 해결하려고 시민들이 자발적으로 만든 단체

❻ 공청회
중요한 사항을 결정하기 전에 관련 있는 사람들의 다양한 의견을 듣는 회의

❼ 정당
정치적 의견이 같은 사람들이 정권 획득을 목적으로 만든 단체

1 단원

기본 문제로 익히기

핵심 체크

- **6월 민주 항쟁**

배경	❶ □□□ 정부가 언론을 통제하고 민주화 운동을 탄압하였습니다.
과정	'박종철 학생 사망 사건 발생 → 시민들의 시위 전개 → 전두환 정부가 국민의 요구를 받아들이지 않겠다고 발표 → 이한열 학생이 최루탄에 맞아 쓰러지는 사건 발생 → 대통령 직선제를 요구하는 시위의 전국적 확산 → ❷ □·□□ 민주화 선언 발표'의 순서로 일어났습니다.
의의	6월 민주 항쟁으로 우리 사회에 민주적인 제도가 만들어졌으며, 시민들의 민주주의 의식이 크게 높아졌습니다.

- **6월 민주 항쟁 이후 민주주의 발전:** 대통령 ❸ □□□가 시행되었으며, 지역 주민이 직접 뽑은 지방 의회 의원과 지방 자치 단체장을 통해 지역의 일을 스스로 결정하고 처리하는 ❹ □□ □□□가 부활하였습니다.
- **오늘날 시민들이 사회 공동의 문제 해결에 참여하는 방식:** 촛불 집회, 1인 시위, 공공 기관 누리집에 의견 올리기, ❺ □□ 단체 활동 등 다양한 방식으로 사회 공동의 문제를 해결하는 데 참여하고 있습니다.

개념 문제

1 다음 괄호 안에 들어갈 알맞은 말에 ○표 하시오.

전두환은 5·18 민주화 운동을 진압한 뒤 (간선제 , 직선제)로 대통령에 당선되었습니다.

2 1987년 전두환 정부의 독재에 반대하고 대통령 직선제를 요구하며 전국에서 일어난 민주화 운동을 무엇이라고 합니까? (　　　　)

3 6월 민주 항쟁의 결과 당시 여당 대표였던 노태우가 대통령 직선제를 포함한 민주화 요구를 받아들이겠다며 (　　　　)을/를 발표하였습니다.

4 다음 설명이 맞으면 ○표, 틀리면 X표 하시오.

(1) 주민 소환제는 지역 주민이 직접 뽑은 지방 의회 의원과 지방 자치 단체장을 통해 그 지역의 일을 처리하는 제도입니다. (　　)

(2) 오늘날에는 정보 통신 기술의 발달로 공공 기관 누리집이나 누리 소통망 서비스(SNS)에 사회 문제에 대한 자신의 의견을 올리는 시민들이 많아졌습니다. (　　)

확인 문제

1 다음 ㉠에 들어갈 알맞은 인물을 쓰시오.

(㉠)은/는 5·18 민주화 운동을 진압한 뒤 대통령이 되어 신문과 방송 등을 통제하였으며 민주화를 요구하는 국민을 탄압하였습니다.

( )

2 다음 ㉠, ㉡에 들어갈 말을 알맞게 짝지은 것은 어느 것입니까? ( )

전두환 정부가 국민의 요구를 받아들이지 않겠다고 발표하자, 분노한 시민들의 시위가 이어졌습니다. 이 과정에서 대학생 (㉠)이/가 경찰이 쏜 최루탄에 맞아 쓰러지는 사건이 일어나 시위가 전국으로 퍼져 나갔습니다. 1987년에 일어난 이 민주화 운동을 (㉡)(이)라고 합니다.

	㉠	㉡
①	박종철	6월 민주 항쟁
②	박종철	5·18 민주화 운동
③	이한열	4·19 혁명
④	이한열	6월 민주 항쟁
⑤	이한열	5·18 민주화 운동

중요

3 다음 사진과 관련된 민주화 운동 당시 시민들이 주장한 내용으로 알맞은 것을 두 가지 고르시오. (,)

◀ 이한열을 추모하려고 모인 시민들

① 유신 헌법 폐지
② 대통령 직선제 개헌
③ 3·15 부정 선거 무효
④ 광주에서의 계엄군 철수
⑤ 전두환 정부의 독재 반대

4 다음 보기 에서 6·29 민주화 선언에 담긴 내용으로 알맞은 것을 모두 골라 기호를 쓰시오.

보기
㉠ 기본권 보장 ㉡ 언론의 자유 보장
㉢ 지방 자치제 시행 ㉣ 대통령 간선제 시행

( )

서술형

5 다음 그림과 관련된 제도를 풀뿌리 민주주의라고 부르는 까닭을 쓰시오.

중요

6 다음에서 설명하는 시민들이 사회 공동의 문제 해결에 참여하는 방법으로 알맞은 것은 무엇입니까? ( )

① 1인 시위 ② 선거 참여 ③ 정당 활동
④ 공청회 참석 ⑤ 시민 단체 활동

실력 문제로 다잡기

1 1960년에 다음과 같은 방법으로 치러진 선거에 대한 설명으로 알맞은 것은 어느 것입니까? ( )

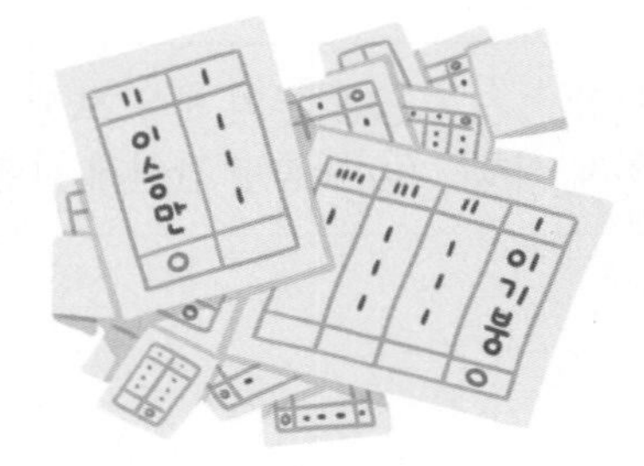

▲ 투표용지 조작

▲ 여럿이 함께 투표하기

① 4·19 혁명 이후 치러졌다.
② 국회 의원을 뽑는 선거였다.
③ 헌법을 바꾸기 위해 실시되었다.
④ 사사오입(반올림)이라는 방식을 동원하였다.
⑤ 이승만 정부가 집권을 이어 나가고자 계획하였다.

1-1 3·15 부정 선거 당시 이승만 정부는 투표함 바꿔치기, 유권자에게 뇌물 제공 등의 방법을 동원하였습니다. (○, ×)

[2~3] 다음 사진을 보고, 물음에 답하시오.

◀ 당시 시위에 참여한 학생들

중요

2 위 사진과 관련된 민주화 운동에 대한 설명으로 알맞은 것은 어느 것입니까? ( )

① 대학교수들은 참여하지 않았다.
② 신군부의 계엄령 확대에 반대하였다.
③ 시위 중 이한열이 쓰러지는 사건이 일어났다.
④ 학생과 시민이 힘을 합쳐 독재 정권을 무너뜨렸다.
⑤ 민주화 운동 기록물이 유네스코 세계 기록 유산으로 지정되었다.

2-1 4·19 혁명은 이승만 대통령의 하야 소식에 반대하여 일어났습니다. (○, ×)

3 위 민주화 운동의 결과에 대해 바르게 이야기한 어린이는 누구인지 쓰시오.

- 가연: 박정희가 유신 헌법을 선포하였어.
- 도은: 당시 여당 대표가 6·29 민주화 선언을 발표하였어.
- 혜정: 이승만이 대통령직에서 물러난 이후 새로운 정부가 들어섰어.

( )

3-1 4·19 혁명의 결과 3·15 부정 선거는 무효가 되었습니다. (○, ×)

4 **다음 밑줄 친 '정변'은 무엇인지 쓰시오.**

> 4·19 혁명 이후에 국민은 민주적인 사회를 기대하였으나 박정희를 중심으로 한 일부 군인들이 정변을 일으켜 정권을 잡았습니다.

(　　　　　　)

4-1 박정희는 대통령에 당선된 후 장기 집권을 위해 세 번까지 대통령을 할 수 있도록 헌법을 바꾸었습니다.

(○, ×)

5 **유신 헌법의 내용으로 알맞은 것을 두 가지 고르시오.** (　　　,　　　)

① 지방 자치제를 시행한다.
② 대통령 임기를 4년으로 한다.
③ 대통령을 할 수 있는 횟수의 제한을 없앤다.
④ 대통령은 통일 주체 국민 회의에서 선출한다.
⑤ 초대 대통령에 한해 계속 대통령에 출마할 수 있도록 한다.

5-1 유신 헌법에서는 대통령이 국회 의원의 삼분의 일을 임명할 수 있도록 하였습니다.

(○, ×)

6 **다음 밑줄 친 '저항'의 사례로 알맞은 것을 두 가지 고르시오.**

(　　　,　　　)

> • **지희:** 엄마, 어린이 역사 신문에서 오늘이 유신 헌법을 선포한 날이라는 기사를 보았어요.
> • **엄마:** 그래, 맞아. 박정희 정부가 유신 헌법을 만들어 발표하자 당시 시민들이 이에 반대하여 곳곳에서 저항하였어.

① 4·19 혁명이 일어났다.
② 광주 시민들이 시민군을 조직하였다.
③ 부산과 마산에서 유신 헌법 반대 시위가 일어났다.
④ 서울역 앞에서 전두환 퇴진을 요구하는 시위가 벌어졌다.
⑤ 정치인, 언론인, 종교인 등이 개헌을 요구하는 서명 운동을 펼쳤다.

6-1 유신 헌법 반대 시위로 혼란한 상황에서 이승만 대통령이 측근에게 암살당하였습니다.

(○, ×)

7 **(가) 시기에 일어난 사건으로 알맞은 것은 무엇입니까?** (　　　)

박정희 대통령 사망 → (가) → 5·18 민주화 운동

① 4·19 혁명　② 12·12 사태
③ 5·16 군사 정변　④ 유신 헌법의 선포
⑤ 3·15 부정 선거 실시

7-1 전두환을 중심으로 한 신군부가 정변을 일으켜 권력을 장악한 사건을 5·16 군사 정변이라고 합니다.

(○, ×)

중요

8 다음 검색의 결과로 알맞지 않은 것은 어느 것입니까? (　　)

5·18 민주화 운동

① 1980년에 광주에서 일어났다.
② 시민들이 시민군을 만들어 저항하였다.
③ 전두환은 계엄군을 보내 시위를 진압하였다.
④ 당시 언론을 통해 민주화 운동이 다른 지역으로 전해졌다.
⑤ 군사 독재 정권에 맞서 민주주의를 지키려는 시민들의 의지를 보여 주었다.

8-1 5·18 민주화 운동 당시 계엄군은 음식을 만들어 시민군에게 나누어 주거나 부상자를 돕기 위해 의료 봉사를 하였습니다.

(○, ×)

서술형

9 다음 밑줄 친 부분에 들어갈 의의를 한 가지만 쓰시오.

5·18 민주화 운동은 군사 독재 정권에 맞서 민주화를 바라는 시민들의 간절한 의지를 보여 주었습니다. 또한 ______________

____

____

9-1 5·18 민주화 운동 기록물은 유네스코 세계 기록 유산으로 등재되었습니다.

(○, ×)

10 다음 보기 에서 6월 민주 항쟁이 일어난 배경으로 알맞은 것을 모두 골라 기호를 쓰시오.

보기

㉠ 3·15 부정 선거가 일어났다.
㉡ 대학생 박종철이 경찰의 고문을 받다가 사망하였다.
㉢ 마산 앞바다에서 고등학생 김주열의 시신이 발견되었다.
㉣ 전두환이 대통령에 당선된 후 민주화 운동을 탄압하였다.

(　　　　)

10-1 1987년 전두환 정부의 독재에 반대하고 대통령 직선제를 요구하며 6월 민주 항쟁이 일어났습니다.

(○, ×)

11 6월 민주 항쟁의 결과로 알맞은 것은 어느 것입니까? (　　)

① 유신 헌법이 선포되었다.
② 5·16 군사 정변이 일어났다.
③ 6·29 민주화 선언이 발표되었다.
④ 신군부 세력이 정권을 잡게 되었다.
⑤ 이승만이 대통령 자리에서 물러났다.

11-1 6·29 민주화 선언은 대통령 직선제, 언론의 자유 보장, 지방 자치제 시행, 기본권 보장 등의 내용을 담고 있습니다.

(○, ×)

중요

12 **다음 대화의 밑줄 친 부분에 들어갈 내용으로 알맞은 것은 어느 것입니까?** (　　)

> 혹시 사회 수행 평가 주제를 정하였어?
>
> 응. 4·19 혁명, 5·18 민주화 운동, 6월 민주 항쟁을 비교해 볼까 해.
>
> 아! 이 운동 모두 ______________ 는 공통점이 있지?
>
> 맞아. 너도 잘 알고 있구나.

① 국민이 민주화를 위해 노력하였다
② 시위가 평화적인 방법으로 이루어졌다
③ 대통령이 자리에서 물러나는 결과를 가져왔다
④ 박정희가 대통령으로 집권하던 시기에 일어났다
⑤ 국민이 정치에 관심을 갖지 않게 되는 계기가 되었다

12-1 6월 민주 항쟁으로 우리 사회에 민주적인 제도가 만들어졌습니다. (○, ×)

13 **(가), (나)에서 설명하는 제도를 알맞게 짝지은 것은 어느 것입니까?** (　　)

> (가) 국민들이 직접 대통령을 뽑을 수 있도록 한 제도입니다.
> (나) 주민이 직접 뽑은 지방 의회 의원과 지방 자치 단체장을 통해 그 지역의 일을 스스로 결정하고 처리하는 제도입니다.

	(가)	(나)
①	대통령 간선제	주민 소환제
②	대통령 간선제	지방 자치제
③	대통령 직선제	주민 소환제
④	대통령 직선제	지방 자치제
⑤	대통령 직선제	대통령 간선제

13-1 지방 자치제는 6월 민주 항쟁 이후 폐지되었습니다. (○, ×)

14 **오늘날 시민들이 사회 공동의 문제 해결에 참여하는 방식에 대한 설명으로 알맞지 않은 것은 어느 것입니까?** (　　)

① 정당을 만들어 활동한다.
② 공청회에 참석하여 의견을 나눈다.
③ 시민 단체에 가입하여 여러 활동을 펼친다.
④ 누리 소통망 서비스(SNS)에 자신의 의견을 올린다.
⑤ 정보 통신 기술의 발달로 캠페인, 1인 시위 방식이 사라졌다.

14-1 촛불 집회는 시민들이 사회 문제 해결을 위해 직접 거리에 나와 촛불을 들고 평화적으로 시위하는 방식입니다. (○, ×)

01 민주주의의 의미와 중요성

❶ 정치의 의미와 사례

(1) **정치가 필요한 까닭**: 여러 사람이 함께 살아가다 보면 생각이나 의견이 서로 달라 갈등과 대립이 생기기도 합니다.

(2) **정치의 의미**: 사람들 사이에서 생기는 갈등이나 대립을 [1]조정하고, 많은 사람에게 영향을 미치는 공동의 문제를 원만하게 해결해 가는 과정입니다. 자료 ①
- 우리가 살아가는 곳곳에서 정치의 모습을 찾아볼 수 있습니다.

(3) **생활 속 정치의 사례** 자료 ②

가정: 아이의 스마트폰 사용 규칙을 정하려고 가족회의를 합니다.

학급: 학급에서 청소 당번을 정하기 위해 학급 회의를 합니다.

학교: 학교에서 투표로 학생 대표를 뽑습니다.

지역: 층간 소음 문제를 해결하고자 주민 회의를 엽니다.

❷ 민주주의의 의미와 중요성

(1) **옛날과 오늘날의 정치 참여**

옛날		오늘날
• 왕이나 [2]신분이 높은 일부 사람들이 나라의 일을 결정하였습니다. • 가정에서는 주로 나이 많은 남성이 집안일을 결정하였습니다.	→	신분, 성별, 재산 등과 관계없이 모든 사회 구성원이 정치에 참여할 수 있습니다.

- 여성이나 어린이는 의견을 내기 어려웠습니다.

(2) **민주주의의 의미** 자료 ③

① 모든 국민이 나라의 주인으로서 권리를 갖고, 그 권리를 자유롭고 평등하게 행사하는 정치 형태를 말합니다.

② 자유롭고 평등한 입장에서 일상생활의 문제를 민주적으로 해결하는 생활 방식을 의미하기도 합니다.

자료 ① 정치의 의미

좁은 의미	국가의 권력을 얻고 행사하는 활동
넓은 의미	사회 구성원 간의 대립과 갈등을 조정하여 합의를 이루게 하는 과정(예 학급 회의, 주민 회의 등)

자료 ② 생활 속 정치의 사례

가정	집안일을 어떻게 나누어 맡을지 가족회의를 함.
학급	자리를 정하는 기준을 마련하고자 학급 회의를 함.
학교	체육 대회 종목을 정하는 학생 자치 회의를 함.
지역	지역의 관광지를 개발하는 방법을 논의함.

자료 ③ 민주주의의 다양한 사례

- 학생들이 학교 문제를 해결하려고 학급 회의나 학생 자치회를 엽니다.
- 지역 주민들이 뽑은 대표들이 지방 의회에서 지역의 일을 결정합니다.
- 국가의 중요 정책을 결정하기 전에 공청회를 열어 의견을 듣습니다.

용어 사전

❶ **조정**
분쟁을 중간에서 화해하게 하거나 서로 타협점을 찾아 합의하도록 함.

❷ **신분**
개인의 사회적인 위치나 계급

(3) **민주주의의 기본 정신**: 인간의 [3]존엄성과 자유, 평등입니다.

인간의 존엄성 자료 4

모든 인간은 인간이라는 이유만으로 존엄한 존재이며 존중받아야 합니다.

자유 자료 5	평등
국가나 다른 사람의 구속 없이 자신의 생각대로 판단하고 행동할 수 있습니다.	성별, 종교, 신분 등에 따라 차별받지 않고 동등하게 대우받아야 합니다.

나의 자유를 위해 다른 사람의 자유를 침해해서는 안 됩니다.

3 생활 속에서 민주주의를 실천하는 태도 갖기

(1) **민주주의를 실천하는 바람직한 태도가 필요한 까닭**: 사회 공동의 문제를 해결할 때 각자의 생각과 이익을 앞세운다면 문제가 해결되지 않고 갈등이 커질 수 있습니다.

(2) **민주주의를 실천하는 바람직한 태도** 자료 6

사람들은 서로 의견이 다를 수 있고 내 생각도 틀릴 수 있다는 것을 알아야 합니다.

① 나와 다른 생각과 의견을 인정하고 존중하는 관용의 태도가 필요합니다.

② 사실이나 의견의 옳고 그름을 따져 살펴보는 비판적 태도, 양보와 [4]타협하는 자세를 지녀야 합니다.

③ 함께 결정한 일을 따르고 실천하는 자세도 필요합니다.

학급 회의를 통해 급식 먹는 순서를 정한 사례

자료 4 헌법 조문에 실린 인간의 존엄성

제10조 모든 국민은 인간으로서의 존엄과 가치를 가지며, 행복을 추구할 권리를 가진다. ……

헌법에는 우리 모두가 인간으로서 존엄한 가치를 지니고 있음이 나타나 있습니다.

자료 5 민주주의 사회에서의 개인의 자유 제한

민주주의 사회에서 개인의 자유는 국가의 안전과 질서 유지, 공공의 이익을 위해 필요할 경우 법률로써 제한할 수 있습니다.

자료 6 민주주의를 실천하는 바람직한 태도

구분	내용
관용	나와 다른 의견을 인정하고 포용하는 태도
비판적 태도	사실이나 의견의 옳고 그름을 따져 살펴보는 태도
양보와 타협	상대방과 서로 어떤 일을 배려하고 협의하는 자세
실천	함께 결정한 일을 따르고 실제로 행동하는 자세

용어 사전

③ **존엄**
인물이나 지위 등이 높고 엄숙함.

④ **타협**
어떤 일을 서로 양보하여 협의함.

기본 문제로 익히기

정답과 해설 • 5쪽

핵심 체크

- ❶ ☐☐ **의 의미**: 사람들 사이에서 생기는 갈등이나 대립을 조정하고 많은 사람에게 영향을 미치는 공동의 문제를 원만하게 해결해 가는 과정입니다.
- **민주주의의 기본 정신**

인간의 ❷ ☐☐☐	모든 인간은 인간이라는 이유만으로 존엄한 존재이며 존중받아야 합니다.
❸ ☐☐	국가나 다른 사람에게 구속받지 않고 자신의 생각대로 판단하고 행동할 수 있습니다.
❹ ☐☐	성별, 종교, 신분 등에 따라 차별받지 않고 동등하게 대우받아야 합니다.

- **민주주의를 실천하는 바람직한 태도**: 나와 다른 생각과 의견을 존중하는 ❺ ☐☐ 의 태도, 비판적 태도, 양보와 ❻ ☐☐ 하는 자세, 실천하는 자세를 지녀야 합니다.

개념 문제

1 **다음 설명이 맞으면 ○표, 틀리면 X표 하시오.**

(1) 가족회의, 학급 회의, 주민 회의는 정치의 사례에 해당하지 않습니다. (　　　)

(2) 옛날에는 왕이나 신분이 높은 일부 사람들이 나라의 일을 결정하였습니다. (　　　)

2 **모든 국민이 나라의 주인으로서 권리를 갖고, 그 권리를 자유롭고 평등하게 행사하는 정치 형태를 무엇이라고 합니까?** (　　　)

3 **다음 ㉠, ㉡에 들어갈 알맞은 말에 각각 ○표 하시오.**

> 인간의 존엄성을 실현하려면 자신의 행동대로 판단하고 행동할 수 있는 ㉠ (관용 , 자유) 과/와 성별, 종교, 신분 등에 따라 차별받지 않고 동등하게 대우받는 ㉡ (양보 , 평등) 이/가 보장되어야 합니다.

4 **민주주의를 실천하려면 사실이나 의견의 옳고 그름을 따져 살펴보는 (　　　　) 태도를 지녀야 합니다.**

확인 문제

1단원

1 다음 보기 에서 정치에 대한 설명으로 알맞은 것을 모두 골라 기호를 쓰시오.

보기
ㄱ 공동의 문제를 원만하게 해결하는 과정이다.
ㄴ 우리가 살아가는 곳곳에서 정치의 모습을 찾아볼 수 있다.
ㄷ 오늘날에는 신분이 높은 일부 사람들만 정치에 참여할 수 있다.
ㄹ 정치로 사람들 사이에 생기는 갈등이나 대립을 조정할 수 없다.

( )

2 생활 속 정치의 사례로 알맞지 않은 것은 어느 것입니까? ( )

① 친구들과 도서관에서 공부를 한다.
② 학교에서 투표로 학생 대표를 뽑는다.
③ 청소 당번을 정하기 위해 학급 회의를 한다.
④ 스마트폰 사용 규칙을 정하는 가족회의를 연다.
⑤ 층간 소음 문제를 해결하고자 주민 회의를 연다.

3 (가)에 들어갈 내용으로 알맞은 것을 두 가지 고르시오. (,)

옛날의 정치 참여	→	오늘날의 정치 참여
(가)		모든 사회 구성원이 정치에 참여할 수 있음.

① 어린이도 의견을 낼 수 있었다.
② 여성들의 정치 참여가 활발하였다.
③ 신분, 성별, 재산으로 인해 제한받지 않았다.
④ 왕이나 신분이 높은 일부 사람들이 참여하였다.
⑤ 가정에서는 주로 나이 많은 남성이 집안일을 결정하였다.

4 다음에서 설명하는 것을 쓰시오.

- 의미: 모든 국민이 나라의 주인으로서 권리를 갖고, 그 권리를 자유롭고 평등하게 행사하는 정치 형태를 말합니다.
- 사례: 학생 자치회, 주민 자치회 등이 있습니다.

( )

중요

5 다음 그림에 나타나는 민주주의의 기본 정신은 무엇입니까? ( )

① 관용 ② 자유 ③ 타협
④ 평등 ⑤ 비판적 태도

서술형

6 민주주의의 기본 정신 중 인간의 존엄성이 무엇을 의미하는지 쓰시오.

7 민주주의를 실천하는 바람직한 태도에 대한 설명을 바르게 선으로 연결하시오.

(1) 관용 • • ㄱ 어떤 일을 서로 배려하고 협의하는 것
(2) 비판적 태도 • • ㄴ 나와 다른 생각과 의견을 존중하는 태도
(3) 양보와 타협 • • ㄷ 사실이나 의견의 옳고 그름을 따져 보는 태도

02 민주적 의사 결정 원리

❶ 민주적 의사 결정 원리

(1) 민주적 의사 결정 원리가 필요한 까닭

① 사회 구성원들은 민주적인 과정에 따라 갈등을 해결하려고 노력해야 합니다.

② 서로 의견이 달라 갈등이 발생하였을 때 의견을 하나로 모으려면 민주적 의사 결정 원리가 필요합니다.

(2) 민주적 의사 결정 원리의 종류

① **대화와 타협**: 대화와 토론을 거쳐 타협으로 문제를 해결하는 것이 가장 바람직한 의사 결정 원리입니다.

(타협: 서로 의견이 달라도 상대방의 입장을 이해하고 남에게 양보하는 타협의 과정을 거쳐야 합니다.)

대화와 타협으로 의사 결정을 한 사례

② [1]다수결의 원칙 자료 ①

의미	다수의 의견이 소수의 의견보다 합리적일 것이라 [2]가정하고 다수의 의견에 따르는 방법입니다.
좋은 점	쉽고 빠르게 문제를 해결할 수 있습니다.
주의할 점	모든 사람의 의견을 반영하지 못하기 때문에 다수결의 원칙을 활용하기에 앞서 충분히 대화하고 토론해야 합니다.

다수결의 원칙을 활용한 의사 결정 사례

▲ 일상생활에서 하는 의사 결정

▲ 학급 회의에서 하는 [3]안건 결정

▲ 선거로 하는 대표 결정

③ **소수의 의견 존중**: 다수의 의견이 항상 옳은 것은 아니기 때문에 소수의 의견을 존중해야 합니다. 자료 ②

(소수의 의견도 합리적일 수 있습니다.)

자료 ① 다수결의 원칙의 필요성

대화와 토론, 타협으로 문제가 잘 해결되지 않을 때 다수결의 원칙을 따르면 쉽고 빠르게 문제를 해결할 수 있습니다.

자료 ② 소수의 의견을 존중하는 방법

- 소수의 의견을 가진 사람이 충분히 의견을 표현할 수 있도록 기회를 줍니다.
- 소수의 의견을 가진 사람의 입장에서 생각해 봅니다.
- 소수의 의견을 가진 사람을 설득하기 위해 대화를 합니다.

용어 사전

❶ 다수결
회의에서 많은 사람의 의견에 따라 결정하는 것

❷ 가정
사실인지 아닌지 분명하지 않은 것을 임시로 인정함.

❸ 안건
토의하거나 조사해야 할 사실

② 민주적 의사 결정 원리에 따라 문제 해결하기

(1) 민주적 의사 결정 원리에 따른 문제 해결 과정

공동체의 구성원은 공동의 문제를 민주적 의사 결정 원리에 따라 해결해 나가야 합니다.

① 문제 확인하기: 함께 해결해야 하는 문제를 찾습니다.

② 문제 발생 원인 파악하기: 문제가 발생한 원인을 파악합니다.

③ 문제 해결 [4]방안 탐색하기: 문제를 해결할 수 있는 다양한 방안을 생각하고, 각 방안의 장점과 단점에 대해 토론합니다.

④ 문제 해결 방안 결정하기: 대화와 타협을 통해 가장 합리적인 방법을 찾고, 타협이 어려울 때는 다수결의 원칙을 활용할 수 있습니다.

⑤ 문제 해결 방안 실천하기: 함께 결정한 사항을 실천하려고 노력합니다.

(2) 민주적 의사 결정 원리에 따라 문제 해결하기 예 교실 청소 문제 자료 ③

① 문제 확인하기

교실이 너무 지저분한 문제를 확인합니다.

→

② 문제 발생 원인 파악하기

청소 당번을 두지 않고 자기 주변만 청소하기 때문입니다.

→

③ 문제 해결 방안 탐색하기

청소 당번을 정해 방과 후 청소하는 것은 학원에 가는 친구들이 있어 어려움, 청소 구역을 정해 다 같이 대청소를 하면 빨리 끝낼 수 있음 등을 생각합니다.

→

④ 문제 해결 방안 결정하기

청소 구역을 정해서 일주일에 한 번 대청소하는 것으로 의견을 모았습니다.

→

⑤ 문제 해결 방안 실천하기

결정한 문제 해결 방안을 실천합니다.

자료 ③ 민주적 의사 결정 원리에 따라 문제 해결하기 예 점심시간 식당 사용 문제

문제 확인하기

몇 학년부터 먼저 점심을 먹을 것인가를 두고 학생들 사이에 갈등이 생김.

↓

문제 발생 원인 파악하기

- 6학년 학생들이 매번 가장 마지막에 점심을 먹는 것은 불공평함.
- 급식 순서를 정하는 일을 정식으로 논의할 필요가 있음.

↓

문제 해결 방안 탐색하기

- 학생 자치 회의에 식당 사용 순서 문제를 안건으로 제안함.
- 먼저 먹는 학년을 매일 다르게 하는 방안, 저학년과 고학년의 점심시간을 다르게 하는 방안 등을 제시하고 각 방안의 장단점을 생각함.

↓

문제 해결 방안 결정하기

- 여러 방안 중 하나를 투표로 결정하고 3개월 동안 시행해 보도록 함.
- 투표 결과 1학년 학생들부터 일주일씩 돌아가며 먼저 식당을 이용하기로 함.

문제 해결 방안 실천하기

결정한 내용을 실천함.

1 단원

용어 사전

④ 방안
일을 처리하거나 해결하여 나갈 방법이나 계획

기본 문제로 익히기

핵심 체크

● 민주적 의사 결정 원리

대화와 타협	대화와 ❶ ☐☐을 거쳐 타협으로 문제를 해결하는 것은 가장 바람직한 의사 결정 원리입니다.
❷ ☐☐☐의 원칙	• 다수의 의견이 소수의 의견보다 합리적일 것이라 가정하고 다수의 의견을 따르는 방법입니다. • 쉽고 빠르게 문제를 해결할 수 있지만 다수결이 항상 옳다고 할 수 없기 때문에 충분히 대화하고 토론해야 합니다.
소수의 의견 존중	다수의 의견에 따라 결정하더라도 소수의 의견이 ❸ ☐☐☐일 수 있기 때문에 소수의 의견을 존중해야 합니다.

● 민주적 의사 결정 원리에 따른 문제 해결 과정

문제 확인하기 → 문제 발생 ❹ ☐☐ 파악하기 → 문제 해결 방안 탐색하기 → 문제 해결 방안 결정하기 → 문제 해결 방안 ❺ ☐☐하기

개념 문제

1 다음 빈칸에 공통으로 들어갈 알맞은 말을 쓰시오.

> 대화와 토론을 거쳐 (　　　　)(으)로 문제를 해결하는 것은 가장 바람직한 의사 결정 원리이지만 언제나 (　　　　)에 이를 수 있는 것은 아닙니다.

(　　　　)

2 다수의 의견이 소수의 의견보다 합리적일 것이라고 가정하고 다수의 의견에 따르는 방법을 (　　　　)의 원칙이라고 합니다.

3 다음 민주적 의사 결정 원리에 대한 설명이 맞으면 ○표, 틀리면 X표 하시오.

(1) 다수결로 내린 결정은 항상 옳습니다. (　　)

(2) 다수결의 원칙에 따르면 쉽고 빠르게 문제를 해결할 수 있습니다. (　　)

4 다음 괄호 안에 들어갈 알맞은 말에 ○표 하시오.

> 민주적 의사 결정 원리에 따라 문제를 해결하는 과정 중 문제 해결 방안 (실천 , 탐색) 하기 단계에서 각 방안의 장점과 단점을 생각합니다.

확인 문제

1 **다음 밑줄 친 ㉠~㉣ 중 알맞지 않은 내용을 골라 기호를 쓰시오.**

> 대화와 타협은 ㉠ 민주적 의사 결정 원리의 한 방법입니다. 이 방법은 ㉡ 가장 바람직한 의사 결정 원리이지만 ㉢ 언제나 타협에 이를 수 있는 것은 아닙니다. 이 방법으로 문제를 해결하려면 ㉣ 소수의 의견은 무시해야 합니다.

( )

중요

2 **다수결의 원칙에 대해 잘못 이야기한 어린이는 누구입니까?** ( )

① 다수의 의견에 따르는 방법이야.

②

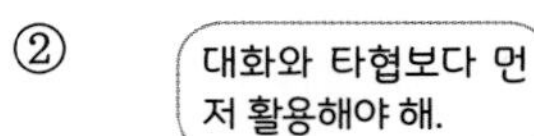

③ 쉽고 빠르게 문제를 해결할 수 있어.

④

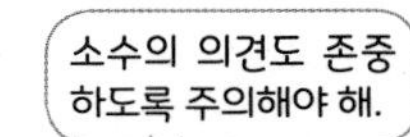

3 **다음 사례에서 활용한 민주적 의사 결정 원리는 무엇인지 쓰시오.**

▲ 선거로 하는 대표 결정

▲ 학급 회의에서 하는 안건 결정

( )

서술형

4 **다음 밑줄 친 부분에 들어갈 알맞은 내용을 쓰시오.**

> 공동의 문제는 다수결의 원칙을 따르면 쉽고 빠르게 해결할 수 있지만 다수의 의견에 따라 결정하더라도 ____________ 소수의 의견을 존중해야 합니다.

____

____

5 **민주적 의사 결정 원리에 따라 문제를 해결하는 과정을 순서대로 알맞게 쓰시오.**

> ㉠ 문제 확인하기
> ㉡ 문제 발생 원인 파악하기
> ㉢ 문제 해결 방안 결정하기
> ㉣ 문제 해결 방안 실천하기
> ㉤ 문제 해결 방안 탐색하기

(→ → → →)

6 **민주적 의사 결정 원리에 따라 문제를 해결할 때 다음 그림과 관련이 있는 문제 해결 과정은 어느 것입니까?** ( )

① 문제를 확인한다.
② 문제의 발생 원인을 파악한다.
③ 문제를 해결하기 위한 방안을 결정한다.
④ 문제 해결을 위해 결정한 내용을 실천한다.
⑤ 문제를 해결할 수 있는 다양한 방안을 생각한다.

실력 문제로 다잡기

1 **생활 속에서 볼 수 있는 다음과 같은 문제 해결 과정을 일컬어 무엇이라고 하는지 쓰시오.**

( )

1-1 우리가 생활하는 곳곳에서 정치의 모습을 찾아볼 수 있습니다.

(○, ×)

서술형

2 **다음 ㉠에 들어갈 알맞은 내용을 쓰시오.**

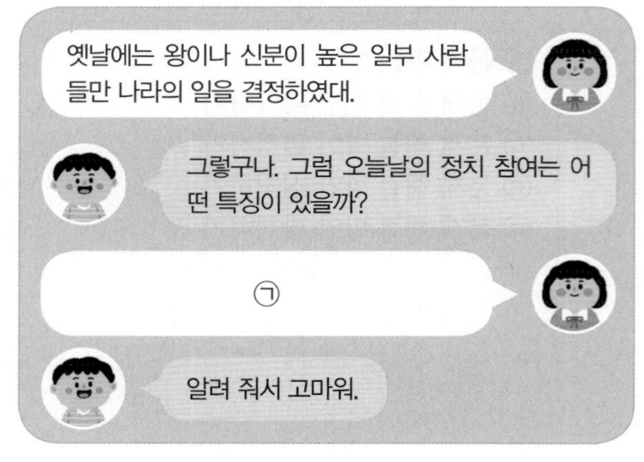

2-1 옛날에는 가정에서 주로 젊은 여성이 집안일을 결정하였습니다.

(○, ×)

3 **민주주의에 대한 설명으로 알맞은 것을 두 가지 고르시오.**

(,)

① 몇몇 사람이 나라의 일을 결정하는 정치 형태이다.
② 주민 자치회는 민주주의의 사례에 해당하지 않는다.
③ 민주주의의 기본 정신은 인간의 존엄성, 자유, 평등이다.
④ 모든 국민이 나라의 주인으로서 권리를 갖고 그 권리를 행사한다.
⑤ 민주주의 사회에서는 나의 자유를 위해서 다른 사람의 자유를 침해해도 된다.

3-1 민주주의는 자유롭고 평등한 입장에서 일상생활의 문제를 민주적으로 해결하는 생활 방식을 의미하기도 합니다.

(○, ×)

4 다음 (가)~(다)에서 설명하는 민주주의의 기본 정신을 알맞게 짝지은 것은 어느 것입니까? ( )

(가) 성별, 종교, 신분 등에 따라 차별받지 않고 동등하게 대우받아야 합니다.
(나) 모든 인간은 인간이라는 이유만으로 존엄한 존재이며 존중받아야 합니다.
(다) 국가나 다른 사람에게 구속받지 않고 자신의 생각대로 판단하고 행동할 수 있습니다.

	(가)	(나)	(다)
①	자유	인간의 존엄성	평등
②	평등	자유	인간의 존엄성
③	평등	인간의 존엄성	자유
④	인간의 존엄성	자유	평등
⑤	인간의 존엄성	평등	자유

4-1 민주주의 사회에서 국가의 안전과 질서 유지를 위해 필요한 경우 법률로써 개인의 자유를 제한할 수 있습니다.

(○, ×)

[5~6] 다음은 학급 회의를 통해 급식 먹는 순서를 정하는 모습입니다. 이를 보고, 물음에 답하시오.

5 위 그림의 아영이가 말한 의견에서 찾을 수 있는 민주주의를 실천하는 바람직한 태도를 쓰시오. ( )

5-1 사실이나 의견의 옳고 그름을 따져 살펴보는 태도를 관용이라고 합니다.

(○, ×)

중요

6 위 그림의 민석이가 말한 의견에서 찾을 수 있는 민주주의를 실천하는 바람직한 태도에 대한 설명으로 알맞은 것은 어느 것입니까? ( )

① 함께 결정한 일을 따른다.
② 나와 다른 생각과 의견을 존중한다.
③ 사실이나 의견의 옳고 그름을 따져 본다.
④ 상대방과 서로 어떤 일을 배려하고 협의한다.
⑤ 성별, 종교, 신분에 따라 차별하지 않고 동등하게 대우한다.

6-1 민주주의를 실천하는 바람직한 태도에는 관용, 비판적 태도, 양보와 타협, 실천이 있습니다.

(○, ×)

7 **다음 쓰레기 소각장 건설 결정 사례에 나타난 민주적 의사 결정 원리에 대한 설명으로 알맞은 것은 어느 것입니까?** (   )

소각장이 건설되면 환경과 주민 건강에 좋지 않을 것입니다.

① 소수의 의견을 무시한다.
② 다수의 의견에 따르는 방법이다.
③ 쉽고 빠르게 문제를 해결할 수 있다.
④ 자신의 주장을 절대 양보하지 않는다.
⑤ 대화와 토론을 거쳐 타협으로 문제를 해결한다.

7-1 사람들 사이에 갈등이 일어났을 때 대화와 토론을 통한 방식으로 항상 타협에 이를 수 있습니다. (○, ×)

중요

8 **다음 보기 에서 다수결의 원칙에 대한 설명으로 알맞은 것을 모두 골라 기호를 쓰시오.**

보기
㉠ 다수결로 내린 결정은 항상 옳다.
㉡ 쉽고 빠르게 문제를 해결할 수 있다는 좋은 점이 있다.
㉢ 다수의 의견이 소수의 의견보다 합리적일 것이라 가정하는 방법이다.
㉣ 선거로 하는 대표 결정은 다수결의 원칙을 활용한 의사 결정 사례이다.

(   )

8-1 다수의 의견에 따라 의사를 결정하는 방법을 다수결의 원칙이라고 합니다. (○, ×)

9 **다수결의 원칙으로 의사 결정을 할 때 주의할 점에 대해 바르게 이야기한 어린이는 누구인지 쓰시오.**

소수의 의견은 받아들이지 않도록 해요.

시하

다수결의 원칙을 활용하더라도 충분히 대화하고 토론해야 해요.

다수결의 원칙을 따르는 것이 항상 옳다는 생각을 가져야 해요.

(   )

9-1 일상에서 의사를 결정하거나 학급 회의로 안건을 결정할 때 다수결의 원칙을 사용할 수 있습니다. (○, ×)

10 **민주적 의사 결정 원리에 따라 문제를 해결하는 모습으로 알맞지 않은 것은 어느 것입니까?** (　　)

① 소수 의견을 가진 사람의 입장에서 생각해 본다.
② 나와 다른 생각은 인정하지 않고 내 의견만 강조한다.
③ 대화와 토론으로 의견 차이를 좁히고 서로 양보하며 타협한다.
④ 소수의 의견을 가진 사람도 충분히 의견을 표현할 수 있도록 한다.
⑤ 대화와 타협으로 문제가 잘 해결되지 않을 때 다수결의 원칙을 활용한다.

10-1 서로 의견이 달라 갈등이 발생하였을 때 의견을 하나로 모으려면 민주적 의사 결정 원리가 필요합니다.
(○, ×)

11 **교실 청소 문제를 민주적 의사 결정 원리에 따라 해결하는 과정을 순서대로 나열한 것은 어느 것입니까?** (　　)

㉠ 교실이 지저분한 문제를 확인한다.
㉡ 교실이 지저분한 원인을 파악한다.
㉢ 교실을 깨끗하게 할 수 있는 방안을 찾는다.
㉣ 청소 구역을 정해서 청소하는 것으로 결정한다.
㉤ 각자 맡은 청소 구역을 일주일에 한 번 청소한다.

① ㉠ → ㉡ → ㉢ → ㉣ → ㉤
② ㉠ → ㉡ → ㉢ → ㉤ → ㉣
③ ㉠ → ㉡ → ㉤ → ㉢ → ㉣
④ ㉡ → ㉠ → ㉤ → ㉢ → ㉣
⑤ ㉡ → ㉠ → ㉤ → ㉣ → ㉢

11-1 민주적 의사 결정 원리에 따라 문제를 해결하는 과정에서 가장 먼저 할 일은 문제의 해결 방안을 결정하는 것입니다.
(○, ×)

12 **민주적 의사 결정 원리에 따라 점심시간의 식당 사용 문제를 해결할 때 ㉠에 해당하는 과정은 무엇입니까?** (　　)

㉠
• 점심을 먼저 먹는 학년을 매일 다르게 하는 방안, 저학년과 고학년의 점심시간을 다르게 하는 방안이 제시되었습니다. • 각 방안의 장점과 단점을 생각해 봅니다.

① 문제 확인하기
② 문제 발생 원인 파악하기
③ 문제 해결 방안 결정하기
④ 문제 해결 방안 실천하기
⑤ 문제 해결 방안 탐색하기

12-1 문제 해결 방안을 결정할 때는 다양한 의견 중 가장 합리적인 의견을 선택합니다.
(○, ×)

01 민주 정치의 원리

❶ 국민 주권

(1) **국민 [1]주권의 의미**: 국가의 중요한 일을 결정하는 최고의 권력인 주권이 국민에게 있다는 것입니다. 자료 ① ─ 모든 국가 권력은 국민의 동의와 지지를 바탕으로 실행되어야 합니다.

(2) **국민 주권의 보장**: 우리나라는 국민 주권을 헌법에 규정하고 있으며, 이를 실현하려고 국민의 자유와 권리를 법으로 보장합니다.

> 제1조 제1항 대한민국은 [2]민주 공화국이다.
> 제1조 제2항 대한민국의 주권은 국민에게 있고, 모든 권력은 국민으로부터 나온다. – 대한민국 헌법

대한민국 헌법에서는 우리나라가 민주주의 국가이며 주권이 국민에게 있음을 밝히고 있구나.

(3) **국민 주권을 지키려는 노력**: 4·19 혁명, 5·18 민주화 운동, 6월 민주 항쟁 등에서 찾아볼 수 있습니다. 자료 ②

(4) **선거를 통한 국민 주권의 행사** 자료 ③ ─ 선거는 시민들의 가장 기본적인 정치 참여 통로이므로 '민주주의의 꽃'이라고도 합니다.

① 선거를 하는 까닭

국가의 규모가 커지고 인구가 많아져 모든 국민이 한자리에 모여 나랏일을 논의하는 것이 사실상 불가능합니다.	→	대부분의 민주주의 국가에서는 국민이 대표를 뽑는 선거에 참여하여 주권을 행사합니다.

② 민주 선거의 기본 원칙

보통 선거

선거일 기준으로 만 18세 이상의 국민이면 누구나 투표할 수 있습니다.

평등 선거

모든 사람은 동등하게 한 표씩 행사할 수 있습니다.

직접 선거

투표는 본인이 직접 해야 합니다.

비밀 선거

누구에게 투표하였는지 다른 사람이 알 수 없습니다.

자료 ① 국민 주권을 보여 주는 사례

- 헌법을 개정하거나 국가의 중요한 일을 결정할 때 국민 투표를 실시합니다.
- 대통령, 국회 의원 등 국민의 대표를 국민이 직접 선출합니다.
- 지역 주민이 지역 문제 해결에 적극적으로 참여합니다.

자료 ② 국민 주권을 지키기 위해 우리가 할 수 있는 일

- 의견을 자유롭게 말하고 함께 행동할 수 있습니다.
- 자신의 의견을 캠페인, 온라인 서명 운동 등 다양한 방법으로 사람들에게 알릴 수 있습니다.

자료 ③ 공정한 선거가 이루어지도록 돕는 선거 관리 위원회

선거 관리 위원회는 후보자 등록, 선거 운동, 투표 및 개표 등 선거의 전 과정을 공정하게 관리하고 유권자들이 선거에 적극적으로 참여하도록 홍보 활동을 합니다.

용어 사전

❶ **주권**
국가의 중요한 일을 결정하는 최고의 권력

❷ **민주 공화국**
주권이 국민에게 있고 주권의 행사가 국민의 뜻에 따라 이루어지는 나라

(5) 국민이 주권을 가지고 있지 않으면 일어나는 일

우리가 주권에 관심이 없거나 주권자로서 주인 의식을 가지지 않는다면 주권을 빼앗길 수 있습니다. → 주권을 지키고 보장받기 위해서는 이를 적극적으로 주장하고 행사하여야 합니다.

② 권력 분립

(1) 권력 ❸분립의 필요성과 의미

① 권력 분립의 필요성

- 한 사람이나 기관에 ❹국가 권력이 집중되면 권력을 마음대로 행사하거나 잘못된 결정을 할 수 있습니다.
- 국가가 위태로워지고 국민의 자유와 권리가 침해받을 수 있습니다.

루이 14세가 왕이었을 때 프랑스의 상황

- **루이 14세의 통치**: 왕의 권한은 신이 내려 준 것이므로 왕의 명령을 따르지 않는 것은 곧 신의 뜻을 따르지 않는 것이라고 주장하였습니다. 세력을 확장하고자 수차례 전쟁을 일으켰고, 크고 화려한 베르사유 궁전을 지었습니다.
- **당시 백성의 모습**: 전쟁과 궁전 건설에 동원되었고, 이에 필요한 돈을 부담하며 힘든 삶을 살았습니다.

왕에게 모든 통치 권력이 집중되어 있었기 때문에 아무도 루이 14세의 결정을 말릴 수가 없었어.

② 권력 분립의 의미: 국가 권력을 분리하여 각각 다른 기관이 나누어 맡도록 하는 것을 의미합니다. — 권력 분립은 민주주의 국가에서 채택한 민주 정치의 원리 중 하나입니다.

(2) 우리나라의 권력 분립 자료 ④, ⑤

삼권 분립의 의미	국회, 행정부, 법원이 국가 권력을 나누어 맡도록 하는 민주 정치의 원리를 삼권 분립이라고 합니다.
삼권 분립의 목적	세 기관은 서로 ❻견제하고 균형을 이루어 국민의 자유와 권리를 보장합니다.

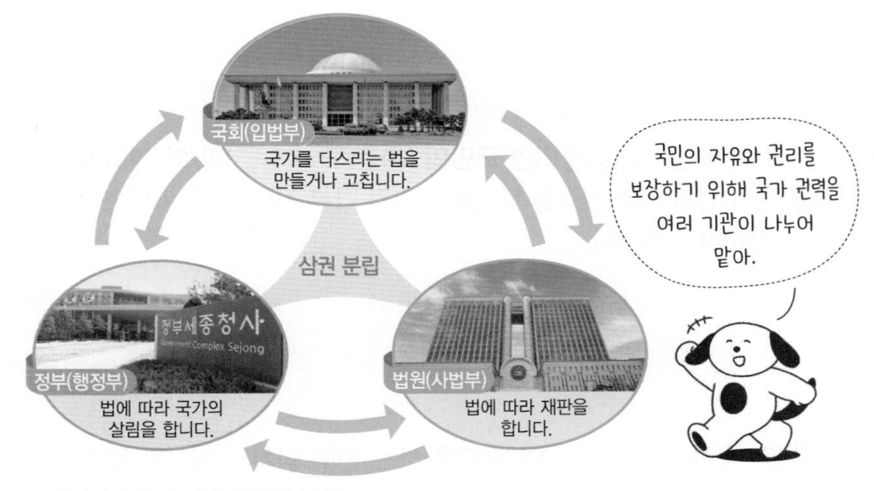

▲ 우리나라 국가 기관의 권력 분립

자료 ④ 우리나라 헌법에 나타난 권력 분립

제40조 입법권은 국회에 속한다.
제66조 ④ 행정권은 대통령을 ❺수반으로 하는 정부에 속한다.
제101조 ① 사법권은 법관으로 구성된 법원에 속한다.

우리나라를 비롯한 대부분의 민주 국가에서는 국가 권력을 국회, 행정부, 법원이 나누어 맡습니다.

자료 ⑤ 국가 기관 간 상호 견제 사례

- 행정부의 국회 견제 사례

대통령은 국회에서 통과시킨 「○○법」에 대해 다시 논의할 것을 요구하였습니다.

- 국회의 행정부 견제 사례

국회는 정부 각 부처가 나라 살림을 제대로 하고 있는지 감사에 들어갔습니다.

- 행정부의 법원 견제 사례

대통령은 김○○ 대법관 후보자의 임명 동의안을 결재하여 허가하였습니다.

용어 사전

❸ **분립** 따로 나누어서 세움.

❹ **국가 권력** 국가가 통치를 하고자 행사하는 권력

❺ **수반** 행정부의 가장 높은 자리에 있는 사람

❻ **견제** 상대편이 지나치게 권력을 행사하거나 자유롭게 행동하지 못하게 억누름.

기본 문제로 익히기

정답과 해설 • 7쪽

핵심 체크

- ❶ □□ □□: 국가의 중요한 일을 결정하는 최고의 권력인 주권이 국민에게 있다는 것입니다.
- **민주 선거의 기본 원칙**

❷ □□ 선거	선거일 기준으로 만 18세 이상의 국민이면 누구나 투표할 수 있습니다.
❸ □□ 선거	모든 사람은 동등하게 한 표씩 행사할 수 있습니다.
❹ □□ 선거	투표는 본인이 직접 해야 합니다.
❺ □□ 선거	누구에게 투표하였는지 다른 사람이 알 수 없습니다.

- ❻ □□ □□: 국회, 행정부, 법원이 국가 권력을 나누어 맡도록 하는 민주 정치의 원리입니다.

개념 문제

1 **다음 설명이 맞으면 ○표, 틀리면 X표 하시오.**

(1) 국민 주권은 국가의 중요한 일을 결정하는 주권이 국민에게 있는 것을 말합니다. (　　　)

(2) 대한민국 헌법에서는 우리나라가 민주주의 국가이며 주권이 대통령에게 있음을 밝히고 있습니다. (　　　)

2 **대부분의 민주주의 국가에서는 국민이 대표를 뽑는 (　　　　)에 참여하여 주권을 행사합니다.**

3 **한 사람이나 기관에 국가 권력이 집중되면 국민의 (㉠　　　　)과/와 권리가 침해받을 수 있습니다. 이를 막기 위해 국가 권력을 분리하여 각각 다른 기관이 나누어 맡도록 하는 것을 (㉡　　　　)(이)라고 합니다.**

4 **국회, 행정부, 법원이 국가 권력을 나누어 맡도록 하는 민주 정치의 원리를 무엇이라고 합니까?** (　　　　)

확인 문제

1 **다음 빈칸에 공통으로 들어갈 알맞은 내용을 쓰시오.**

> 국가의 중요한 일을 결정하는 최고의 권력을 (　　　)(이)라고 합니다. 국민 (　　　)을/를 따르는 민주주의 국가에서 모든 권력은 국민의 동의와 지지를 바탕으로 실행됩니다.

(　　　　　　)

서술형

2 **다음 밑줄 친 부분에 들어갈 알맞은 내용을 쓰시오.**

민주주의 국가에서 국민이 선거를 통해 주권을 행사하는 이유는 뭘까?

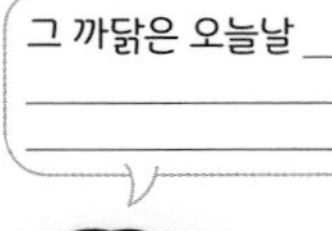

____

____

3 **다음 (가), (나) 그림이 나타내는 민주 선거의 기본 원칙을 알맞게 짝지은 것은 어느 것입니까?** (　　　)

(가)

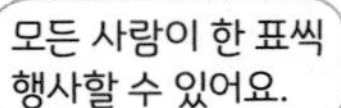

(나)

	(가)	(나)
①	보통 선거	직접 선거
②	보통 선거	평등 선거
③	평등 선거	보통 선거
④	평등 선거	비밀 선거
⑤	평등 선거	직접 선거

4 **다음 보기 에서 국민 주권에 대한 설명으로 알맞은 것을 모두 골라 기호를 쓰시오.**

> 보기
> ㉠ 선거를 통해 국민 주권을 행사할 수 있다.
> ㉡ 대한민국 헌법에서는 국민 주권을 규정하고 있다.
> ㉢ 주권은 일정 수준의 교육을 받은 국민만 가질 수 있다.

(　　　　　　)

5 **프랑스에서 다음과 같은 상황이 전개된 이유로 알맞은 것은 어느 것입니까?** (　　　)

> 프랑스의 루이 14세는 왕의 권한은 신이 내려 준 것이라고 주장하며 수차례 전쟁을 일으키고 베르사유 궁전을 지었습니다. 당시 백성은 전쟁과 궁전 건설에 동원되어 고통받았습니다.

① 국민에게 주권이 있었다.
② 국가 권력이 분립되어 있었다.
③ 국민의 자유와 권리가 보장되었다.
④ 왕에게 모든 통치 권력이 집중되어 있었다.
⑤ 국가 권력을 여러 사람이 나누어 서로 견제하였다.

중요

6 **다음과 같이 우리나라에서 국가 권력을 나누어 맡도록 한 민주 정치의 원리는 무엇인지 쓰시오.**

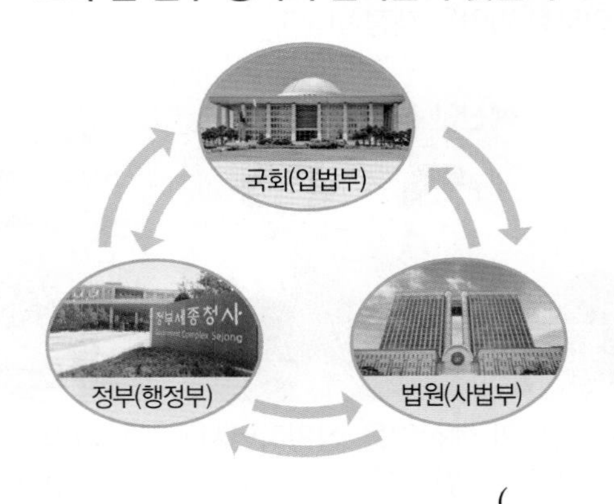

(　　　　　　)

02 국회와 행정부의 역할

❶ 국회

(1) **국회의 의미**: 국회 의원들로 구성된 국민의 대표 기관으로, 법을 만들고 행정부가 하는 일을 견제하고 감독하는 곳입니다. 자료 ①

(2) **국회를 구성하는 국회 의원**

우리나라는 4년마다 치러지는 선거에서 국민이 직접 국회 의원을 뽑습니다.	➜	국회 의원은 국민의 대표로서 국회에서 국가의 중요한 일을 의논하고 결정합니다.

(3) **국회에서 하는 일**

입법에 관한 일	• 법을 만들며 법을 고치거나 없애기도 합니다. 자료 ② • 법을 만드는 일은 국회에서 하는 가장 중요한 일입니다.
국가 재정에 관한 일	• 국민이 낸 세금을 어디에 어떻게 쓸 것인지 행정부가 세운 ❶예산안을 ❷심의하여 확정합니다. • 한 해가 지나면 계획대로 예산을 잘 썼는지 ❸결산을 심사합니다. • 예산의 대부분은 국민의 세금으로 이루어지기 때문에 국민의 대표인 국회 의원이 이를 살펴보고 최종 확정을 합니다.
국정 감사	• 행정부가 법에 따라 일을 잘하고 있는지 국정 감사로 살펴보고, 잘못한 일이 있으면 바로잡도록 요구합니다. • 국정 감사는 공개로 진행되며 필요한 경우에는 관련 서류를 제출하도록 요구하거나 ❹청문회를 열 수도 있습니다.

국회가 하는 일 - 예 어린이 보호 구역 내 교통안전 시설 설치

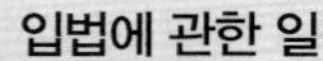

입법에 관한 일

어린이 보호 구역 내 교통안전 시설 설치 의무화 법안을 제정합니다.

예산안 심의

국회가 정부의 예산안을 심의하면서 관련한 예산을 늘릴 것을 요구합니다.

국정 감사

계획대로 설치되었습니까?

국정 감사

행정부의 장관을 상대로 국정 감사를 실시합니다.

나랏일을 하는 공무원에게 궁금한 점을 질문합니다.

자료 ① 국회 의사당

국회 의사당은 국회 의원들이 모여 회의를 하는 곳입니다. 둥근 지붕은 국민의 다양한 의견을 하나로 모으겠다는 의미를 담고 있고, 24개의 기둥은 24시간 내내 국민의 뜻을 살피겠다는 의미를 담고 있습니다.

자료 ② 법이 만들어지는 과정

1. 국민을 위한 새로운 법이 필요함.
↓
2. 국회 의원이나 정부가 새로운 법률안을 국회에 제출함.
↓
3. 국회 의원들이 모여 법률안의 내용을 심의하고 결정함.
↓
4. 국회가 법률안을 대통령에 보냄.
↓
5. 대통령이 새 법을 널리 알리고 시행함.

용어 사전

❶ **예산**
나라의 살림살이에 필요한 사업과 돈의 사용 계획을 미리 세워 두는 것

❷ **심의**
자세히 살펴 적절한가를 판단하는 일

❸ **결산**
일정 기간의 수입과 지출을 마감하여 계산한 것을 말함.

❹ **청문회**
어떤 문제를 질문과 답변을 거쳐 검증하는 제도적 장치

❷ 행정부

정부라고도 합니다.

(1) 행정부의 의미: 법에 따라 국가의 살림을 맡아 하는 곳입니다.

(2) 행정부의 구성: 대통령을 중심으로 국무총리와 ❺행정 업무를 처리하는 여러 개의 부, 처, 청, 위원회 등으로 구성되어 있습니다. 자료 ❸, ❹

대통령	• 외국에 대하여 국가를 대표하며, 행정부의 최고 책임자로 국가의 중요한 일을 결정합니다. • 국무 회의의 의장 역할을 합니다.
국무총리	• 대통령을 도와 각부를 관리, 감독합니다. • 대통령이 임무를 수행할 수 없을 때 그 역할을 대신합니다.
각부	• 다양한 업무를 나눠 맡아서 국가의 살림을 수행합니다. • 장관과 차관, 많은 공무원은 부서에서 맡은 행정 업무를 수행합니다.

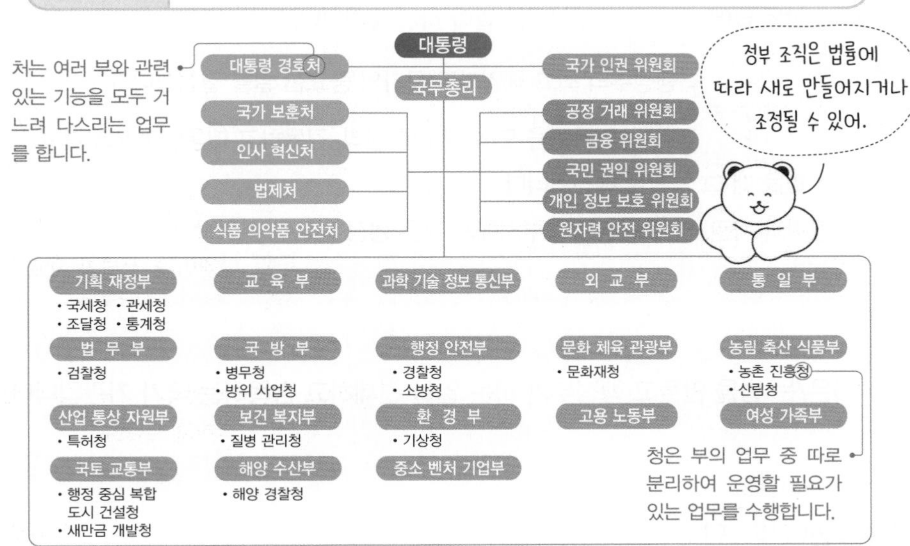

▲ 우리나라 행정부 조직도

(3) 행정부에서 하는 일: 국민의 안전과 행복을 위해 여러 가지 일을 합니다.

교육부	교육 전반에 관한 일을 합니다.
보건 복지부	빈곤, 질병 등으로부터 국민을 보호하는 일을 합니다.
국토 교통부	국토의 균형 발전과 국민 ❻주거 안정을 위한 일을 합니다.
국방부	군사적 위협과 침략으로부터 국가를 지키는 일을 합니다.
기획 재정부	경제 정책을 세우며, 경제 정책을 관리하고 조정합니다.
환경부	자연환경을 보전하고 환경 오염을 방지하는 일을 합니다.
과학 기술 정보 통신부	과학 기술을 발전시킵니다.
문화 체육 관광부	문화와 예술, 체육, 관광 등과 관련된 업무를 맡습니다.
고용 노동부	국민이 원하는 일자리에서 일할 수 있도록 돕습니다.

자료 ❸ 우리나라의 대통령

대통령 선출

국민이 5년마다 선거를 통해 대통령을 선출함.

↓

대통령이 하는 일의 사례

- 우리나라 대표로 다른 나라 대통령을 만나 정상 회담을 함.
- 행정 부서의 장관을 임명함.
- 국무 회의에서 국민을 위한 다양한 정책을 의논함.
- 국군 부대를 방문하여 보고를 받음.
- 수해 현장을 방문하여 피해 상황을 점검함.

자료 ❹ 국무 회의

- **역할**: 정부의 중요 정책을 논의하는 최고 심의 기관입니다.
- **구성**: 대통령, 국무총리, 각부의 장관을 비롯한 국무 위원들로 구성됩니다.

용어 사전

❺ **행정**
정부가 법에 따라 나라를 다스리는 일

❻ **주거**
일정한 곳에 머물러 삶. 또는 그런 집

기본 문제로 익히기

핵심 체크

● 국회의 의미와 하는 일

의미	❶ □□ □□들로 구성된 국민의 대표 기관으로, 법을 만들고 행정부가 하는 일을 견제하고 감독하는 곳입니다.
하는 일	• ❷ □□에 관한 일: 법을 만들며 법을 고치거나 없애기도 합니다. • 국가 재정에 관한 일: 행정부가 세운 ❸ □□□을 심의하여 확정합니다. • 국정 감사: 행정부가 법에 따라 일을 잘하고 있는지 국정 감사로 살펴보고, 잘못한 일이 있으면 바로잡도록 요구합니다.

● 행정부의 의미와 구성

의미	국회에서 만든 법에 따라 국가의 살림을 맡아 하는 곳입니다.
구성	• ❹ □□□: 행정부의 최고 책임자로 국가의 중요한 일을 결정합니다. • ❺ □□□□: 대통령을 도와 각부를 관리, 감독하고 대통령이 임무를 수행할 수 없을 때 그 역할을 대신합니다. • 각부: 장관과 차관, 많은 공무원은 부서에서 맡은 행정 업무를 수행합니다.

개념 문제

1 (　　　　　)은/는 법을 만들고 행정부가 하는 일을 견제하고 감독하는 국가 기관입니다.

2 국회에 대한 설명이 맞으면 ○표, 틀리면 X표 하시오.

(1) 국회의 최고 책임자는 대통령입니다. (　　　)

(2) 국회에서 하는 가장 중요한 일은 법률을 만드는 일입니다. (　　　)

(3) 국회에서는 행정부가 법에 따라 일을 잘하고 있는지 국정 감사로 살펴보는 일을 합니다. (　　　)

3 대통령을 중심으로 국무총리와 여러 개의 부, 처, 청, 위원회 등으로 구성된 정부 기관을 무엇이라고 합니까? (　　　　　)

4 다음 ㉠, ㉡에 들어갈 알맞은 말에 각각 ○표 하시오.

> 행정부 중 ㉠ (국방부 , 국토 교통부)는 군사적 위협과 침략으로부터 국가를 지키는 일을 하고, ㉡ (환경부 , 보건 복지부)는 빈곤과 질병 등으로부터 국민을 보호하는 일을 합니다.

확인 문제

1 국회 의원들이 모여 회의를 하는 다음 장소를 쓰시오.

(　　　　　)

중요

2 다음 보기 에서 국회에 대한 설명으로 알맞은 것을 모두 골라 기호를 쓰시오.

보기
㉠ 예산안을 심의하여 확정한다.
㉡ 각부로 나뉘어 행정 업무를 수행한다.
㉢ 국무 회의를 열어 중요 정책을 논의한다.
㉣ 국회 의원들로 구성된 국민의 대표 기관이다.

(　　　　　)

3 법이 만들어지는 과정을 순서대로 알맞게 쓰시오.

㉠ 국회가 법률안을 대통령에게 보낸다.
㉡ 대통령이 새 법을 널리 알리고 시행한다.
㉢ 국회 의원들이 모여 법률안의 내용을 심의하고 결정한다.
㉣ 국회 의원이나 정부가 새로운 법률안을 국회에 제출한다.

(　　→　　→　　→　　)

4 국회에서 하는 일 중 다음 그림과 관련이 있는 것은 무엇입니까? (　　)

① 입법　② 결산 심사　③ 국무 회의
④ 국정 감사　⑤ 예산안 심의

[5~6] 다음 표를 읽고, 물음에 답하시오.

(㉠)의 선출	국민이 5년마다 선거를 통해 선출함.
(㉠)이/가 하는 일의 사례	• 다른 나라 (㉠)을/를 만나 정상 회담을 함. • 행정 부서의 장관을 임명함. • 국무 회의에서 국민을 위한 다양한 정책을 의논함. • 국군 부대를 방문하여 보고를 받음. • 수해 현장을 방문하여 피해 상황을 점검함.

5 위 표에서 ㉠에 들어갈 알맞은 명칭을 쓰시오.

(　　　　　)

서술형

6 ㉠의 주요 역할을 쓰시오.

7 다음 행정부의 각부와 하는 일을 바르게 선으로 연결하시오.

(1)	고용노동부	㉠	경제 정책을 관리하고 조정함.
(2)	국토교통부	㉡	국토의 균형 있는 발전을 꾀함.
(3)	기획재정부	㉢	국민이 원하는 일자리에서 일할 수 있도록 함.

법원의 역할과 일상생활 속 민주 정치의 원리 적용 사례

❶ 법원

(1) **법원의 의미**: 법에 따라[1]재판을 하는 곳입니다.

(2) **법원에서 하는 일**

개인과 개인 사이에서 일어난 법적 다툼을 해결해 줍니다.

법을 지키지 않은 사람을 처벌하여 사회 질서를 유지합니다.

국가나 지방 자치 단체로부터 피해를 입은 사람의 억울함을 풀어 줍니다.

(3) **공정한 재판을 위한 제도** — 재판은 국민의 자유와 권리를 보장하기 위해 공정하게 이루어져야 합니다.

구분	내용
사법권의 독립	법원이 외부의 영향을 받지 않고, [2]법관이 헌법과 법률에 따라 독립하여 재판할 수 있도록 보장하고 있습니다.
공개 재판	공정성을 확보하기 위해 특정한 경우를 제외한 모든 재판의 과정과 결과를 국민에게 공개합니다.
삼심 제도 자료 ①	하나의 사건에 대해 다른 종류의 법원에서 세 번까지 재판을 받을 수 있는 삼심 제도(3심 제도)를 두고 있습니다.

특정한 경우: 국가 안보와 관련된 재판, 피해자를 보호해야 할 필요가 있는 재판 등은 공개하지 않을 수 있습니다.

▲ 재판을 하는 모습 자료 ②

(4) **헌법 재판소**: 헌법을 기준으로 분쟁을 해결하는 특별 재판소입니다.

① **구성**: 대통령이 임명하는 9명의 재판관으로 구성됩니다.
— 이 중 3명은 국회에서 선출된 사람을, 3명은 대법원장이 지명한 사람을 임명합니다.

② **하는 일**

- 법률이 헌법에 어긋나는지 심판합니다.
- 국가 권력이 국민의 기본권을 침해하였는지 심판합니다.
- 높은 지위에 있는 공무원이 헌법이나 법률에 어긋나는 행위를 하였는지 심판합니다.
- 국가 기관 사이에 다툼이 생겼을 때 심판합니다.
- 정당이 헌법 질서를 어지럽혔을 때 심판합니다.

자료 ① 삼심 제도

3심 법원(대법원)
↑
2심 법원(고등 법원)
↑
1심 법원(지방 법원)

- **목적**: 법관의 잘못된 판단 등으로 발생할 수 있는 피해를 줄임으로써 국민의 권리를 최대한 보장하려는 제도입니다.
- **절차**: 1심 판결이 옳지 않다고 생각하면 2심 재판을 요청할 수 있습니다. 2심 판결도 받아들일 수 없다면 3심 재판을 신청할 수 있습니다.

자료 ② 재판에 참여하는 사람들

구분	설명
판사	재판을 진행하고 판결을 내리는 사람
원고	다툼을 해결하기 위해 재판을 요청하는 사람
검사	사건을 조사하고 피고인이 범죄를 저질렀는지 판단하고자 법원에 심판을 요구하는 사람
변호인	의뢰인을 대신해 권리를 주장하는 사람
피고인	범죄를 저지른 것으로 의심되어 재판을 받는 사람
증인	사건과 관련하여 자기 경험을 말해 주는 사람

용어 사전

❶ **재판**
옳고 그름을 따져 판결하는 일

❷ **법관**
대법원과 각급 법원에서 재판과 관련한 일을 하는 사람으로서 대법원장, 대법관, 판사가 이에 속함.

2 일상생활에서 민주 정치의 원리 적용

(1) 민주 정치의 원리 적용

① 오늘날 민주주의 국가는 국민 주권과 권력 분립 등 민주 정치의 원리에 따라 운영됩니다.

② 민주 정치의 원리는 우리 생활과 밀접하게 관련되어 국민의 자유와 권리를 보장하고 있습니다.

(2) 어린이 식품 안전 보호 구역의 지정 사례 자료 3, 4

① 국민의 요구 표출

국민이 어린이의 건강을 보호하고자 대책을 마련할 것을 요구하였습니다.

→

② 국회 의원의 법률 [3]제정안 제출

국회 의원이 「어린이 식생활 안전 관리 특별법」 제정안을 제출하였습니다.

→

③ 국회에서 공청회 개최

국회에서 「어린이 식생활 안전 관리 특별법」 제정을 위해 학계, 식품업계, 시민 단체 등의 의견을 듣는 공청회를 개최하였습니다.

→

④ 국회의 법안 통과

공청회에서 들은 의견을 바탕으로 국회에서 「어린이 식생활 안전 관리 특별법」을 만들어 통과시켰습니다.

→

⑤ 행정부가 법에 따라 행정 실시

행정부에서 「어린이 식생활 안전 관리 특별법」을 국민의 일상생활에 적용하였습니다. 이에 따라 공무원들은 어린이 식품 안전 보호 구역을 지정하여 관리합니다.

- 어린이 식품 안전 보호 구역으로 지정되면 표지판을 설치하고, 해당 구역을 상시적으로 점검합니다.

→

⑥ 법원의 재판

잘못된 과태료 부과라고 생각합니다.

「어린이 식생활 안전 관리 특별법」을 위반하면 [4]과태료가 부과되는데 당사자가 이의를 제기하면 일정한 절차를 거쳐 재판이 진행됩니다.

↳ 우리 생활을 둘러싼 여러 문제들은 국가 기관이 서로 협력하거나 견제하여 해결되는 경우가 많습니다.

- 국가 기관은 서로 조화를 이루며 국민이 일상생활에서 행복한 삶을 누릴 수 있도록 노력합니다.

자료 3 어린이 통학 차량 동승자 탑승 의무화 사례

국회	어린이가 타는 통학 차량에 반드시 보호자가 함께 탑승해야 한다는 법을 만들었음.
행정부	법에 따라 보호자가 함께 탑승하지 않은 어린이 통학 차량을 단속함.
법원	학원 관계자들은 이 법이 자신들의 자유와 재산을 침해한다는 헌법 소원을 제기함. → 헌법 재판소는 이 조치가 헌법에 어긋나지 않는다고 결정함.

자료 4 어린이 보호 구역 지정과 관련한 사례

국회	어린이 보호 구역에 신호등과 과속 단속 카메라를 설치하고 이 구역에서 큰 사고를 낸 운전자를 강하게 처벌하는 법을 만들었음.
행정부	법에 따라 어린이 보호 구역에 신호등, 안전 표지판, 과속 단속 카메라를 설치하고 불법 주차 단속을 강화함.
법원	어린이 보호 구역에서 제한 속도를 어기고 운전하여 큰 사고를 낸 운전자를 재판하여 처벌함.

용어 사전

3 제정안
법률을 만들어서 정하고자 하는 안건

4 과태료
법령 위반에 과해지는 금전적인 벌로서 행정 처분에 해당함.

기본 문제로 익히기

핵심 체크

● **법원**

의미	법에 따라 옳고 그름을 따져 판결하는 ❶ ☐☐ 을 하는 곳입니다.
하는 일	• 사람들 사이의 다툼을 해결합니다. • 법을 지키지 않은 사람을 ❷ ☐☐ 하여 사회 질서를 유지합니다. • 국가나 지방 자치 단체로부터 피해를 입은 사람의 억울함을 풀어 줍니다.
공정한 재판을 위한 제도	❸ ☐☐☐ 의 독립을 보장하고 있습니다. • 특정한 경우를 제외한 모든 재판의 과정과 결과를 ❹ ☐☐ 합니다. • 하나의 사건에 대해 다른 종류의 법원에서 세 번까지 재판을 받을 수 있는 삼심 제도(3심 제도)를 두고 있습니다.

● **민주 정치의 원리 적용**: 국민 주권과 ❺ ☐☐ ☐☐ 등 민주 정치의 원리는 우리 생활과 밀접하게 관련되어 국민의 자유와 권리를 보장하고 있습니다.

개념 문제

1 **다음 괄호 안에 들어갈 알맞은 말에 ○표 하시오.**

(국회 , 법원)은/는 사람들 사이의 다툼을 해결하고 법을 지키지 않은 사람을 처벌하여 사회 질서를 유지하는 일을 합니다.

2 **우리나라 재판에 대한 설명이 맞으면 ○표, 틀리면 X표 하시오.**

(1) 공정한 재판을 위해 모든 재판은 예외 없이 그 과정과 결과를 공개합니다. (　　　)

(2) 법원이 외부의 영향을 받지 않고 재판할 수 있도록 사법권의 독립을 보장하고 있습니다. (　　　)

(3) 우리나라 국민은 하나의 사건에 대해 다른 종류의 법원에서 세 번까지 재판을 받을 수 있습니다. (　　　)

3 **헌법을 기준으로 분쟁을 해결하는 특별 재판소를 무엇이라고 합니까?** (　　　)

4 **국민 주권과 권력 분립 등 (　　　　)의 원리는 우리 생활과 밀접하게 관련되어 있습니다.**

1 단원

확인 문제

1 다음 그림과 같이 국민의 문제를 해결해 주는 국가 기관을 쓰시오.

( )

중요

2 다음 보기 에서 법원에서 하는 일로 알맞은 것을 모두 골라 기호를 쓰시오.

보기
㉠ 법을 만들거나 고친다.
㉡ 사람들 사이의 다툼을 해결한다.
㉢ 법을 지키지 않은 사람을 처벌한다.
㉣ 국가나 지방 자치 단체로부터 피해를 입은 사람의 억울함을 풀어 준다.

( )

3 다음 제도들의 공통점으로 알맞은 것은 어느 것입니까? ( )

• 공개 재판 • 삼심 제도 • 사법권의 독립

① 공정한 재판을 위한 제도이다.
② 국회 운영과 관련한 제도이다.
③ 국가 재정과 관련한 제도이다.
④ 행정부를 견제하기 위한 제도이다.
⑤ 국민의 건강을 책임지기 위한 제도이다.

[4~5] 다음 글을 읽고, 물음에 답하시오.

3심 법원(대법원)
↑
2심 법원(고등 법원)
↑
1심 법원(지방 법원)

<u>이 제도</u>에 따라 1심 판결이 옳지 않다고 생각하면 2심 재판을 요청할 수 있고, 2심 판결도 받아들일 수 없다면 3심 재판을 신청할 수 있습니다.

4 윗글의 밑줄 친 '이 제도'가 무엇인지 쓰시오.

( )

서술형

5 위 제도를 운영하는 목적을 쓰시오.

6 다음과 같은 일을 하는 국가 기관은 무엇입니까? ( )

• 법률이 헌법에 어긋나는지 심판합니다.
• 높은 지위에 있는 공무원이 헌법이나 법률에 어긋나는 행위를 하였는지 심판합니다.

① 국회 ② 행정부 ③ 국무 회의
④ 헌법 재판소 ⑤ 선거 관리 위원회

7 어린이 식품 안전 보호 구역 지정과 관련하여 (가), (나)의 역할을 한 기관을 알맞게 짝지은 것은 어느 것입니까? ( )

(가) 「어린이 식생활 안전 관리 특별법」 제정을 위해 공청회를 열었다.
(나) 어린이 식품 안전 보호 구역으로 지정된 곳에 표지판을 설치하였다.

	(가)	(나)		(가)	(나)
①	국회	법원	②	국회	행정부
③	법원	국회	④	행정부	국회
⑤	행정부	법원			

실력 문제로 다잡기

1 다음 대한민국 헌법에 대해 잘못 이야기한 어린이는 누구인지 쓰시오.

> **제1조 제1항** 대한민국은 민주 공화국이다.
> **제1조 제2항** 대한민국의 주권은 국민에게 있고, 모든 권력은 국민으로부터 나온다.
> – 대한민국 헌법

- 건우: 우리나라는 국민 주권을 헌법에 규정하고 있어.
- 도은: 대한민국 헌법에서는 우리나라가 민주주의 국가임을 밝히고 있어.
- 지아: 우리나라의 국가 권력이 대통령으로부터 나온다는 것을 알 수 있어.

( )

1-1 국민 주권은 국가의 중요한 일을 결정하는 최고 권력인 주권이 국민에게 있다는 것입니다.

(○, ×)

2 선거에 대한 설명으로 알맞은 것을 두 가지 고르시오. (,)

① 선거를 '민주주의의 꽃'이라고도 한다.
② 헌법 재판소에서는 공정한 선거가 이루어지도록 돕는다.
③ 대부분의 민주주의 국가에서는 국민이 대표를 뽑는 선거에 참여한다.
④ 모든 사람이 동등하게 한 표씩 행사할 수 있는 것은 보통 선거의 원칙이다.
⑤ 우리나라에서는 선거일 기준으로 만 20세 이상의 국민이면 누구나 투표할 수 있다.

2-1 투표에 직접 참여할 수 없을 때는 다른 사람이 나를 대신하여 투표할 수 있습니다.

(○, ×)

3 다음 사례들에 나타난 민주 정치의 원리는 무엇입니까? ( )

대통령은 국회에서 통과시킨 「○○법」에 대해 다시 논의할 것을 요구하였습니다.	국회는 정부 각 부처가 나라 살림을 제대로 하고 있는지 감사에 들어갔습니다.	대통령은 김○○ 대법관 후보자의 임명 동의안을 결재하여 허가하였습니다.

① 국민 주권 ② 권력 분립
③ 지방 자치 ④ 대화와 타협
⑤ 다수결의 원칙

3-1 한 사람이나 기관에 국가 권력이 집중되면 권력을 마음대로 행사하거나 잘못된 결정을 할 수 있습니다.

(○, ×)

서술형

4 **다음은 우리나라 국가 기관의 권력 분립을 나타낸 것입니다. 이를 보고, 물음에 답하시오.**

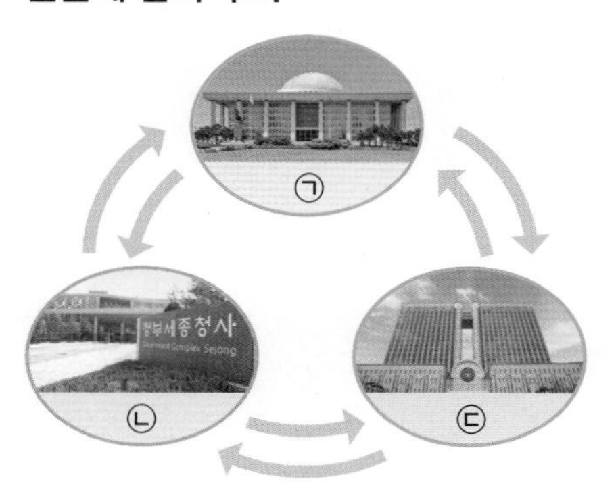

(1) 위의 ㉠~㉢에 들어갈 알맞은 국가 기관을 각각 쓰시오.

㉠: (   ), ㉡: (   ), ㉢: (   )

(2) 우리나라가 위와 같이 ㉠~㉢ 기관에게 국가 권력을 나누어 맡도록 한 목적을 쓰시오.

4-1 우리나라는 세 기관이 국가 권력을 나누어 맡도록 하는 삼권 분립을 따르고 있습니다.

(○, ×)

5 **국회에 대해 잘못 이야기한 어린이는 누구인지 쓰시오.**

국민의 대표 기관이야.

루나

행정 업무를 처리해.

은우

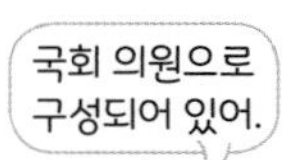

지아

(   )

5-1 우리나라는 5년마다 치러지는 선거에서 국민이 직접 국회 의원을 뽑습니다.

(○, ×)

6 **국회에서 하는 일 중 다음 그림에서 알 수 있는 것은 어느 것입니까?** (   )

① 법을 만들거나 고친다.
② 법에 따라 재판을 한다.
③ 법에 따라 국가의 살림을 한다.
④ 국가 예산안을 심의하여 확정한다.
⑤ 행정부가 일을 잘하고 있는지 국정 감사를 한다.

6-1 국회는 국정 감사를 공개로 진행하며 필요한 경우 행정부에 관련 서류를 제출하도록 요구할 수 있습니다.

(○, ×)

7 **대통령이 하는 일로 알맞지 않은 것은 어느 것입니까?** (　　)

① 행정 부서의 장관을 임명한다.
② 국무 회의의 의장 역할을 한다.
③ 헌법과 법률에 따라 재판을 한다.
④ 행정부의 최고 책임자로 국가의 중요한 일을 결정한다.
⑤ 우리나라 대표로 다른 나라 대통령을 만나 정상 회담을 한다.

7-1 우리나라 행정부는 대통령을 중심으로 국회 의원, 각부 등으로 구성되어 있습니다.

(○, ×)

서술형

8 **다음 표를 바탕으로 행정부가 국민의 일상생활에 어떤 이로움을 주는지 쓰시오.**

교육부	교육 전반에 관한 일을 함.
보건 복지부	빈곤, 질병 등으로부터 국민을 보호하는 일을 함.
국토 교통부	국토의 균형 발전과 국민의 주거 안정을 위한 일을 함.
국방부	군사적 위협과 침략으로부터 국가를 지키는 일을 함.

8-1 행정부의 각부에서 장관과 차관, 많은 공무원이 맡은 행정 업무를 수행합니다.

(○, ×)

★중요★

9 **다음 그림은 재판을 하는 모습입니다. 이와 관련한 설명으로 알맞지 않은 것은 어느 것입니까?** (　　)

① 법원에서 볼 수 있는 모습이다.
② 판사는 재판을 진행하고 판결을 내린다.
③ 검사는 법을 어긴 점에 대해 재판을 요청한다.
④ 법관은 행정부의 감독을 받으며 재판을 진행한다.
⑤ 국민의 자유와 권리를 보장하기 위해 공정한 재판이 이루어져야 한다.

9-1 재판에는 판사, 검사, 변호인, 피고인, 증인 등이 참여합니다.

(○, ×)

10 다음 내용에서 알맞지 않은 것을 골라 기호를 쓰시오.

공정한 재판을 위한 제도

㉠ 모든 재판의 과정과 결과를 비공개로 함.
㉡ 법원이 외부의 영향을 받지 않도록 사법권을 독립함.
㉢ 법관이 헌법과 법률에 따라 재판할 수 있도록 보장함.
㉣ 하나의 사건에 대해 다른 종류의 법원에서 세 번까지 재판을 받을 수 있도록 함.

(　　　　　　)

10-1 하나의 사건에 대해 다른 종류의 법원에서 세 번까지 재판을 받을 수 있는 제도를 삼권 분립이라고 합니다.

(○, ×)

11 다음 보기 에서 헌법 재판소에 대한 설명으로 알맞은 것을 모두 골라 기호를 쓰시오.

보기

㉠ 법률이 헌법에 어긋나는지 심판한다.
㉡ 선거의 전 과정을 공정하게 관리한다.
㉢ 대통령이 임명하는 9명의 재판관으로 구성된다.
㉣ 국정 감사를 실시하여 행정부가 잘못한 일이 있으면 바로잡도록 요구한다.

(　　　　　　)

11-1 헌법 재판소는 국가 권력이 국민의 기본권을 침해하였는지 심판합니다.

(○, ×)

12 어린이 보호 구역 지정과 관련하여 행정부에서 하는 일에 대해 바르게 이야기한 어린이는 누구입니까? (　　　)

① 관련 법 제정을 위해 공청회를 열었어.

② 보호 구역에 신호등, 안전 표지판을 설치하였어.

③ 보호 구역에서 사고를 낸 운전자를 재판하였어.

④ 보호 구역 내에서 사고를 낸 운전자를 처벌하는 법을 만들었어.

12-1 국가 기관은 서로 협력하거나 견제하며 우리 생활을 둘러싼 여러 문제들을 해결합니다.

(○, ×)

단원 개념 점검하기

1 민주주의의 발전과 시민 참여

개념 1 우리나라의 민주화 운동

- 4·19 혁명(1960년)

배경	• 이승만 정부의 ❶ ☐☐ 정치가 계속됨. • 3·15 부정 선거가 일어남.
과정	마산에서 부정 선거 항의 시위가 일어남. → 김주열의 시신 발견 → 4월 19일 전국으로 시위가 확대됨. → ❷ ☐☐☐이 대통령직에서 물러나고 새로운 정부가 들어섬.

- 5·18 민주화 운동(1980년)

배경	전두환을 중심으로 ❸ ☐☐☐의 권력 장악(12·12 사태) → 계엄령을 전국으로 확대하며 민주화 시위 탄압
과정	전라남도 광주에서 민주화 시위가 일어남. → 시민들이 ❹ ☐☐☐을 조직하여 계엄군에 대항함. → 계엄군의 무력 진압

- 6월 민주 항쟁(1987년)

배경	전두환 정부가 언론을 통제하고 민주화 운동을 탄압함.
과정	대학생 박종철 사망 → 전두환 정부가 국민의 대통령 직선제 요구를 거부함. → 대학생 이한열이 최루탄에 맞고 쓰러짐. → 시위가 전국으로 확산함. → ❺ ☐·☐☐ 민주화 선언 발표

개념 2 6월 민주 항쟁 이후 민주주의 발전

- **대통령 직선제:** 1987년 제13대 대통령 선거가 ❻ ☐☐☐로 시행되었고 오늘날까지 계속 시행되고 있습니다.
- **지방 자치제:** 지역 주민이 직접 뽑은 지방 의회 의원과 지방 자치 단체장을 통하여 그 지역의 일을 처리하는 제도로, 6월 민주 항쟁 이후 부활하였습니다.

2 일상생활과 민주주의

개념 3 민주주의

민주주의
모든 국민이 나라의 ❼ ☐☐으로서 권리를 갖고, 그 권리를 자유롭고 평등하게 행사하는 정치 형태

↓

기본 정신	인간의 ❽ ☐☐☐, 자유, 평등
바람직한 태도	관용, 비판적 태도, 양보와 타협, 실천하는 자세

1 우리나라의 민주화 운동에 대한 설명이 맞으면 ○표, 틀리면 X표 하시오.

(1) 3·15 부정 선거에 저항하여 4·19 혁명이 일어났습니다. (　　)

(2) 박정희 정부가 1980년 전라남도 광주에 계엄군을 보내 민주화 시위를 진압하였습니다. (　　)

(3) 6월 민주 항쟁의 결과 당시 여당 대표인 노태우가 6·29 민주화 선언을 발표하였습니다. (　　)

2 다음 빈칸에 들어갈 알맞은 말을 쓰시오.

> (　　　　)은/는 지역 주민이 직접 뽑은 지방 의회 의원과 지방 자치 단체장을 통하여 그 지역의 일을 처리하는 제도입니다.

(　　　　　)

3 다음에서 설명하는 민주주의의 기본 정신을 쓰시오.

(1) 모든 인간은 존중받아야 합니다. (　　　　)

(2) 자신의 생각대로 판단하고 행동할 수 있습니다. (　　　　)

(3) 성별이나 종교, 신분 등에 따라 차별받지 않습니다. (　　　　)

1 단원

개념 4 민주적 의사 결정

원리	• **대화와 타협**: 공동의 문제가 생겼을 때 대화와 토론을 거쳐 타협으로 문제를 해결함. • ⑨ □□□ **의 원칙**: 다수의 의견이 소수의 의견보다 합리적일 것이라 가정하고 다수의 의견을 따르는 방법임. • **소수의 의견 존중**: 소수의 의견도 존중해야 함.
문제 해결 과정	문제 확인하기 → 문제 발생 원인 파악하기 → 문제 해결 방안 탐색하기 → 문제 해결 방안 결정하기 → 문제 해결 방안 실천하기

3 민주 정치의 원리와 국가 기관의 역할

개념 5 민주 정치의 원리

- **국민 주권**: ⑩ □□에게 국가의 중요한 일을 결정하는 최고의 권력인 주권이 있다는 것입니다.
- **권력 분립과 삼권 분립**

권력 분립
국가 권력을 분리하여 각각 다른 기관이 나누어 맡도록 하는 것

↓

우리나라의 삼권 분립
국회, 행정부, 법원이 국가 권력을 나누어 서로 견제하고 균형을 이루어 국민의 자유와 권리를 보장함.

개념 6 국가 기관의 역할

국회	• 국회 의원들로 구성된 국민의 대표 기관으로, 법을 만들고 행정부가 하는 일을 견제하고 감독하는 곳임. • 입법에 관한 일, 행정부의 예산안 심의·확정 및 국정 감사 실시 등의 일을 함.
행정부	• 국회에서 만든 법에 따라 국가의 살림을 맡아 하는 곳임. • ⑪ □□□은 행정부의 최고 책임자로 국가의 중요한 일을 결정함. • ⑫ □□□□는 대통령을 도와 각부를 관리하고 감독함. • 각부는 장관과 차관, 많은 공무원이 부서에서 맡은 행정 업무를 수행함.
법원	• ⑬ □에 따라 재판을 하는 곳임. • 사람들 사이의 다툼을 해결하고, 법을 지키지 않은 사람을 처벌함. • 국가나 지방 자치 단체로부터 피해를 입은 사람의 억울함을 풀어 줌.

4 다음 ㉠, ㉡에 들어갈 알맞은 말을 각각 쓰시오.

> 민주적 의사 결정 원리에 따라 문제를 해결하는 과정은 '문제 확인하기 → 문제 발생 (㉠) 파악하기 → 문제 해결 방안 탐색하기 → 문제 해결 방안 결정하기 → 문제 해결 방안 (㉡)하기'입니다.

㉠: (　　　　　)
㉡: (　　　　　)

5 다음에서 설명하는 민주 정치의 원리를 쓰시오.

(1) 국민이 국가의 주인으로서 국가의 중요한 일을 결정합니다.
(　　　　　)

(2) 국가 권력을 분리하여 각각 다른 기관이 나누어 맡도록 합니다.
(　　　　　)

6 다음 기관과 기관에서 하는 일을 바르게 선으로 연결하시오.

(1) 국회 •　　• ㉠ 법을 만듦.
(2) 법원 •　　• ㉡ 국가의 살림을 맡음.
(3) 행정부 •　　• ㉢ 법에 따라 재판을 함.

❶ 민주주의의 발전과 시민 참여

1 다음 밑줄 친 부분에 들어갈 내용으로 알맞은 것은 어느 것입니까? (　　)

> 1960년 3월 15일에 정부통령 선거가 예정되어 있었습니다. ________________
> 대구에서 학생들을 중심으로 정부에 항의하는 시위가 일어났습니다.

① 박정희가 대통령에 선출되자
② 이승만 정부가 부정 선거를 계획하자
③ 전두환 정부가 민주화 운동을 탄압하자
④ 12·12 사태로 신군부가 정권을 장악하자
⑤ 시위 중 실종된 김주열 학생이 죽은 채로 발견되자

중요
2 다음 시에서 다루고 있는 사건에 대한 설명으로 알맞지 않은 것은 어느 것입니까? (　　)

> 아! 슬퍼요. …… 아침 하늘과 저녁노을을 오빠와 언니들은 피로 물들였어요. 오빠와 언니들은 책가방을 안고서 왜 총에 맞았나요. …… 나는 알아요. 우리는 알아요. 엄마 아빠 아무 말 안 해도 오빠와 언니들이 왜 피를 흘렸는지를…….
> – 강명희가 쓴 시 「나는 알아요」 중 일부

① 초등학생들이 시위에 동참하였다.
② 대학교수들이 시위대를 지지하였다.
③ 이승만 대통령 하야에 반대하여 일어났다.
④ 서울을 비롯한 대도시로 시위가 확산되었다.
⑤ 경찰이 시위대를 향해 총을 쏘는 등 무력 진압하였다.

3 4·19 혁명이 민주주의 혁명으로 평가받는 까닭으로 알맞은 것을 두 가지 고르시오. (　　,　　)

① 대통령에게 강력한 권한을 주었다.
② 충돌 없이 평화적으로 시위가 전개되었다.
③ 이승만 정부가 장기 집권할 수 있게 해 주었다.
④ 민주주의에 대한 국민의 관심이 높아지는 계기가 되었다.
⑤ 다양한 계층의 시민이 힘을 합쳐 독재 정권을 무너뜨렸다.

4 다음 일들이 일어난 시기는 언제입니까? (　　)

> • 헌법을 바꾸어 세 번까지 대통령을 할 수 있도록 하였습니다.
> • 부산과 마산 일대에서 유신 헌법 폐지를 요구하는 시위가 일어났습니다.

① 김영삼 정부　② 노태우 정부
③ 박정희 정부　④ 이승만 정부
⑤ 전두환 정부

중요
5 5·18 민주화 운동에 참여하였던 사람이 외친 구호로 알맞은 것은 어느 것입니까? (　　)

① 계엄령 해제! 계엄군 철수!
② 대통령 직선제를 실시하라!
③ 박정희의 독재에 반대한다!
④ 3·15 선거는 불법 선거이다!
⑤ 이승만은 대통령 자리에서 내려와라!

6 다음 어린이가 설명하는 역사적 사건은 무엇입니까? (　　)

1987년 전두환 정부의 독재에 반대하고 대통령 직선제를 요구하며 일어난 민주화 운동이야.

① 4·19 혁명　② 12·12 사태
③ 6월 민주 항쟁　④ 5·16 군사 정변
⑤ 5·18 민주화 운동

7 다음에서 설명하는 선언을 쓰시오.

> 전두환 정부가 여당 대표 노태우를 통해 대통령 직선제 시행, 언론의 자유 보장, 지방 자치제 시행 등의 내용이 담긴 선언을 발표하였습니다.

(　　　　　　)

1 단원

8 시민들이 사회 공동의 문제 해결에 적극 참여한 결과에 대해 바르게 말한 어린이를 모두 골라 쓰시오.

- 경호: 시민 단체들이 줄어들고 있어.
- 나리: 우리 사회의 문제들을 원만하게 해결하고 있어.
- 은지: 우리 사회가 진정한 민주 사회로 발전하고 있어.

(　　　　　　)

9 다음에서 설명하는 제도는 무엇입니까? (　　　)

지역 주민이 직접 뽑은 지방 의회 의원과 지방 자치 자치 단체장을 통하여 그 지역의 일을 처리하는 제도로, 우리나라에서는 6월 민주 항쟁 이후 다시 시행되었습니다.

① 국정 감사　② 권력 분립
③ 삼심 제도　④ 지방 자치제
⑤ 대통령 직선제

❷ 일상생활과 민주주의

10 정치에 대한 설명으로 알맞지 않은 것은 어느 것입니까? (　　　)

① 정치를 하려면 반드시 대통령이 되어야 한다.
② 정치는 우리 일상생활 속에서 찾아볼 수 있다.
③ 정치로 사람들 사이의 갈등을 조정할 수 있다.
④ 정치는 가정뿐만 아니라 지역에서도 이루어진다.
⑤ 학교에서 학급 회의를 여는 것도 정치의 사례이다.

11 다음 대화의 빈칸에 들어갈 알맞은 말을 쓰시오.

모든 국민이 나라의 주인으로서 권리를 갖고, 그 권리를 자유롭고 평등하게 행사하는 정치 형태를 뭐라고 할까?

(　　　　　　)

12 다음 보기 에서 인간의 존엄성에 대한 설명으로 알맞은 것을 모두 골라 기호를 쓰시오.

보기
㉠ 민주주의의 기본 정신이다.
㉡ 지위가 높은 사람만이 누릴 수 있다.
㉢ 자유와 평등이 보장되어야 실현될 수 있다.
㉣ 국가나 다른 사람에게 구속받지 않고 자신의 생각대로 행동할 수 있는 것이다.

(　　　　　　)

13 일상생활 속에서 민주주의를 실천하는 바람직한 태도로 알맞지 않은 것은 무엇입니까? (　　　)

① 관용　② 실천
③ 무관심　④ 비판적 태도
⑤ 양보와 타협

중요
14 다수결의 원칙과 관련이 있는 설명으로 알맞은 것은 어느 것입니까? (　　　)

① 모든 사람의 의견을 반영한다.
② 느리지만 가장 바람직한 의사 결정 원리이다.
③ 항상 옳기 때문에 모든 문제에 적용해야 한다.
④ 충분히 대화하고 토론하는 과정을 거쳐야 한다.
⑤ 문제 해결을 위해 소수의 의견은 무시해도 된다.

15 민주적 의사 결정 원리에 따른 문제 해결 과정 중 다음 단계에 해당하는 것은 무엇입니까? (　　　)

점심시간 식당 사용 문제를 놓고 투표하여 가장 많은 표를 얻은 방안을 선택하였습니다.

① 문제 확인하기
② 문제 발생 원인 파악하기
③ 문제 해결 방안 결정하기
④ 문제 해결 방안 실천하기
⑤ 문제 해결 방안 탐색하기

❸ 민주 정치의 원리와 국가 기관의 역할

16 다음 보기 에서 우리 국민이 주권을 지키려한 노력으로 알맞은 것을 모두 골라 기호를 쓰시오.

보기
㉠ 4·19 혁명　　㉡ 6월 민주 항쟁
㉢ 3·15 부정 선거　　㉣ 5·18 민주화 운동

(　　　　　)

17 다음 그림에 나타난 민주 선거의 기본 원칙은 무엇입니까? (　　)

① 간접 선거
② 보통 선거
③ 비밀 선거
④ 직접 선거
⑤ 평등 선거

중요
18 권력 분립에 대한 설명으로 알맞지 않은 것은 어느 것입니까? (　　)

① 민주 정치의 원리 중 하나이다.
② 우리나라는 권력 분립을 실시하지 않고 있다.
③ 국민의 자유와 권리를 보장하기 위해 실시한다.
④ 국가 권력을 분리하여 각각 다른 기관이 나누어 맡는 것이다.
⑤ 권력 분립이 이루어지지 않으면 한 사람이나 기관이 권력을 마음대로 행사할 수 있다.

19 다음 밑줄 친 부분에 들어갈 내용으로 알맞은 것은 어느 것입니까? (　　)

국회는 ＿＿＿＿＿＿＿＿ 국정 감사로 살펴보고, 잘못한 일이 있으면 바로잡도록 요구합니다.

① 행정부가 법에 따라 일을 잘하고 있는지
② 법에 따라 국가의 살림을 맡아 하기 위해
③ 국민이 낸 세금을 어디에 어떻게 쓸 것인지
④ 국가 권력이 국민의 기본권을 침해하였는지
⑤ 사람들 사이의 갈등과 다툼을 해결하기 위해

중요
20 (가), (나)와 같은 일을 하는 국가 기관을 알맞게 짝 지은 것은 어느 것입니까? (　　)

(가)

(나)

	(가)	(나)
①	국회	법원
②	법원	국회
③	법원	행정부
④	행정부	국회
⑤	행정부	법원

21 행정부의 각부에서 하는 일로 알맞지 않은 것은 어느 것입니까? (　　)

① 교육부는 교육에 관한 일을 한다.
② 환경부는 자연환경을 보전하는 일을 한다.
③ 기획 재정부는 경제 정책을 관리하고 조정한다.
④ 고용 노동부는 국민이 원하는 일자리에서 일할 수 있도록 돕는다.
⑤ 보건 복지부는 국토의 균형 발전과 국민 주거 안정을 위한 일을 한다.

22 다음 신문 기사의 ㉠, ㉡에 들어갈 알맞은 국가 기관을 각각 쓰시오.

ㅇㅇ신문　　20△△년 △△월 △△일
어린이 통학 차량 동승자 탑승 의무화, 위헌 아니다!
(　㉠　)이/가 제정한 어린이가 타는 통학 차량에 반드시 보호자가 함께 탑승해야 한다는 법과 관련해 학원 관계자들이 헌법 소원을 제기하였다. 이에 대해 (　㉡　)은/는 동승자 탑승 의무가 헌법에 어긋나지 않는다고 결정하였다.

㉠: (　　　　　), ㉡: (　　　　　)

서술형 마무리

1 **다음과 같은 민주화 운동이 일어난 까닭을 쓰시오.**

마산에서 일어난 시위는 각계각층의 시민들이 참여하는 전국 시위로 확대되었습니다. 4월 19일 전국은 "3·15 선거는 불법 선거이다.", "정부는 마산 사건을 책임져라." 등의 구호로 가득하였습니다.

▲ 시위에 참여한 학생들

2 **다음 사진을 보고, 물음에 답하시오.**

▲ 학생들이 학교 문제를 해결하려고 연 자치회

▲ 주민들이 지역의 일을 의논하는 주민 자치 위원회

(1) 위의 사례에서 볼 수 있는 다수가 참여하는 정치 제도를 무엇이라고 하는지 쓰시오.
( )

(2) (1)에서 답한 정치 제도의 기본 정신을 세 가지 쓰시오.

3 **다음 표는 민주 선거의 기본 원칙을 정리한 것입니다. 이를 보고, 물음에 답하시오.**

보통 선거	선거일 기준으로 만 (㉠) 이상의 국민이면 누구나 투표할 수 있음.
평등 선거	㉡
직접 선거	투표는 자신이 직접 해야 함.
비밀 선거	누구에게 투표하였는지 다른 사람이 알 수 없음.

(1) 위 표의 ㉠에 들어갈 알맞은 나이를 쓰시오.
( )

(2) 위 표의 ㉡에 들어갈 알맞은 내용을 쓰시오.

4 **다음 글을 읽고, 물음에 답하시오.**

수연이는 학교 근처에 있는 하수 종말 처리장에서 나쁜 냄새를 맡고 코를 막았습니다. 수연이는 반 친구들도 같은 일을 겪었다는 얘기를 듣고 지역의 ○○○ 의원에게 도움을 요청하였습니다. 이후 ○○○ 의원이 학교 주변에서 생기는 문제를 해결하려고 「교육 환경 보호에 관한 법률안」을 제출한다는 소식을 들었습니다. 수연이네 반 친구들은 회의 모습을 직접 보기 위해 ( )을/를 방문하였습니다.

(1) 윗글의 빈칸에 들어갈 알맞은 국가 기관을 쓰시오.
( )

(2) 위 (1)번 답의 국가 기관에서 하는 일을 두 가지 쓰시오.

2

우리나라의 경제 발전

01 가계와 기업의 경제적 역할

❶ 일상생활과 경제활동

(1) **경제활동**: 사람이 생활하는 데 필요한 물건과 서비스를 만들고 이것들을 사고파는 것과 관련된 모든 활동을 말합니다. 자료 ①

생산 활동을 하는 사람들

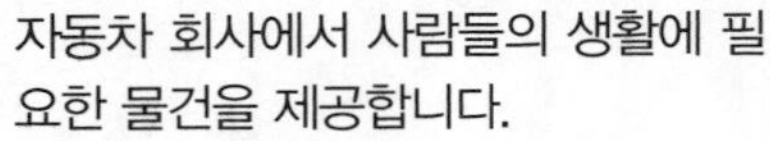

자동차 회사에서 사람들의 생활에 필요한 물건을 제공합니다.	미용실에서 사람들의 생활에 필요한 서비스를 제공합니다.

└ 사람들은 대부분 생산 활동에 참여하고 그 대가로 소득을 얻어 소비 활동을 합니다.

소비 활동을 하는 사람들

시장에 방문한 사람들이 생활에 필요한 물건을 구입합니다.	영화관에 방문한 사람들이 생활을 즐겁게 해 주는 서비스를 구입합니다.

(2) **경제 ❶주체**: 가계, 기업 등과 같이 경제활동에 참여하는 개인 또는 집단을 경제 주체라고 합니다. 자료 ②

가계	가정 살림을 함께하는 생활 ❷공동체입니다.
기업	❸이윤 추구를 목적으로 하는 조직입니다.

자료 ① 물건과 서비스

물건	일정한 모양이 있어 눈에 보이며 만질 수 있는 것 예 쌀, 피자, 옷, 휴대 전화, 책상, 자전거 등
서비스	생활을 편리하고 즐겁게 해 주는 활동 예 의사가 환자를 진료하는 것, 버스 기사가 버스 운전을 하는 것, 조리사가 음식을 만드는 것, 가수가 무대에서 노래를 하는 것 등

자료 ② 경제활동에서 정부의 역할

경제 주체는 사람들이 살아가는 데 필요한 것을 생산하고, 분배하며 소비하는 경제활동을 합니다. 경제 주체에는 가계, 기업 이외에 정부가 있습니다. 정부는 가계와 기업의 경제활동이 원활하게 이루어질 수 있는 환경을 만듭니다.

용어 사전

❶ **주체**
어떤 행동의 주가 되는 것

❷ **공동체**
생활이나 행동 등을 같이하는 집단

❸ **이윤**
물건이나 서비스를 판매해서 얻는 순수한 이익

② 가계와 기업이 하는 일

(1) 가계와 기업의 경제적 역할

가계	• 가계는 기업의 생산 활동에 참여한 대가로 [4]소득을 얻습니다. • 가계는 소득으로 필요한 물건이나 서비스를 사는 등의 소비 활동을 합니다.
기업	• 기업은 사람들에게 일자리를 제공하고 [5]급여를 지급합니다. • 기업은 사람들의 생활에 필요한 물건이나 서비스를 만들어 판매하여 이윤을 얻습니다. 자료 ③

기업은 일자리를 제공하고 가계는 기업의 생산 활동에 참여합니다.

가계는 생산 활동의 대가로 소득을 얻습니다.

가계는 소득으로 필요한 물건을 구입합니다.

기업은 물건을 생산해 판매하거나 서비스를 제공하여 이윤을 얻습니다.

기업은 소비자의 필요나 욕구에 귀를 기울이고, 더 좋은 물건을 생산하기 위해 연구합니다.

(2) 가계와 기업의 관계 자료 ④

① 가계와 기업은 시장에서 물건과 서비스를 거래합니다.

② 가계와 기업의 경제활동은 서로에게 도움을 주며 밀접한 관계를 맺고 있습니다.

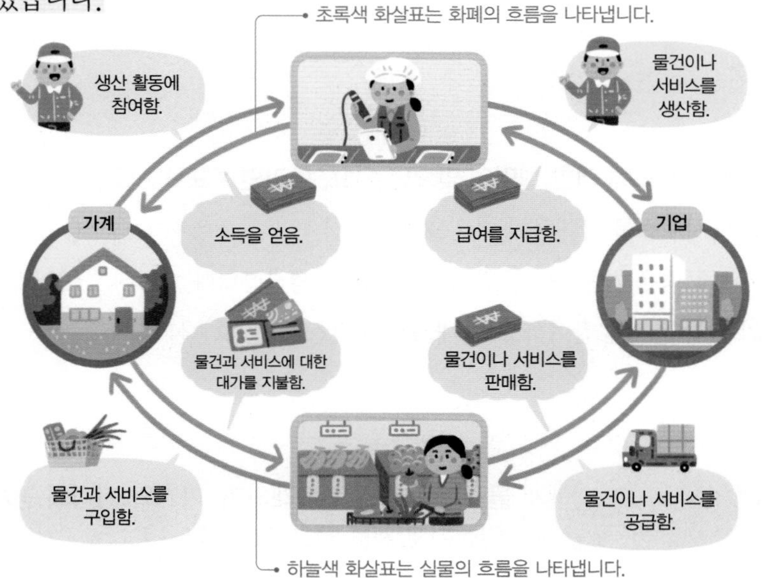

자료 ③ 생산 요소

토지

생산에 필요한 시설을 짓기 위한 땅

자본

생산에 필요한 시설과 돈

노동력

생산에 필요한 사람의 능력

기업이 물건이나 서비스를 생산하는 데 필요한 토지, 자본, 노동력 등을 생산 요소라고 합니다.

자료 ④ 가계와 기업의 관계

가계

가계는 생활에 필요한 물건과 서비스를 소비하는 소비 활동의 주체입니다.

▼ 소비 활동의 모습

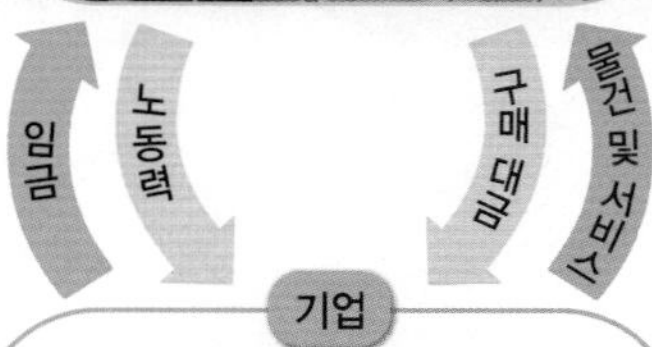

기업

기업은 사람들에게 필요한 물건과 서비스를 생산하는 생산 활동의 주체입니다.

▼ 생산 활동의 모습

용어 사전

④ 소득
일정 기간 일한 결과로 얻는 이익

⑤ 급여
근로자가 노동의 대가로 사용자에게 받는 보수

기본 문제로 익히기

정답과 해설 • 12쪽

핵심 체크

- ❶ □□□□ : 사람이 생활하는 데 필요한 물건과 서비스를 만들고 이것들을 사고파는 것과 관련된 모든 활동을 말합니다.

- 경제 주체

❷ □□	가정 살림을 함께하는 생활 공동체입니다.
❸ □□	이윤 추구를 목적으로 하는 조직입니다.

- 가계와 기업의 경제적 역할

가계	• 기업의 생산 활동에 참여하고, 그 대가로 ❹ □□을 얻습니다. • 소득으로 필요한 물건이나 서비스를 사는 등의 ❺ □□ 활동을 합니다.
기업	• 사람들에게 ❻ □□□를 제공하고 급여를 지급합니다. • 사람들의 생활에 필요한 물건이나 서비스를 만들어 판매하여 ❼ □□을 얻습니다.

개념 문제

1 가정 살림을 함께하는 생활 공동체로, 생산 활동에 참여하고 그 대가로 소득을 얻어 물건이나 서비스를 사는 등의 소비 활동을 하는 경제 주체를 무엇이라고 합니까?

( )

2 다음 ㉠, ㉡에 들어갈 알맞은 말에 각각 ○표 하시오.

> ㉠ (가계 , 기업)은/는 기업의 생산 활동에 참여한 대가로 소득을 얻어 물건이나 서비스를 사는 등의 소비 활동을 하고, ㉡ (가계 , 기업)은/는 사람들에게 일자리를 제공합니다.

3 가계와 기업의 경제적 역할에 대한 설명이 맞으면 ○표, 틀리면 X표 하시오.

(1) 기업은 물건이나 서비스를 판매하여 이윤을 얻습니다. ( )

(2) 기업은 가계의 노동력을 활용하여 물건이나 서비스를 생산합니다. ( )

(3) 가계는 기업의 생산 활동에 참여하고 그 대가로 서비스를 받습니다. ( )

4 가계와 기업은 (㉠)에서 물건과 서비스를 거래하며, 가계와 기업의 경제활동은 서로에게 (㉡)을/를 주며 밀접한 관계를 맺고 있습니다.

확인 문제

1 경제활동의 모습으로 알맞지 않은 것은 어느 것입니까? ( )

① 의사가 환자를 진료하는 것
② 분식집에서 떡볶이를 사 먹는 것
③ 공장에서 휴대 전화를 만드는 것
④ 할인 매장에서 할머니 선물을 사는 것
⑤ 놀이터에서 친구들과 사이좋게 노는 것

2 오른쪽 그림에 나타난 가계 구성원이 하는 일은 어느 것입니까? ( )

① 기업의 생산 활동에 참여한다.
② 사람들에게 일자리를 제공한다.
③ 상품을 많이 팔려고 광고를 한다.
④ 소득으로 필요한 서비스를 구입한다.
⑤ 사람들이 생활하는 데 필요한 서비스를 판매한다.

서술형

3 다음 그림에 나타난 가계의 경제활동을 쓰시오.

4 다음과 같은 경제적 역할을 하는 경제 주체는 무엇입니까? ( )

- 일자리를 제공합니다.
- 사람들이 생활하는 데 필요한 물건을 만들어 판매하거나 서비스를 제공해 이윤을 얻습니다.

① 가계 ② 가족 ③ 국회
④ 기업 ⑤ 법원

5 기업에 대한 설명으로 알맞지 않은 것은 어느 것입니까? ( )

① 서비스를 판매하고 이윤을 얻는다.
② 생산 활동에 참여한 대가로 소득을 얻는다.
③ 사람들이 생활하는 데 필요한 물건을 판매한다.
④ 사람들에게 일자리를 제공하고 급여를 지급한다.
⑤ 가계의 노동력을 활용하여 물건이나 서비스를 생산한다.

[6~7] 다음 그림은 경제 주체의 관계를 나타낸 것입니다. 이를 보고, 물음에 답하시오.

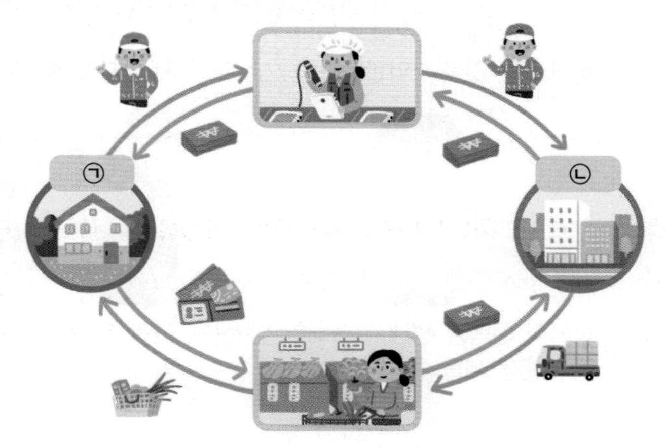

6 위 그림의 ㉠, ㉡에 들어갈 알맞은 경제 주체를 각각 쓰시오.

㉠: ( ), ㉡: ( )

중요

7 위 그림의 ㉠, ㉡에 대한 설명으로 알맞지 않은 것은 어느 것입니까? ( )

① ㉠ – 소득으로 소비 활동을 한다.
② ㉠ – 기업의 생산 활동에 참여한다.
③ ㉡ – 서비스를 구입하여 이윤을 얻는다.
④ ㉠, ㉡ – 시장에서 물건과 서비스를 거래한다.
⑤ ㉠, ㉡ – 서로에게 도움을 주며 밀접한 관계를 맺고 있다.

가계와 기업의 합리적 선택

❶ 가계의 합리적 선택 방법

(1) **가계의 합리적 소비의 필요성**: 소득의 범위 안에서 적은 ❶비용으로 가장 큰 만족을 얻도록 합리적으로 소비하는 것이 필요합니다.

(2) **가계의 합리적 선택** 자료 ①

① 의미: 가격, 품질, 디자인 등 다양한 기준을 고려하여 가장 적은 비용으로 가장 큰 만족을 얻을 수 있도록 선택하는 것입니다.

② 가계의 합리적 소비 방법 예 준호네 가족의 컴퓨터 구매

가계 구성원이 필요로 하거나 가지고 싶어 하는 것을 파악합니다.

가계 구성원이 모여 어떤 물건을 먼저 살지 우선순위를 정합니다.

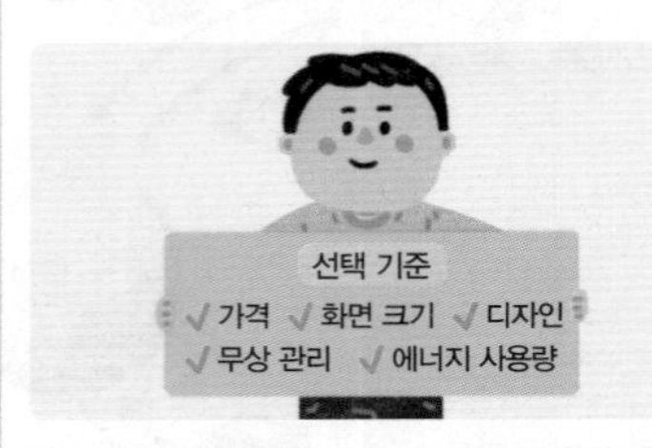

합리적 선택을 위해 고려해야 할 선택 기준을 세웁니다.

선택 기준에 따라 여러 물건을 비교, 평가하여 합리적 선택을 합니다.

③ 가격, 품질, 상표, 환경 등 추구하는 가치가 다르기 때문에 합리적 선택의 기준은 개인에 따라 다를 수 있습니다.

(3) **만족감을 높이기 위한 선택**

① 가장 중요한 기준: 만족감을 높이는 것입니다.

② 만족감을 높이기 위한 다양한 선택

- 가격이 비싸지만 디자인이 마음에 드는 물건을 선택하기도 합니다.
- 인권, 환경, 동물 복지 등과 같은 윤리적 가치를 고려하여 상품이나 서비스를 구매하는 윤리적 소비가 늘고 있습니다. 자료 ②

자료 ① 가계에서 합리적 선택을 하지 않았을 때 생기는 일

- 가장 필요한 물건을 사지 못하여 가족 모두가 불편함을 겪을 수 있습니다.
- 물건을 비싸게 사거나 불필요한 물건을 살 수 있습니다.

자료 ② 윤리적 소비

- **공정 무역 제품 소비**: 공정 무역이란 생산자의 노동에 정당한 대가를 지불하고 소비자에게는 더 좋은 물건을 공급하는 윤리적인 무역 방식입니다.

- **친환경 소비**: 지구 환경에 주는 부담을 최소화하고자 친환경 제품을 사는 것입니다.

용어 사전

❶ **비용**
어떤 일을 하는 데 들어가는 돈과 시간

❷ **무상**
어떤 행위에 대해 요구하는 대가나 보상이 없음.

② 기업의 합리적 선택 방법

(1) **기업의 합리적 선택의 필요성**: 사람들이 원하는 것을 무제한으로 생산할 수 없으므로, 적은 비용으로 보다 많은 이윤을 얻기 위해서입니다.

(2) **기업의 합리적 선택** 자료 ③

① 의미: 물건이나 서비스를 생산할 때 적은 비용으로 보다 많은 이윤을 얻을 수 있도록 선택하는 것입니다.

② 기업의 합리적 의사 결정 방법 예 책가방을 생산하는 ○○ 회사

○○ 회사 직원들의 고민

- 어떤 책가방을 만들어야 잘 팔릴까?
- 책가방을 얼마나 만들어야 할까?
- 책가방을 만드는 데 돈과 노동력이 얼마나 필요할까?
- 이윤을 보다 많이 남기려면 어떻게 해야 할까?

○○ 회사 직원들의 시장 조사 자료와 생산 및 판매 전략 

연도별 판매량

책가방의 판매량은 해마다 증가하고 있습니다. → ○○ 회사는 책가방 생산량을 늘리기로 결정하였습니다.

종류별 판매 비율

고양이 캐릭터 책가방 11%
곰 캐릭터 책가방 22%
토끼 캐릭터 책가방 67%

토끼 캐릭터 책가방이 가장 많이, 고양이 캐릭터 책가방이 가장 적게 팔리고 있습니다.

토끼 캐릭터 책가방이 가장 많이 팔리고 있습니다. → ○○ 회사는 토끼 캐릭터 책가방의 생산량을 늘리기로 하였습니다.

연도별 제조 회사 수

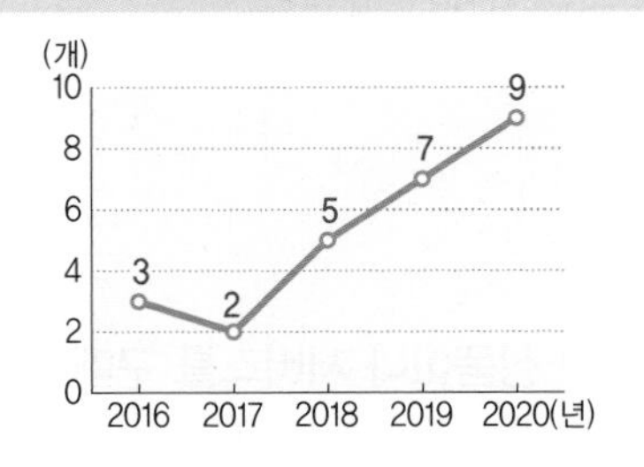

책가방을 만드는 회사가 2017년 이후 증가하고 있습니다. → ○○ 회사는 경쟁 회사가 많아지고 있는 상황에 대응해 광고를 하기로 하였습니다.

└ 신제품을 만드는 방법도 있습니다.

회사별 ❸생산 비용과 판매 가격

구분	○○ 회사	△△ 회사	□□ 회사
생산 비용(원)	20,000		
판매 가격(원)	27,000	30,000	35,000

회사별 생산 비용은 모두 똑같으나 판매 가격은 조금씩 다릅니다. → ○○ 회사는 생산 비용을 줄일 수 있는 방법을 고민하기로 하였습니다.

(3) **많은 이윤을 얻으려는 기업의 노력** 자료 ⑤

① 소비자가 무엇을 좋아하고 필요로 하는지 분석합니다.

② 적은 비용으로 좋은 품질의 물건과 서비스를 생산하려고 노력합니다.

자료 ③ 기업이 합리적 선택을 하지 않으면 생기는 일

- 이윤을 많이 남기지 못할 수 있습니다.
- 다른 기업과의 경쟁에서 밀릴 수 있습니다.

자료 ④ 기업의 합리적 의사 결정 과정

소비자 분석하기
여러 자료를 바탕으로 소비자들이 원하는 제품이 무엇인지 생각해 봅니다.

↓

상품 개발하기
상품의 구체적인 모양이나 기능 등을 결정합니다.

↓

생산 방법 정하기
상품을 생산하는 데 가장 알맞은 방법을 결정합니다.

↓

홍보 계획 세우기
상품을 소비자들에게 알릴 홍보 방법과 내용을 계획합니다.

자료 ⑤ 기업의 사회적 책임

최근에는 이윤을 추구하는 동시에 교육, 문화, 환경 등을 고려하여 생산 활동을 함으로써 더 나은 사회를 만들려고 노력하는 기업들이 늘고 있습니다.

용어 사전

❸ **생산 비용**
기업에서 물건이나 서비스를 생산하는 데 필요한 생산 요소에 지불한 돈(원재료비, 임금, 이자 등)을 통틀어 이르는 말

2 단원

기본 문제로 익히기

핵심 체크

● 가계의 합리적 선택

의미	다양한 기준을 고려하여 가장 적은 ❶ [ ][ ]으로 가장 큰 ❷ [ ][ ]을 얻을 수 있도록 선택하는 것입니다.
선택 기준	가격, 품질, 상표, 환경 등 추구하는 ❸ [ ][ ]가 다르기 때문에 합리적 선택의 기준은 개인에 따라 다를 수 있습니다.

● 기업의 합리적 선택

의미	물건이나 서비스를 생산할 때 적은 ❹ [ ][ ]으로 보다 많은 ❺ [ ][ ]을 얻을 수 있도록 선택하는 것입니다.
선택 기준	❻ [ ][ ][ ]가 무엇을 좋아하고 필요로 하는지 분석하여 생산 품목, 생산량, 생산 비용, 홍보 방법 등을 고민합니다.

개념 문제

1 다음 괄호에 들어갈 알맞은 말에 ○표 하시오.

> 가계의 합리적 선택에서 가장 중요한 것은 (비용 , 만족감)을 높이는 것입니다.

2 가계의 합리적 선택에 대한 설명이 맞으면 ○표, 틀리면 X표 하시오.

(1) 합리적 선택의 기준은 모든 사람이 동일합니다. ( )

(2) 가계가 합리적 선택을 하려면 가격, 품질, 디자인 등을 고려해야 합니다. ( )

3 인권, 환경, 동물 복지 등과 같은 윤리적 가치를 고려하여 상품이나 서비스를 구매하는 소비를 무엇이라고 합니까? ( )

4 기업의 합리적 선택에 대한 설명이 맞으면 ○표, 틀리면 X표 하시오.

(1) 기업이 합리적 선택을 하려면 한 가지 기준만 고려하면 됩니다. ( )

(2) 기업은 소비자가 어떤 물건을 좋아하는지 분석해서 물건을 많이 팔 수 있는 방법을 생각합니다. ( )

확인 문제

중요

1 가계의 합리적 소비 방법으로 알맞지 않은 것은 어느 것입니까? ( )

① 고려해야 할 선택 기준을 세운다.
② 현재의 소득보다 더 많이 소비한다.
③ 우선순위를 정해 가장 필요한 것부터 구입한다.
④ 자신이 추구하는 삶의 가치를 지키며 소비 생활을 한다.
⑤ 적은 비용으로 가장 큰 만족을 얻을 수 있는 것을 선택한다.

2 가격을 선택 기준으로 하여 자전거를 고르는 어린이는 누구입니까? ( )

① 같은 조건이면 더 싼 자전거가 좋겠어.

② 무상 관리 기간이 긴 자전거를 고르겠어.

③ 가격이 더 비싸지만, 친환경 소재 자전거가 좋겠어.

④ 무상 관리 기간이 같으면 디자인이 더 마음에 드는 자전거를 선택할래.

3 다음 그림의 소비자가 더 비싼 물건을 선택한 까닭으로 알맞은 것은 어느 것입니까? ( )

① 환경을 보호하기 위해서
② 비쌀수록 품질이 좋기 때문에
③ 유명한 상표가 중요하기 때문에
④ 다른 사람보다 먼저 사기 위해서
⑤ 자신이 추구하는 가치를 지키기 위해서

[4~5] 다음은 책가방을 만드는 회사에서 조사한 자료입니다. 이를 보고, 물음에 답하시오.

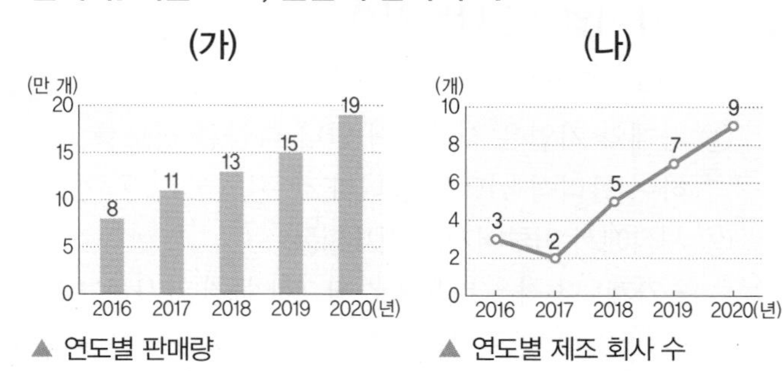

▲ 연도별 판매량

▲ 연도별 제조 회사 수

4 위 (가), (나)를 보고, ㉠, ㉡에 들어갈 알맞은 말에 각각 ○표 하시오.

> 해마다 책가방 판매량은 ㉠ (감소 , 증가)하고 있고, 제조 회사 수는 2017년 이후 조금씩 ㉡ (늘어나고 , 줄어들고) 있습니다.

5 위 (가), (나)를 보고, 책가방 회사에서 해야 할 일로 옳지 않은 것은 어느 것입니까? ( )

① 광고를 한다.
② 신제품을 개발한다.
③ 생산량을 무조건 크게 줄인다.
④ 소비자가 좋아하는 책가방을 분석한다.
⑤ 생산 비용을 줄일 수 있는 방법을 고민한다.

서술형

6 기업이 다음과 같은 노력을 하는 까닭을 쓰시오.

> 기업은 소비자들이 무엇을 좋아하고 필요로 하는지 분석하여 적은 비용으로 좋은 품질의 물건과 서비스를 생산하려고 노력합니다.

03 우리나라 경제의 특징과 바람직한 경제활동

❶ 가계와 기업이 만나는 시장

(1) 시장: 물건이나 서비스를 사고파는 곳입니다. 자료 ①

① 가계와 기업은 시장에서 만나 다양한 정보를 교환하고, 그 정보를 이용하여 합리적 선택을 합니다.

② 시장에서 이루어지는 경제활동

- 가계: 더 적은 비용으로 필요한 물건을 사려고 노력합니다.
- 기업: 더 많은 이윤을 얻고자 소비자들의 요구에 따라 물건을 만듭니다.

(2) 다양한 시장의 모습 자료 ②

물건이 광고 내용과 다를 수 있다는 점을 주의해야 합니다.

▲ 전통 시장

▲ 대형 할인점

▲ 인터넷 쇼핑

▲ ❶홈 쇼핑

전통 시장, 대형 할인점	인터넷 쇼핑, 홈 쇼핑
일정한 장소가 있어 물건을 직접 보고 비교해서 살 수 있습니다.	시간과 공간의 제약이 없어 언제 어디에서든지 물건을 살 수 있습니다.

❷ 우리나라 경제의 특징

(1) 자유

개인과 기업은 자유롭게 경제활동을 하면서 이익을 얻고자 다른 사람 또는 다른 기업과 경쟁합니다.

개인	기업
• 능력과 적성에 따라 자유롭게 직업을 선택하고 활동할 수 있습니다. • 경제활동으로 얻은 소득을 자신의 결정에 따라 자유롭게 사용할 수 있습니다.	• 무엇을 얼마나 생산하여 판매할지 자유롭게 결정할 수 있습니다. • 판매하여 얻은 이윤을 어떻게 사용할지 자유롭게 결정할 수 있습니다.

(2) 경쟁

개인 간의 경쟁	기업 간의 경쟁
OO 회사 면접 / 면접관	
• 자신이 원하는 일자리를 얻으려고 다른 사람과 경쟁합니다. • 경쟁에서 앞서고자 자신의 능력과 실력을 높이려고 노력합니다.	• 더 많은 이윤을 얻으려고 다른 기업과 경쟁합니다. • 경쟁에서 앞서고자 더 낮은 가격으로 더 좋은 품질의 물건을 만들려고 노력합니다.

자료 ① 시장이 생겨난 과정

필요한 물건을 스스로 만들어 사용하다 남는 물건을 서로 교환함.

가장 잘 만들 수 있는 물건을 만들어 다른 물건과 바꾸어 쓰면 훨씬 편하다는 사실을 깨닫고, 날짜를 정해 한자리에 모여서 물건을 교환하면서 시장이 생겨남.

자료 ② 눈에 보이지 않는 것을 사고파는 시장

시장	설명
일자리 시장	일자리를 구하려는 사람과 일할 사람을 구하려는 사람 사이에 노동력을 사고파는 시장
❷주식 시장	주식 거래가 이루어지는 시장
부동산 시장	건물이나 땅을 사고파는 시장
❸외환 시장	여러 나라의 돈을 사고파는 시장

용어 사전

❶ **홈 쇼핑**
시장이나 백화점에 직접 가지 않고 가정에서 텔레비전 방송 등을 통해 상품을 구입하는 시스템

❷ **주식**
주식회사가 사업에 필요한 돈을 마련하려고 투자하는 사람에게 돈을 받고 발행하는 것

❸ **외환**
다른 나라와 거래할 때 쓰는 돈

(3) 자유로운 경쟁이 우리 생활에 주는 도움

개인	자신의 재능과 능력을 더 잘 발휘할 수 있습니다.
소비자	원하는 물건을 사고, 기업으로부터 좋은 서비스를 받을 수 있습니다.
기업	더 좋은 품질의 물건을 개발하여 많은 이윤을 얻을 수 있습니다.

↳ 개인과 기업의 자유로운 경쟁은 국가 전체의 경제 발전에 도움을 줍니다.

└ 자유와 경쟁은 우리나라 경제의 중요한 특징이지만, 사람들에게 피해를 주지 않는 범위 안에서 이루어져야 합니다.

3 공정한 경제활동을 보장하려는 노력

(1) 기업의 공정하지 않은 경제활동 예 아이스크림의 가격 상승

① 발생하는 문제 자료 ③

- 현상: 세 회사의 아이스크림 가격이 똑같이 오른 탓에 소비자들은 아이스크림을 먹을 때 이전보다 더 많은 돈을 내거나 사 먹는 것을 포기하고 있습니다.
- 까닭: 아이스크림 판매량의 90%를 차지하는 아이스크림 회사 세 곳이 사전에 약속하고 가격을 똑같이 올렸기 때문입니다.

② 소비자의 해결 노력

- 다른 회사에서 만든 합리적인 가격의 아이스크림을 사 먹습니다.
- 아이스크림의 가격을 올리는 것에 반대하여 당분간 해당 회사가 만든 아이스크림을 사 먹지 않습니다.

(2) 공정한 경제활동을 보장하려는 정부와 시민 단체의 노력

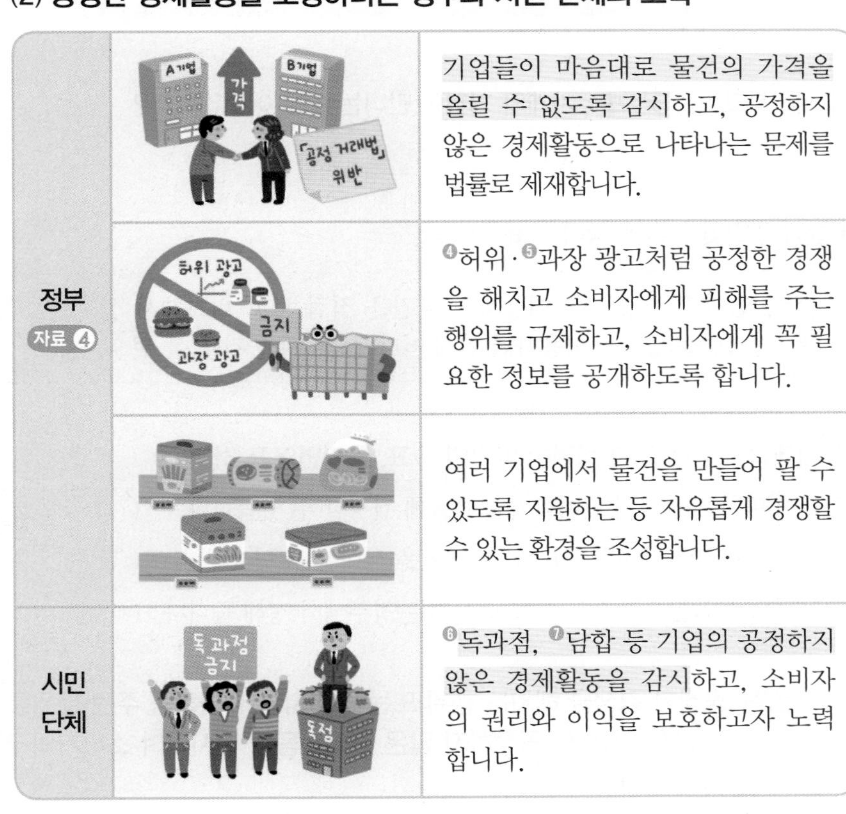

구분	내용
정부	기업들이 마음대로 물건의 가격을 올릴 수 없도록 감시하고, 공정하지 않은 경제활동으로 나타나는 문제를 법률로 제재합니다.
정부 자료 ④	④허위·⑤과장 광고처럼 공정한 경쟁을 해치고 소비자에게 피해를 주는 행위를 규제하고, 소비자에게 꼭 필요한 정보를 공개하도록 합니다.
정부	여러 기업에서 물건을 만들어 팔 수 있도록 지원하는 등 자유롭게 경쟁할 수 있는 환경을 조성합니다.
시민 단체	⑥독과점, ⑦담합 등 기업의 공정하지 않은 경제활동을 감시하고, 소비자의 권리와 이익을 보호하고자 노력합니다.

자료 ③ 기업들의 경쟁 과정에서 생길 수 있는 문제들

- 상품의 내용을 실제보다 과장하여 광고하기도 합니다.
- 일부 회사들끼리 약속하고 함께 가격을 올리기도 합니다.
- 생산 비용을 아끼려고 정해진 기준을 어기고 환경 오염 물질을 배출하기도 합니다.
- 몸에 좋지 않은 값싼 재료로 물건을 만들기도 합니다.

자료 ④ 공정 거래 위원회

의미	기업 간의 공정하고 자유로운 경쟁을 보장하는 일을 하는 정부 기관
하는 일	• 기업들이 공정한 경쟁을 할 수 있도록 노력함. • 소비자가 피해를 입지 않도록 함. • 중소기업이 경쟁할 수 있도록 대형 업체의 부당한 경제활동을 감시함. • 경제활동에 필요한 여러 가지 규칙을 만들고, 기업들이 규칙을 잘 지키는지 감시함.

용어 사전

④ **허위**
진실이 아닌 것을 진실인 것처럼 꾸미는 일

⑤ **과장**
실제보다 보태거나 줄여서 표현하는 것

⑥ **독과점**
하나의 기업이 시장을 지배하고 있는 상태인 독점과 두 개 이상의 기업이 시장의 대부분을 지배하고 있는 상태인 과점을 아울러 이르는 말

⑦ **담합**
가격을 합의하여 결정하는 등의 불공정한 경제 행위

2 단원

기본 문제로 익히기

정답과 해설 • 14쪽

핵심 체크

● 우리나라 경제의 특징

❶ □□	• 개인: 직업 선택의 자유, 직업 활동의 자유, 소득을 자유롭게 사용할 자유 등이 있습니다. • 기업: 생산 활동의 자유, 이윤을 자유롭게 사용할 자유 등이 있습니다.
❷ □□	더 좋은 일자리를 얻으려는 개인 간의 경쟁, 더 많은 이윤을 얻으려는 기업 간의 경쟁 등이 있습니다.

● 자유로운 경쟁이 우리 생활에 주는 도움

개인	자신의 재능과 ❸ □□을 더 잘 발휘할 수 있습니다.
소비자	원하는 물건을 사고, 기업으로부터 좋은 ❹ □□□를 받을 수 있습니다.
기업	더 우수한 품질의 물건을 개발하여 많은 ❺ □□을 얻을 수 있습니다.

● 공정한 경제활동을 보장하려는 노력

정부	기업끼리 상의하여 마음대로 물건의 ❻ □□을 올리지 못하도록 감시하고, 허위·과장 광고 등을 규제하며 여러 기업에서 물건을 만들도록 지원합니다.
❼ □□ 단체	기업의 공정하지 않은 경제활동을 감시합니다.

개념 문제

1 물건이나 서비스를 사고파는 곳으로, 가계와 기업이 만나는 곳은 어디입니까?

( )

2 다음 ㉠, ㉡에 들어갈 알맞은 말에 각각 ○표 하시오.

> ㉠ (전통 시장 , 인터넷 쇼핑)을 이용하면 물건을 직접 보고 비교해서 살 수 있고, ㉡ (전통 시장 , 인터넷 쇼핑)을 이용하면 언제 어디에서든지 물건을 살 수 있습니다.

3 우리나라 경제 체제의 특징에 대한 설명이 맞으면 ○표, 틀리면 X표 하시오.

(1) 기업은 무엇을 얼마나 생산하여 판매할지 자유롭게 결정할 수 있습니다. ( )

(2) 개인은 자신의 능력과 적성에 따라 자유롭게 직업을 선택할 수 있습니다. ( )

(3) 개인이 경제활동으로 얻은 소득으로 무엇을 할지는 정부에서 정해 줍니다. ( )

4 (㉠)은/는 공정한 경쟁을 해치는 행위 또는 소비자에게 피해를 주는 행위를 규제하고, (㉡)은/는 기업의 공정하지 않은 경제활동을 감시하며 소비자의 권리와 이익을 보호하고자 노력합니다.

확인 문제

1 다음과 같은 시장을 이용할 때의 좋은 점으로 알맞은 것은 어느 것입니까? ( )

• 홈 쇼핑 • 인터넷 쇼핑

① 공짜로 물건을 살 수 있다.
② 물건의 생산자를 직접 만나 볼 수 있다.
③ 다양한 물건을 직접 보고 비교하며 살 수 있다.
④ 항상 광고하는 내용과 똑같은 물건을 살 수 있다.
⑤ 시간과 공간의 제약 없이 언제 어디에서든지 물건을 구입할 수 있다.

2 다음 빈칸에 공통으로 들어갈 알맞은 말을 쓰시오.

우리나라에서는 자신의 능력과 적성에 따라 ( )롭게 직업을 선택하고, 소득을 자신의 결정에 따라 ( )롭게 사용할 수 있습니다.

( )

서술형
3 우리나라 경제 체제의 특징 중 다음 그림에 나타난 것은 무엇인지 쓰시오.

중요
4 우리나라 경제 체제의 특징으로 알맞지 않은 것은 어느 것입니까? ( )

① 기업이 생산할 제품을 정부가 정해 준다.
② 개인은 자유롭게 직업 활동을 할 수 있다.
③ 개인과 기업이 경제활동을 자유롭게 한다.
④ 개인 간, 기업 간에 이익을 얻으려고 경쟁한다.
⑤ 기업은 더 많은 이윤을 얻으려고 다른 기업과 경쟁한다.

중요
5 기업들의 자유로운 경쟁으로 소비자가 얻을 수 있는 도움을 두 가지 고르시오. (,)

① 좋은 서비스를 받을 수 있다.
② 비싼 값에 물건을 살 수 있다.
③ 원하는 조건의 물건을 살 수 있다.
④ 노력한 만큼 더 많은 이윤을 얻을 수 있다.
⑤ 물건을 선택할 수 있는 범위가 좁아질 수 있다.

[6~7] 다음 뉴스를 보고, 물음에 답하시오.

6 위 뉴스와 같은 상황이 벌어졌을 때 생길 수 있는 일을 보기 에서 모두 골라 기호를 쓰시오.

보기
㉠ 특정 회사만 많은 이익을 본다.
㉡ 소비자가 이전보다 더 많은 돈을 내야 한다.
㉢ 모든 소비자의 만족감이 이전보다 높아진다.
㉣ 돈이 부족한 소비자는 물건을 사는 것을 포기해야 한다.

( )

7 위 뉴스에 나타난 문제를 해결하려는 노력으로 알맞지 않은 것은 어느 것입니까? ( )

① 정부에서 모든 종류의 아이스크림을 직접 만든다.
② 다른 회사에서 만든 합리적인 가격의 아이스크림을 사 먹는다.
③ 다른 회사의 누리집에 아이스크림을 만들어 달라고 글을 올린다.
④ 아이스크림의 가격을 회사 마음대로 올리지 말라고 아이스크림 회사에 연락을 한다.
⑤ 아이스크림의 가격을 올리는 것에 반대하여 당분간 해당 회사의 아이스크림을 사 먹지 않는다.

실력 문제로 다잡기

1 **다음 ㉠, ㉡에 들어갈 말을 알맞게 짝지은 것은 어느 것입니까?** ( )

> 대부분의 가정은 생산 활동에 참여하는 대가로 (㉠)을/를 얻어 필요한 물건을 구입하거나 서비스를 제공받는 등의 소비 활동을 합니다. 이와 같이 가정 살림을 같이 하는 생활 공동체를 (㉡)(이)라고 합니다.

	㉠	㉡		㉠	㉡
①	소득	가계	②	소득	기업
③	소득	은행	④	소비	기업
⑤	소비	정부			

1-1 가계의 생산 활동이 주로 이루어지는 곳은 기업이고, 가계의 소비 활동에서 구입한 물건들은 주로 시장에서 생산된 것입니다. (○, ×)

중요

2 **다음 보기 에서 기업이 하는 일을 모두 골라 기호를 쓰시오.**

> 보기
> ㉠ 아버지께서 과일 가게에서 사과를 사고 계신다.
> ㉡ 약국에서 약사가 환자에게 약을 조제해 주고 있다.
> ㉢ 할머니께서 홈 쇼핑으로 제주도 여행 상품을 사고 계신다.
> ㉣ 떡볶이 회사 직원들이 새로운 떡볶이 개발을 위해 회의를 하고 있다.

( )

2-1 기업은 물건이나 서비스를 만들어 판매하여 이윤을 얻습니다. (○, ×)

3 **다음 그림은 가계와 기업의 관계를 나타낸 것입니다. 이에 대한 설명으로 알맞은 것은 어느 것입니까?** ( )

① 가계는 기업의 도움을 받기만 한다.
② 기업은 가계의 도움을 받기만 한다.
③ 가계와 기업은 서로 경쟁 관계이다.
④ 가계와 기업이 하는 일은 서로에게 도움이 된다.
⑤ 가계와 기업이 하는 일은 서로 아무 관련이 없다.

3-1 가계와 기업의 경제활동은 서로에게 도움을 주며 밀접한 관계를 맺고 있습니다. (○, ×)

4 **다음 어린이가 합리적 소비를 위해 우선적으로 고려한 선택 기준은 무엇입니까?** (　　　)

① 가격　② 환경　③ 디자인
④ 무상 관리　⑤ 에너지 사용량

4-1 가계의 합리적 소비는 소득의 범위 안에서 다양한 선택 기준을 고려하여 이루어집니다.
(○, ×)

5 **다음과 같은 소비의 모습으로 알맞은 것은 어느 것입니까?** (　　　)

> 가격이 좀 더 비싸더라도 환경이나 인권 보호 활동에 참여한다는 만족감으로 그와 관계있는 물건을 소비합니다.

① 충동적으로 소비하는 모습
② 가치를 지키며 소비하는 모습
③ 남이 사는 것을 따라서 사는 모습
④ 남에게 과시하기 위해 소비하는 모습
⑤ 소득을 훨씬 넘는 비용을 소비하는 모습

5-1 가계의 합리적 선택에서 가장 중요한 것은 비용을 높이는 것입니다.
(○, ×)

서술형
6 **기업에서 다음과 같은 회의를 통해 합리적 선택을 하려는 까닭은 무엇인지 쓰시오.**

6-1 기업은 생산 활동에서 큰 비용으로 보다 많은 이윤을 얻을 수 있도록 합리적 선택을 합니다.
(○, ×)

[7~8] 다음은 책가방을 만드는 회사에서 조사한 자료입니다. 이를 보고, 물음에 답하시오.

(가)

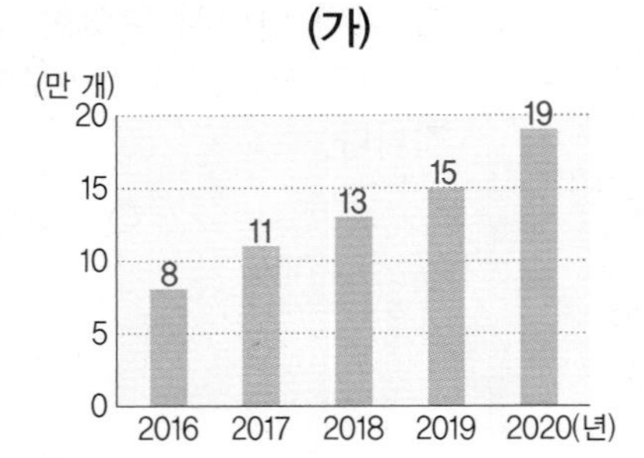

▲ 연도별 판매량

(나)

고양이 캐릭터 책가방 11%

곰 캐릭터 책가방 22%

토끼 캐릭터 책가방 67%

▲ 종류별 판매 비율

(다)

구분	○○ 회사	△△ 회사	□□ 회사
생산 비용 (원)	20,000		
판매 가격 (원)	27,000	30,000	35,000

▲ 회사별 생산 비용과 판매 가격

(라)

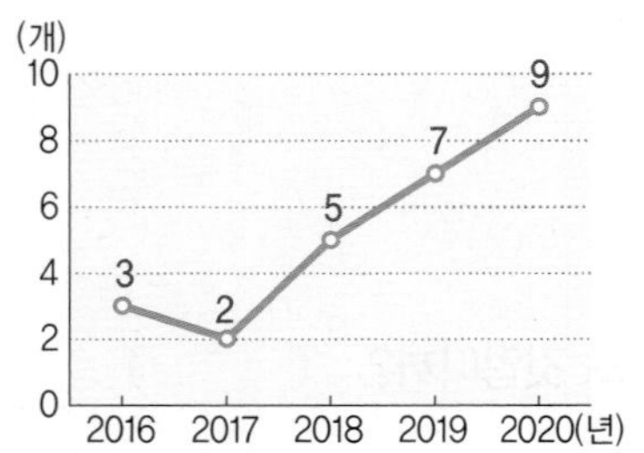

▲ 연도별 제조 회사 수

7 **위 (가)~(라)를 바르게 분석한 보고서의 내용을 모두 골라 기호를 쓰시오.**

(가) – 책가방 판매량이 해마다 감소하고 있다.
(나) – 토끼 캐릭터 책가방이 가장 인기가 많다.
(다) – 책가방의 생산 비용과 가격은 모든 회사가 같다.
(라) – 2017년 이후 책가방을 만드는 회사 수가 증가하고 있다.

(　　　　　　)

7-1 기업은 소비자가 원하는 것을 파악하여 물건을 더 많이 팔 수 있는 방법을 고민합니다.

(○, ×)

8 **위 (가)~(라)를 분석하여 책가방 회사에서 해야 할 합리적 선택으로 알맞은 것은 어느 것입니까?** (　　)

① 제품 광고를 한다.
② 가격을 생산 비용보다 낮게 매긴다.
③ 가격을 다른 회사들보다 많이 올린다.
④ 고양이 캐릭터 책가방을 더욱 많이 만든다.
⑤ 고양이 캐릭터 책가방을 더 이상 생산하지 않는다.

8-1 기업이 합리적 의사 결정을 하면 물건과 서비스의 판매를 늘려서 기업의 이윤을 높일 수 있습니다.

(○, ×)

9 다음 보기 에서 시장에 대한 설명으로 알맞은 것을 모두 골라 기호를 쓰시오.

보기
㉠ 물건이나 서비스를 사고파는 곳이다.
㉡ 가계와 기업은 시장에서 만나 다양한 정보를 교환한다.
㉢ 가계와 기업은 일정한 장소가 있는 시장에서만 만나고 있다.
㉣ 가계는 더 많은 이윤을 얻고자 소비자들의 요구를 반영하여 물건을 생산한다.

( )

9-1 가계는 시장에서 생활에 필요한 물건과 서비스를 구매하고 기업은 이를 통해 이윤을 추구합니다. (○, ×)

중요
10 다음 그림에 나타난 우리나라 경제 체제의 특징은 무엇입니까? ( )

① 감시 ② 경쟁 ③ 타협
④ 평등 ⑤ 협동

10-1 우리나라와 같은 경제 체제에서 기업은 자유롭게 경쟁하며 더 좋은 상품을 개발해 많은 이윤을 얻을 수 있고, 이러한 과정은 국가 전체의 경제 발전에 도움을 줍니다. (○, ×)

11 다음 신문 기사의 내용과 같은 일이 일어나지 않도록 정부에서 하는 일로 알맞은 것은 어느 것입니까? ( )

○○신문 20△△년 △△월 △△일

과장 광고, 소비자의 한숨 깊어져

□□ 문구 회사의 광고를 믿고 연필을 산 소비자들이 피해를 호소하고 있다. 이 회사의 광고에서는 '절대 부러지지 않는 연필심! 세계 최고의 연필!'이라고 하였으나, 취재 결과 글씨를 쓸 때 힘을 주지 않아도 연필심이 쉽게 부러지는 연필이었다.

① 특정 기업만 연필을 만들게 한다.
② 모든 회사의 광고를 정부가 직접 만든다.
③ 소비자에게 잘못된 정보를 제공하도록 돕는다.
④ 연필을 많은 회사에서 만들어 팔 수 없게 한다.
⑤ 허위·과장 광고를 하지 못하도록 감시하고 규제한다.

11-1 우리 정부는 공정한 경제 활동을 할 수 있도록 선거 관리 위원회를 만들었습니다. (○, ×)

01 6·25 전쟁 이후 ~ 1980년대 우리나라의 경제 성장

❶ 6·25 전쟁 이후 경제 성장 모습

(1) **6·25 전쟁 직후**: 산업 시설이 대부분 파괴되었고, 식량과 생필품이 매우 부족하였습니다. 자료 ①

(2) **1950년대**

① 다른 나라의 도움을 받아 식량난을 해소하고, 파괴된 시설을 복구하는 데 힘을 모았습니다.

② 농업 중심의 산업 구조를 공업 중심의 산업 구조로 변화시키려고 노력하였습니다.
(1950년대는 여전히 농업, 임업, 어업 등이 우리나라의 주요 산업이었습니다.)

③ 산업을 키울 돈과 기술이 부족하였기 때문에 값싼 원료로 생활에 필요한 식료품, 섬유 등을 만드는 ❶소비재 산업이 주로 발달하였습니다.

(3) **1960년대** 자료 ②

① 정부의 노력

❷경제 개발 5개년 계획	정부는 경제 성장을 위해 1962년부터 경제 개발 5개년 계획을 추진하였습니다.
에너지원 확보	산업 발전에 필요한 석유, 전력 등을 확보하기 위하여 ❸정유 시설, 발전소 등을 많이 건설하였습니다.
시설 건설	기업이 국내에서 생산한 제품을 운반하여 수출할 수 있도록 철도, 고속 국도, ❹항만 등을 건설하였습니다.
수출 기업 지원	기업이 여러 나라에 다양한 제품을 쉽게 수출할 수 있도록 지원하고, 제품을 수출하는 기업의 세금을 깎아 주었습니다. (국내에서 생산한 제품을 수출하여 경제를 성장시키고자 하였습니다.)

② 기업의 노력

경공업 위주 성장	기업은 정부의 경제 개발 계획에 따라 가발, 의류, 신발 등과 같은 ❺경공업 제품을 만들어 수출하며 성장하였습니다.
풍부한 노동력을 바탕으로 성장	• 당시 우리나라는 자본과 기술이 부족하였지만 노동력이 풍부하였습니다. • 기업은 풍부한 노동력을 이용하여 경공업 제품을 낮은 가격에 생산해 수출하면서 빠르게 성장하였고, 가계의 소득도 점차 증가하였습니다.

▲ 정선선 철도 개통

▲ 가발 생산

▲ 의류 생산

자료 ① 6·25 전쟁 직후 식량 부족 문제를 해결하기 위한 노력

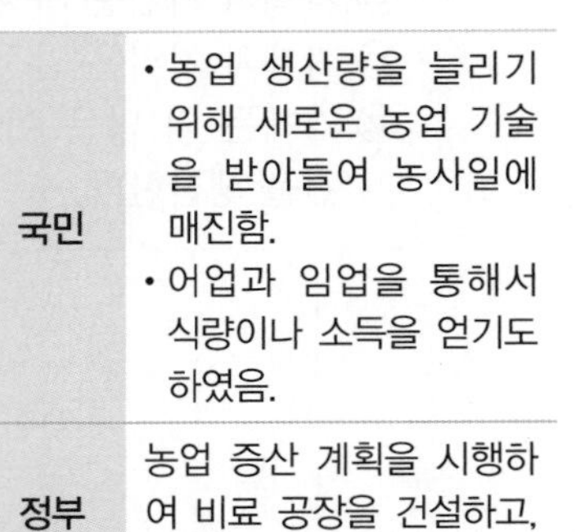

국민	• 농업 생산량을 늘리기 위해 새로운 농업 기술을 받아들여 농사일에 매진함. • 어업과 임업을 통해서 식량이나 소득을 얻기도 하였음.
정부	농업 증산 계획을 시행하여 비료 공장을 건설하고, 농약을 수입함.

자료 ② 1950년대 중반~1960년대 연도별 수출액 변화

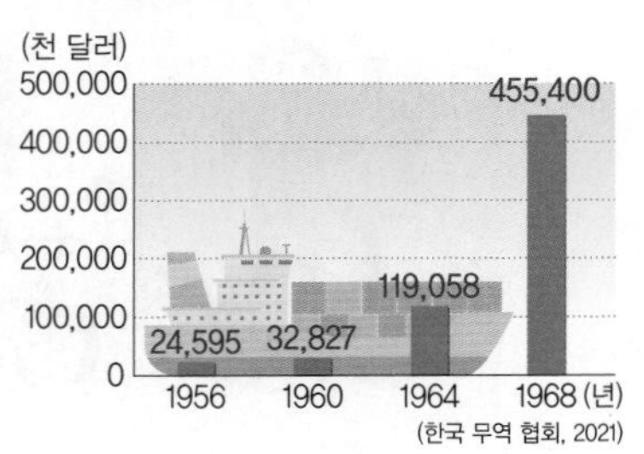

1960년대 이후 경공업 제품의 수출이 늘어났기 때문에 전체 수출액이 크게 증가하였습니다.

용어 사전

❶ **소비재 산업**
식료품이나 옷 등과 같이 생활에 필요한 제품을 만드는 산업

❷ **경제 개발 5개년 계획**
정부가 경제 발전을 위해 1962년부터 1981년까지 5년씩 나누어 추진한 경제 계획

❸ **정유**
원유 상태인 석유를 사용 가능한 형태로 깨끗하게 만드는 일

❹ **항만**
배가 안전하게 드나들 수 있도록 바닷가에 부두 등의 시설이 설치된 곳

❺ **경공업**
가발, 의류 등과 같이 비교적 가벼운 물건을 만드는 산업

② 1970~1980년대 경제 성장 모습

(1) 1970년대: 정부는 우리나라의 산업 구조를 경공업 중심에서 ⑥중화학 공업 중심으로 바꾸려고 노력하였습니다.

정부의 노력	• 1973년에 정부는 국가 경제를 획기적으로 발전시키려고 중화학 공업 육성 계획을 발표하였습니다. • 높은 기술력을 갖추려고 교육 시설과 연구소 등을 설립하였습니다. • 기업에 낮은 이자율로 돈을 빌려주었고, 중화학 공업 제품을 많이 수출하도록 적극적으로 지원하였습니다. 자료 ③
기업의 노력	• **철강 및 석유 화학 산업의 발달**: 철강, 합성 섬유, 플라스틱처럼 제품을 생산하는 데 필요한 재료를 만드는 철강 및 석유 화학 산업이 중화학 공업 중 가장 빠르게 발달하였습니다. • ⑦**조선 산업의 발달**: 기업들은 현대적인 대형 조선소를 건설하며 세계 시장에 진출하였습니다.

▲ 한국 과학 기술 연구소 준공식 └• 정부의 지원으로 설립된 연구 기관입니다.

▲ 철강 산업

▲ 조선 산업

└• 정부는 원료 수입과 제품 수출에 유리한 항구를 중심으로 포항 제철소, 울산 석유 화학 단지 등의 중화학 공업 단지를 조성하였습니다.

(2) 1980년대

자동차 산업의 발달	자동차의 해외 수출이 큰 폭으로 늘어나면서 자동차 산업이 우리나라의 수출을 이끄는 산업으로 성장하였습니다.
기계, 전자 산업의 발달	기계 산업, 전자 산업이 크게 발전하였고 정밀 기계, 기계 부품, 텔레비전 등이 우리나라의 주요 수출품으로 자리 잡았습니다.

▲ 자동차 산업

▲ 전자 산업

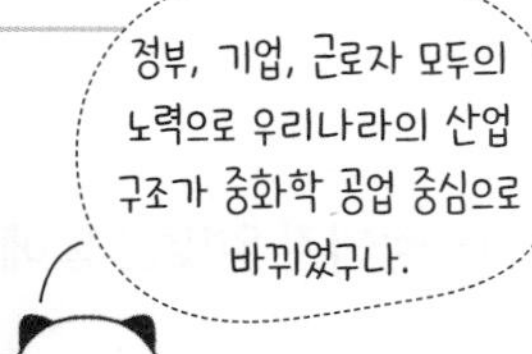

(3) 산업 구조의 변화: 1970년대 이후 우리나라의 산업 구조가 경공업 중심에서 중화학 공업 중심으로 바뀌었고, 세계적으로 인정받는 우수한 제품을 생산할 수 있게 되었습니다. 자료 ④

(4) 수출액과 소득 증가: 수출액과 국민 소득도 빠르게 증가하여 사람들의 생활 수준이 크게 향상되었습니다.

자료 ③ 수출을 통한 경제 성장

중화학 공업 제품의 수출이 늘어나면서 1977년에는 수출액이 100억 달러를 돌파하였습니다.

▲ 100억 달러 수출 기념 아치

자료 ④ 1970~1980년대 우리나라의 경제 성장 모습

• **중화학 공업의 생산 비중 증대**: 1970년대 이후 경공업의 생산 비중이 줄어들고, 중화학 공업의 생산 비중이 늘어났습니다.

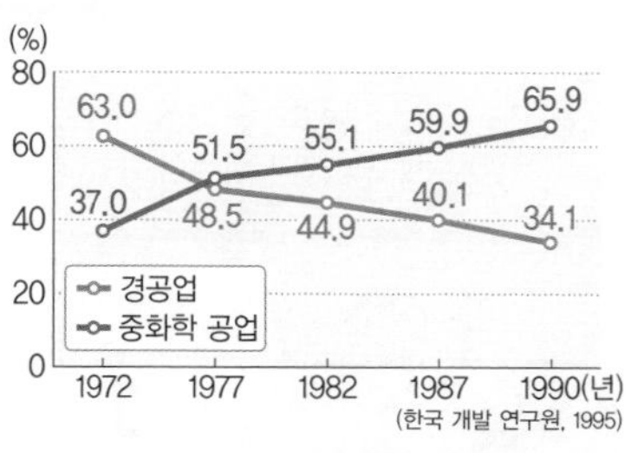

▲ 연도별 경공업과 중화학 공업의 생산 비중

• **중화학 공업 제품의 수출액 증가**: 1970년대 이후 중화학 공업 제품의 수출이 늘어나면서 수출액이 크게 증가하였습니다.

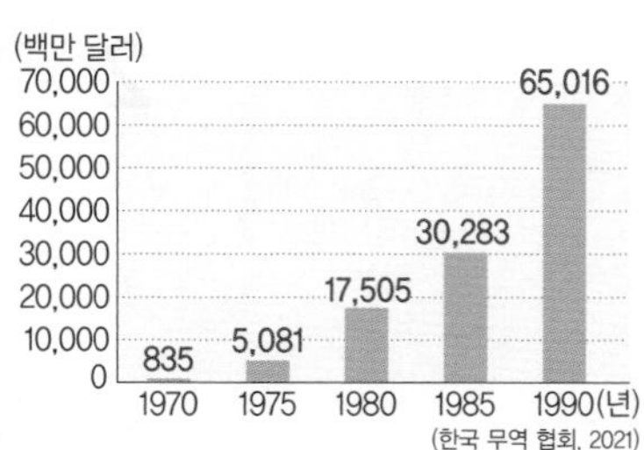

▲ 연도별 수출액

용어 사전

⑥ 중화학 공업
중공업과 화학 공업을 아울러 이르는 말로 철강, 배, 자동차 등의 제품이나 플라스틱, 고무, 화학 섬유 제품을 생산하는 산업

⑦ 조선 산업
배를 설계하여 만드는 산업

핵심 체크

● 6·25 전쟁 이후 경제 성장 모습

6·25 전쟁 직후	❶ □□ 중심의 산업 구조를 공업 중심의 산업 구조로 바꾸려고 노력하였습니다.
1960년대	• ❷ □□는 경제 개발 5개년 계획을 실시하고, 정유 시설, 발전소, 철도, 고속국도, 항만 등을 건설하였습니다. • 기업은 가발, 의류, 신발 등의 ❸ □□□ 제품을 만들어 수출하였습니다.

● 1970～1980년대 경제 성장 모습

1970년대	• 정부는 ❹ □□□ 공업 육성 계획을 발표하였습니다. • 철강 및 석유 화학 산업, 조선 산업 등이 발달하였습니다.
1980년대	• ❺ □□□ 산업, 기계 산업, 전자 산업이 크게 발달하였습니다. • 우리나라의 산업 구조가 경공업 중심에서 중화학 공업 중심으로 바뀌면서 수출액과 사람들의 생활 수준이 ❻ □아졌습니다.

개념 문제

1 1950년대 우리나라의 경제 성장 모습에 대한 설명이 맞으면 ○표, 틀리면 X표 하시오.

(1) 공업 중심의 산업 구조가 농업 중심의 산업 구조로 변화하였습니다. ( )

(2) 생활에 필요한 물품을 만드는 소비재 산업이 주로 발달하였습니다. ( )

2 정부가 경제 발전을 위해 1962년부터 5년 단위로 추진한 경제 계획을 무엇이라고 합니까?

( )

3 다음 ㉠, ㉡에 들어갈 알맞은 말에 각각 ○표 하시오.

> 1970년대 이후 우리나라의 산업 구조가 ㉠ (경공업 , 중화학 공업) 중심에서 ㉡ (경공업 , 중화학 공업) 중심으로 바뀌었습니다.

4 1970～1980년대 우리나라의 경제 성장 모습에 대한 설명이 맞으면 ○표, 틀리면 X표 하시오.

(1) 중화학 공업이 발전하며 수출액이 감소하였습니다. ( )

(2) 경제 성장에 따라 국민들의 소득과 생활 수준이 높아졌습니다. ( )

확인 문제

1 다음 보기 에서 1950년대 우리나라의 경제 성장 모습으로 알맞은 것을 모두 골라 기호를 쓰시오.

보기
㉠ 다른 나라의 도움을 받지 않았다.
㉡ 정부는 경제 개발 5개년 계획을 추진하였다.
㉢ 정부는 농업 중심의 산업 구조를 공업 중심의 산업 구조로 변화시키려고 노력하였다.
㉣ 밀가루, 설탕, 면직물 등 생활에 필요한 물품을 만드는 소비재 산업이 주로 발달하였다.

( )

2 1960년대 우리나라에서 가발, 의류와 같은 제품을 만드는 산업이 발달한 까닭으로 알맞은 것을 두 가지 고르시오. (,)

① 기술이 뛰어났기 때문이다.
② 노동력이 풍부하였기 때문이다.
③ 천연자원이 풍부하였기 때문이다.
④ 선진국보다 자본이 풍부하였기 때문이다.
⑤ 저렴하게 생산된 제품을 다른 나라에 낮은 가격에 수출하였기 때문이다.

서술형
3 1970년대에 정부가 다음과 같은 노력을 기울인 까닭을 산업과 관련지어 쓰시오.

• 높은 기술력을 갖추려고 교육 시설과 연구소 등을 설립하였습니다.
• 기업에 낮은 이자율로 돈을 빌려주어 각종 산업에 적극적으로 참여할 수 있도록 지원하였습니다.

______

______

4 다음 ㉠에 들어갈 산업에 대한 설명으로 알맞지 않은 것은 어느 것입니까? ( )

1970년대에 정부는 (㉠) 육성 계획을 발표하여 산업을 발전시키고 수출을 더욱 늘리고자 하였습니다.

① 사람이 직접 손으로 만드는 과정이 많은 산업이다.
② 경공업보다 많은 자본과 높은 기술력이 필요한 산업이다.
③ 철강, 석유 화학, 기계, 조선, 전자 등의 산업이 해당한다.
④ 정부는 기업이 관련 제품을 많이 수출하도록 적극적으로 지원하였다.
⑤ 철, 배, 자동차 등의 무거운 제품이나 플라스틱, 고무, 화학 섬유 제품 등을 생산하는 산업이다.

5 우리나라에서 다음 사진과 같은 산업이 크게 성장한 시기는 언제입니까? ( )

▲ 자동차 산업

▲ 전자 산업

① 1960년대 ② 1970년대 ③ 1980년대
④ 1990년대 ⑤ 2000년대

중요
6 다음 밑줄 친 부분에 들어갈 내용으로 알맞지 않은 것은 어느 것입니까? ( )

1970년대 이후 우리나라의 산업 구조가 경공업 중심에서 중화학 공업 중심으로 바뀌면서 ______

① 수출액이 크게 증가하였다.
② 사람들의 생활 수준이 높아졌다.
③ 세계적 품질의 제품을 생산하게 되었다.
④ 관련 산업이 발전하여 우리나라의 경제가 크게 성장하였다.
⑤ 많은 노동력이 필요한 제품을 낮은 가격에 생산하여 해외에 수출하였다.

2 단원

1990년대 이후 우리나라의 경제 성장

❶ 1990년대 경제 성장 모습

(1) **컴퓨터 관련 산업의 등장**: 개인용 컴퓨터의 보급의 확대로 관련 산업이 발달하였습니다.

(2) **반도체 산업의 성장**

① 컴퓨터와 가전제품의 생산이 늘어나면서 핵심 부품인 ❶반도체의 중요성이 커졌습니다.

② 우리나라 기업들은 1970년대부터 반도체를 연구하기 시작하여 1990년대에는 세계적으로 인정받는 반도체를 개발, 생산하였습니다.

반도체는 우리나라의 대표적인 수출품으로, 오늘날 세계 반도체 시장에서 높은 점유율을 유지하고 있습니다.

(3) **정보 통신 기술 산업의 발전**

① 1990년대 후반에 들어서 정부와 기업은 전국에 초고속 정보 통신망을 만들어 보급하였습니다. 자료 ①

② 인터넷 이용을 보편화하면서 관련 기업들이 늘어났고, ❷정보 통신 기술과 관련된 산업도 함께 발전하였습니다. 자료 ②

❷ 2000년대 경제 성장 모습

(1) **첨단 산업의 발달**

첨단 산업	높은 기술력이 필요하며, 경제적 가치가 매우 큰 산업입니다.
대표적인 산업	❸생명 공학 기술 산업, 항공 우주 산업, ❹신소재 산업, 로봇 산업 등이 있습니다.

▲ 항공 우주 산업

▲ 로봇 산업

최근에는 인공 지능을 활용한 다양한 산업도 성장하고 있어.

(2) **서비스 산업의 발달**

경제 성장으로 소득이 증가하고 편리한 생활과 삶의 질 향상을 원하는 사람이 많아지면서 서비스 산업이 발달하고 있습니다.

서비스 산업	다양한 영역에서 사람들에게 즐거움을 주고, 생활을 편리하게 해 주는 산업입니다.
대표적인 산업	관광 산업, 금융 산업, 의료 서비스 산업, 문화 콘텐츠 산업 등이 있습니다.

▲ 관광 산업

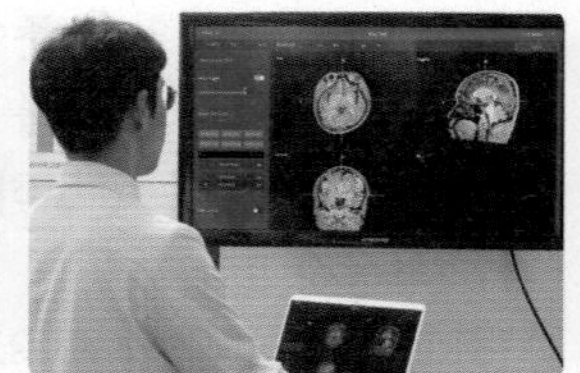
▲ 의료 서비스 산업

▲ 문화 콘텐츠 산업

자료 ① 1990년대 후반 전국에 설치된 초고속 정보 통신망

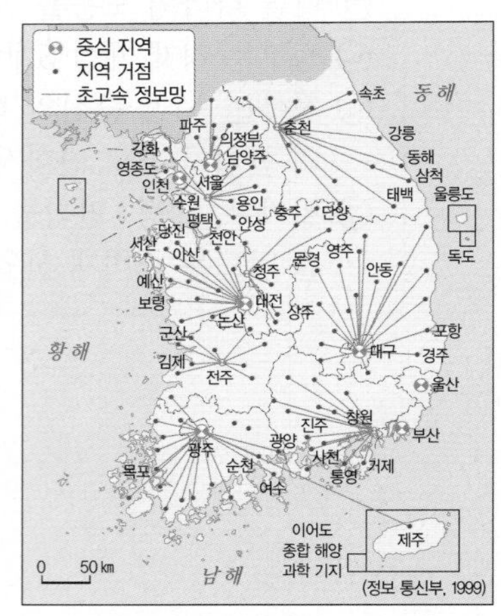

초고속 정보 통신망은 우리나라가 정보화 사회로 나아가는 데 큰 역할을 하였습니다. 또한 초고속 정보 통신망의 보급으로 새로운 산업들이 생겨나 많은 사람들이 일자리와 소득을 얻게 되었습니다.

자료 ② 우리나라의 인터넷 사용률

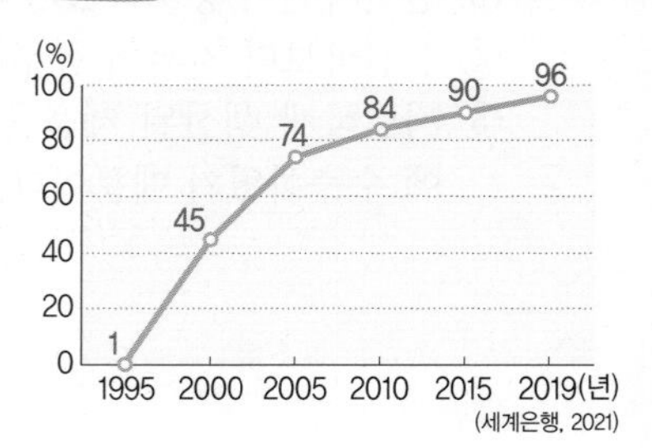

용어 사전

❶ **반도체**
온도에 따라 전기가 통하기도 하고 안 통하기도 하는 물질

❷ **정보 통신 기술**
정보를 주고받는 것은 물론 개발, 저장, 처리, 관리하는 데 필요한 모든 기술

❸ **생명 공학 기술 산업**
생물이 지닌 고유한 기능을 이용하는 산업

❹ **신소재 산업**
새로운 특성의 물질을 개발하는 산업

❸ 우리나라 경제 성장의 성과

(1) 우리나라의 경제 성장 모습

① 우리나라 경제는 정부, 기업, 국민의 노력으로 '한강의 기적'이라고 불릴 만큼 빠르게 성장하였습니다. 자료 ③

② 새로운 산업의 발달로 경제가 더욱 성장하면서 국제 사회에서 우리나라의 위상이 높아지고 있습니다. 자료 ④

③ 경제 성장으로 사람들의 생활은 더욱 풍요로워지고 생활 수준도 높아지고 있습니다.

(2) 우리나라의 ⑤국내 총생산과 ⑥1인당 국민 총소득의 변화

① 국내 총생산의 변화: 국내 총생산을 보면 한 나라의 경제 수준을 알 수 있습니다.

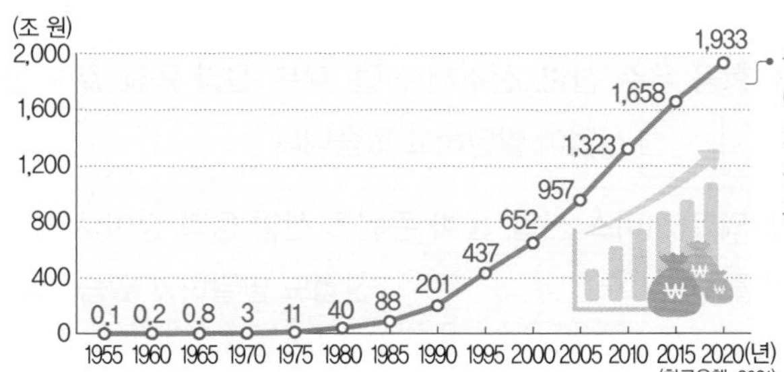

국내 총생산 금액이 1960년대에는 매우 낮았으나 해마다 증가하여 2020년에는 1,900조 원을 넘어서는 등 큰 폭으로 증가하였습니다.

② 1인당 국민 총소득의 변화: 1인당 국민 총소득을 보면 국민의 평균적인 생활 수준을 알 수 있습니다.

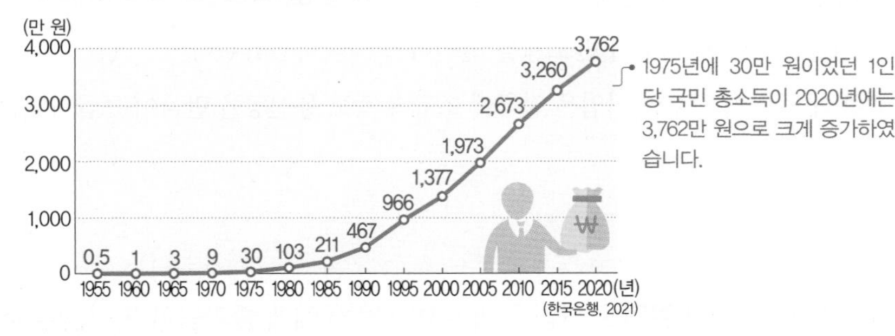

우리나라의 경제 성장 과정

- **1950년대**: 밀가루, 설탕, 면직물 등 소비재 산업 발달 →
- **1960년대**: 가발, 의류, 신발 등을 만드는 경공업 발달 →
- **1970년대**: 철강 및 석유 화학 산업, 조선 산업 등 중화학 공업 발달 →
- **1980년대**: 기존의 철강 및 석유 화학 산업과 함께 자동차 산업, 기계 산업, 전자 산업 발달 →
- **1990년대**: 반도체 산업, 정보 통신 기술 산업 발달 →
- **2000년대**: 첨단 산업, 서비스 산업 발달

자료 ③ 경제 성장을 위한 정부, 기업, 국민의 노력

정부	경제 개발 5개년 계획을 추진하고, 기업과 국민들의 경제활동을 지원함.
기업	기술력을 높이고 세계 시장에 통하는 다양한 제품을 만들었음.
국민	국내뿐만 아니라 세계 곳곳에서 경제 발전을 위해 노력하였음.

자료 ④ 우리나라의 산업별 인구 비율

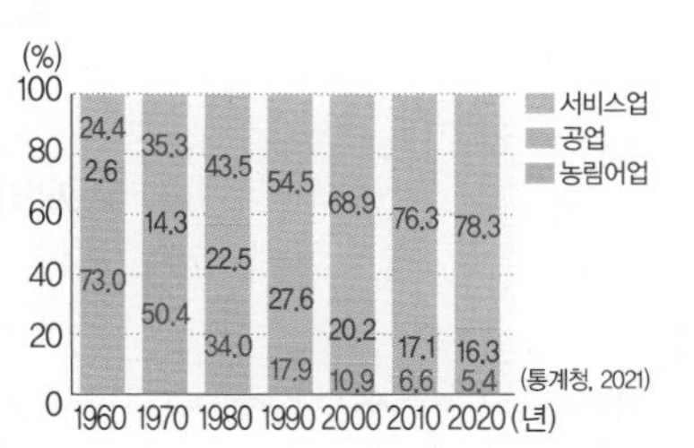

우리나라의 산업 구조가 농업 중심에서 공업과 서비스업 중심으로 변화하면서 사람들은 다양한 직업에 종사하게 되었습니다.

용어 사전

⑤ 국내 총생산
일정 기간에 한 나라 안에서 생산된 물건과 서비스의 양을 돈으로 계산해 합한 것

⑥ 1인당 국민 총소득
일정 기간에 한 나라의 국민이 벌어들인 소득을 그 나라의 인구로 나눈 것

2 단원

기본 문제로 익히기

정답과 해설 • 16쪽

핵심 체크

● 1990년대 경제 성장 모습

컴퓨터 관련 산업의 등장	개인용 ❶ □□□ 보급의 확대로 관련 산업이 발달하였습니다.
반도체 산업의 성장	1990년대에 세계적으로 인정받는 ❷ □□□를 개발, 생산하였습니다.
정보 통신 기술 산업의 발전	1990년대 후반부터 정부와 기업은 전국에 ❸ □□□ 정보 통신망을 만들어 보급하였고, 정보 통신 기술과 관련된 산업도 함께 발달하였습니다.

● 2000년대 경제 성장 모습

첨단 산업의 발달	생명 공학 기술 산업, 항공 우주 산업, 신소재 산업, 로봇 산업 등과 같이 높은 기술력이 필요한 ❹ □□ 산업이 발달하고 있습니다.
서비스 산업의 발달	관광 산업, 금융 산업, 의료 서비스 산업, 문화 콘텐츠 산업 등과 같이 사람들에게 즐거움이나 편리함을 주는 ❺ □□□ 산업도 발달하고 있습니다.

개념 문제

1 1990년대 우리나라 경제 성장 모습에 대한 설명이 맞으면 ○표, 틀리면 X표 하시오.

(1) 우리나라 기업들은 1990년대부터 반도체를 연구하기 시작하였습니다. (　　)

(2) 1990년대 후반에 들어서 정부와 기업은 전국에 초고속 정보 통신망을 만들어 보급하였습니다. (　　)

2 관광, 금융, 의료 서비스, 문화 콘텐츠 산업 등과 같이 사람들에게 즐거움과 편리함을 주는 산업을 무엇이라고 합니까? (　　)

3 우리나라의 경제 성장에 대한 설명이 맞으면 ○표, 틀리면 X표 하시오.

(1) 우리나라 경제는 정부의 노력만으로 빠르게 성장하였습니다. (　　)

(2) 경제 성장으로 사람들의 생활은 더욱 풍요로워지고 생활 수준도 높아지고 있습니다. (　　)

4 다음 괄호 안에 들어갈 알맞은 말에 ○표 하시오.

(국내 총생산 , 1인당 국민 총소득)은 일정 기간에 한 나라 안에서 생산된 물건과 서비스의 양을 돈으로 계산하여 합한 것입니다.

확인 문제

1 다음 빈칸에 공통으로 들어갈 알맞은 말을 쓰시오.

- 우리나라 기업들은 1970년대부터 (　　　)을/를 연구하기 시작하였습니다.
- 1990년대에 개인용 컴퓨터와 가전제품의 생산이 늘어나면서 핵심 부품인 (　　　)의 중요성이 커졌습니다.

(　　　　　　)

2 우리나라에서 1990년대에 반도체 산업이 발달하게 된 까닭으로 알맞은 것은 어느 것입니까? (　　　)

① 경공업이 발달하였기 때문이다.
② 소비재 산업이 발달하였기 때문이다.
③ 컴퓨터와 가전제품의 생산이 늘어났기 때문이다.
④ 정부가 철강 및 석유 화학 기업들을 지원하였기 때문이다.
⑤ 산업 구조가 경공업 중심에서 농업 중심으로 바뀌었기 때문이다.

3 우리나라에서 2000년대 이후 본격적으로 발달하기 시작한 산업으로 알맞은 것은 무엇입니까? (　　　)

①

▲ 조선 산업

②

▲ 철강 산업

③

▲ 자동차 산업

④

▲ 문화 콘텐츠 산업

4 다음 설명에 해당하는 산업으로 알맞지 않은 것은 무엇입니까? (　　　)

> 2000년대 이후부터는 고도의 지식과 기술이 필요한 첨단 산업이 발달하였습니다.

① 로봇 산업　② 철강 산업
③ 신소재 산업　④ 항공 우주 산업
⑤ 생명 공학 기술 산업

중요

5 다음 보기 에서 2000년대 이후 우리나라에서 발달하기 시작한 산업을 모두 골라 기호를 쓰시오.

보기
㉠ 기계 산업　㉡ 로봇 산업
㉢ 소비재 산업　㉣ 신소재 산업
㉤ 석유 화학 산업　㉥ 문화 콘텐츠 산업

(　　　　　　)

서술형

6 다음 우리나라 국내 총생산의 변화 그래프를 보고, 1975년과 2020년을 비교하여 쓰시오.

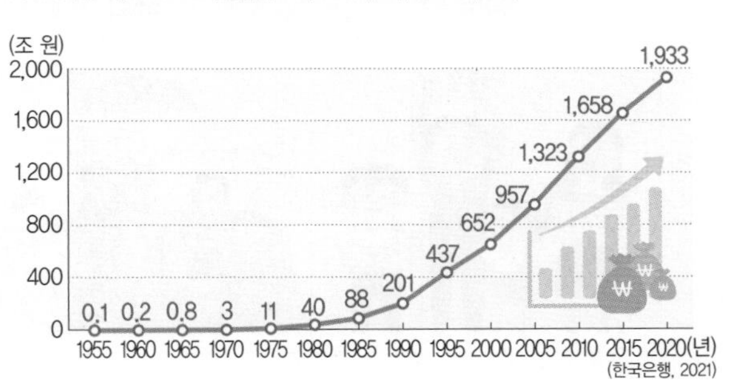

경제 성장에 따른 사회 변화와 문제

❶ 경제 성장에 따른 사회 변화

(1) 경제 성장에 따른 우리 사회의 변화 모습 자료 ①, ②

(2) 경제 성장에 따른 국제 교류의 변화 모습

① 해외여행객 및 외국인 관광객 증가: 가계 소득이 늘어나면서 해외여행객이 크게 증가하였고, 외국인 관광객 또한 늘어났습니다. 자료 ③

② ❶한류 문화 확산: 우리나라의 영화, 드라마, 대중가요 등이 전 세계인이 즐기는 한류 문화로 자리 잡았습니다.

③ 국제 행사 개최: 우리나라는 올림픽, 월드컵 등 세계인이 모이는 다양한 국제 행사를 성공적으로 개최하였습니다.

한류를 즐기는 외국인이 급증하는 현상은 경제 성장에 큰 기여를 하고 있어.

④ 국제 사회 공헌 활동: 우리나라의 높아진 위상을 바탕으로 다른 나라에 의료, 식량, 교육 서비스 등을 지원하고 있습니다.

❷ 경제 성장 과정에서 나타난 문제점과 해결 노력

(1) 경제적 ❷양극화(빈부 격차)

① 문제점: 경제 성장으로 국민의 생활 수준이 전반적으로 높아졌지만 잘 사는 사람과 그렇지 못한 사람 사이의 소득 격차는 점점 커졌습니다.

② 해결 노력 — 노인, 장애인, 실업자 등 소득이 적은 사회적 약자를 보호하고 소득 격차를 완화할 수 있도록 다양한 방법으로 노력하고 있습니다.

정부	국회	시민 단체
소득이 적은 사람들에게 생계비, 양육비, 학비 등을 지원합니다.	복지 정책의 근거가 되는 여러 가지 법률을 제정합니다.	김장 및 연탄 나눔, 무료 급식소 운영 등 다양한 봉사 활동을 합니다.

국민 기초 생활 보장법, 장애인 복지법, 임대 주택법 등입니다.

자료 ① 경제 성장에 따른 우리 사회의 다양한 변화 모습

- 공업·서비스업의 발달로 사람들의 직업이 다양해졌습니다.
- 도시에 다양한 시설이 들어서면서 도시에 사는 인구가 증가하였습니다.
- 사람들의 소득이 증가하였습니다.
- 여가 생활에 대한 사람들의 관심이 커졌습니다.

자료 ② 정보 통신 산업의 발달에 따른 오늘날의 사회 변화

자동화와 무인화의 확산
정보 통신 산업과 로봇 산업의 발달로 공장이 자동화되고, 무인 점포가 확산되는 등 다양한 산업에서 변화가 일어남.

인터넷 활용의 일상화
개인용 컴퓨터와 인터넷, 스마트폰의 보급으로 교류, 정보 검색, 쇼핑 등 인터넷 활용이 일상화됨.

자료 ③ 연도별 해외여행객 수와 외국인 관광객 수

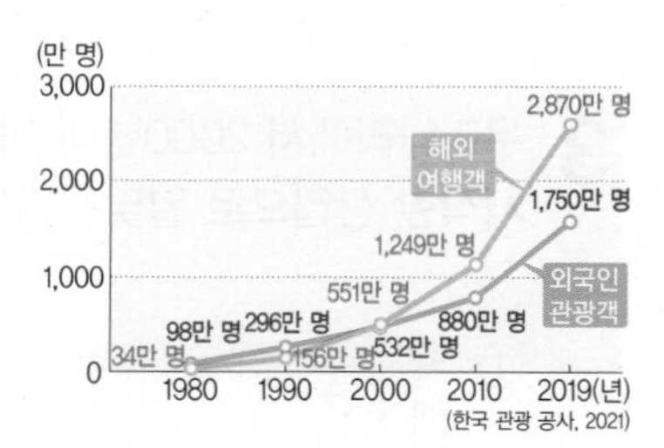

(한국 관광 공사, 2021)

용어 사전

❶ **한류**
우리나라의 영화, 드라마, 대중가요 등 우리 문화가 전 세계로 퍼지는 현상

❷ **양극화**
서로 다른 계층이나 집단이 서로 점점 더 달라지고 멀어지는 현상

(2) 일자리 문제 및 노사 갈등 자료 ④, ⑤

① 문제점

- 경제 상황이 좋지 않으면 실업자가 증가하기도 합니다.
- 근로자와 기업의 경영자 사이에 노사 갈등이 일어나기도 합니다.

근로자는 좋은 근로 환경을 원하고 경영자는 적은 비용으로 많은 이윤을 얻으려 하기 때문입니다.

② 해결 노력: 정부와 기업은 더 나은 근무 환경과 안정적인 일자리를 만들고자 노력하고 있습니다.

정부는 일자리 확충을 위해 기업을 지원하고 노사 갈등을 [3]중재합니다.

정부는 기업이 근로자들의 인권을 보호하는지 감시합니다.

근로자와 기업의 경영자는 대화를 통하여 갈등을 해결합니다.

정부와 기업은 취업 관련 정보와 기회를 제공합니다.

(3) 환경 오염 및 에너지 부족 문제

① 문제점

- 경제 성장 과정에서 주변 환경을 무분별하게 개발한 탓에 공기, 땅, 물 등이 급속도로 오염되었습니다.
- 사람들의 에너지 사용이 늘면서 에너지 자원이 부족해졌습니다.

② 해결 노력

정부	기업	시민

친환경 에너지를 생산하고, 친환경 제품을 만들도록 지원합니다.	친환경 제품을 생산하고 판매합니다.	환경 보호·에너지 절약 운동에 참여합니다.

시민들은 친환경 물품을 사용하는 등 환경을 보호하는 생활 습관을 실천합니다.

(4) 지역 간 불균형 문제

구분	내용
문제점	• 농촌 문제: 공업화로 농촌 인구가 도시로 이동하면서 농촌에는 일할 사람이 부족해졌습니다. • 도시 문제: 도시로 인구가 몰리면서 도시에는 주택, 교통, 환경 등의 문제가 발생하였습니다.
해결 노력	• 정부: 1970년대 새마을 운동, [4]귀농·귀촌 인구 지원, 국가 기관 지방 이전 등 국가 균형 발전을 위한 다양한 제도와 정책을 시행하고 있습니다. • 기업과 시민: 농촌의 일손을 돕는 등의 노력을 하고 있습니다.

자료 ④ 경제 성장과 노동 운동

급속한 경제 성장 과정에서 우리나라의 근로자들은 적은 임금을 받으며 오랜 시간 노동에 시달렸습니다. 근로자들은 이를 해결하려고 노동 단체를 만들어 근로 환경 개선과 임금 인상을 요구하였습니다.

└ 1970년에 근로자 전태일은 자신을 희생하여 노동 현실을 개선하고자 하였습니다.

자료 ⑤ 산업 재해 문제와 이를 해결하기 위한 노력

구분	내용
산업 재해 문제	근로자들의 안전이 위험해지고, 산업 재해로 경제적 손실도 커졌음.
해결 노력	• 정부: 산업 안전 보건법 등 시행 • 기업: 산업 현장에서 직원 교육 실시 • 근로자: 정해진 안전 규칙 준수

2 단원

용어 사전

③ 중재
싸움에 끼어들어 싸우는 사람들을 화해시키는 것

④ 귀농
다른 일을 하던 사람이 그 일을 그만두고 농사를 지으려고 농촌으로 돌아가는 것

기본 문제로 익히기

핵심 체크

- **경제 성장에 따른 사회 변화 모습**: 해외여행객 및 외국인 관광객의 ❶ [ ][ ], 한류 문화 확산, 국제 행사 개최, 국제 사회 공헌 활동 등 경제 성장으로 우리나라의 위상이 높아지고, 우리나라의 국제 교류 모습도 달라졌습니다.
- **경제 성장 과정에서 나타난 문제점과 해결 노력**

문제점	해결 노력
경제적 양극화 (빈부 격차)	• 정부: 생계비, 양육비, 학비 등 지원합니다. • ❷ [ ][ ]: 복지 관련 법률을 제정합니다. • 시민 단체: 다양한 봉사 활동을 합니다.
일자리 문제 및 노사 갈등	• 정부: 안정적인 일자리를 늘리도록 지원하고, 노사 갈등을 중재합니다. • 근로자와 기업의 경영자: ❸ [ ][ ]로써 갈등을 해결하려 노력합니다. • 정부와 기업: 취업 박람회를 열어 취업 관련 정보와 기회를 제공합니다.
환경 오염 및 에너지 부족	• 정부: 친환경 에너지를 생산하고, 친환경 제품 보급을 지원합니다. • 기업: 친환경 제품을 개발·생산하고자 노력합니다. • 시민: ❹ [ ][ ] 보호·에너지 절약 운동 등에 참여합니다.

개념 문제

1 우리나라의 영화, 드라마, 대중가요 등 우리 문화가 전 세계로 퍼지는 현상을 무엇이라고 합니까? (　　　　　)

2 우리나라의 경제 성장에 따른 사회 변화 모습에 대한 설명이 맞으면 ○표, 틀리면 X표 하시오.

(1) 가계 소득이 줄어들면서 해외여행객이 감소하였습니다. (　　　　　)

(2) 우리 문화와 관련된 상품이 해외에서 큰 인기를 얻고 있습니다. (　　　　　)

3 다음 ㉠, ㉡에 들어갈 알맞은 말에 각각 ○표 하시오.

> 우리나라는 경제 성장으로 국민의 생활 수준이 전반적으로 ㉠ (낮아졌지만 , 높아졌지만), 잘사는 사람과 그렇지 못한 사람 사이의 소득 격차는 점점 ㉡ (커 , 작아)졌습니다.

4 환경 오염 및 에너지 부족 문제를 해결하기 위하여 정부는 친환경 에너지를 생산하고, (㉠　　　　　)은/는 친환경 제품을 개발 및 생산하며, (㉡　　　　　)들은 환경 보호·에너지 절약 운동에 참여합니다.

확인 문제

1 **경제 성장에 따라 나타난 우리 사회의 변화 모습을 순서대로 알맞게 기호를 쓰시오.**

㉠ 지하철 개통	㉡ 고속 철도 개통
㉢ 스마트폰 대중화	㉣ 흑백텔레비전 출시

(→ → →)

서술형

2 **다음 그래프를 보고, 경제 성장과 관련지어 우리나라 해외여행객 수가 어떻게 변화하였는지 쓰시오.**

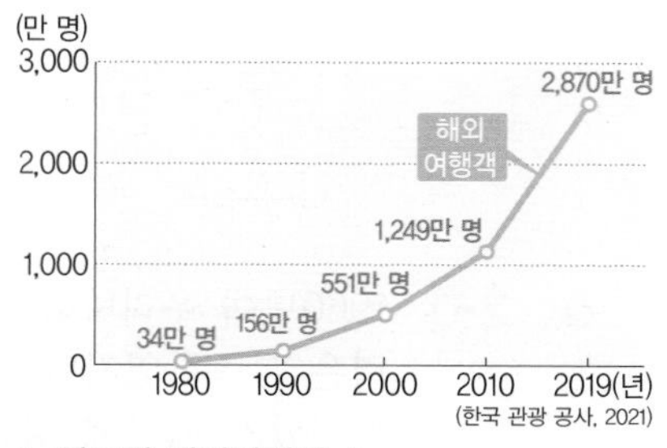

▲ 연도별 해외여행객 수

3 **다음과 같은 노력을 통해 해결할 수 있는 경제 성장 과정에서 나타난 문제점은 무엇입니까? ( )**

- 정부: 소득이 적은 사람들에게 생계비, 양육비, 학비 등 지원
- 국회: 복지 정책의 근거가 되는 여러 가지 법률 제정
- 시민 단체: 김장 및 연탄 나눔, 무료 급식소 운영 등의 다양한 봉사 활동

① 노사 갈등 ② 주택 부족
③ 환경 오염 ④ 일자리 문제
⑤ 경제적 양극화

4 **다음 ㉠, ㉡에 들어갈 알맞은 말을 각각 쓰시오.**

> 경제 상황이 좋지 않을 때에는 일자리가 줄어 (㉠)이/가 늘어나기도 하고, 근무 환경, 임금 등의 문제로 근로자와 기업의 경영자 사이에 (㉡)이/가 일어나기도 합니다.

㉠: ( ), ㉡: ( )

중요

5 **일자리 문제를 해결하기 위한 각 주체별 노력으로 알맞지 않은 것은 어느 것입니까? ( )**

① 정부 – 기업이 근로자의 인권을 잘 보호하고 있는지 감시한다.
② 정부 – 기업이 안정적인 일자리를 많이 만들 수 있도록 기업을 도와준다.
③ 기업의 경영자 – 근로 환경을 개선하기 위해 노력한다.
④ 기업의 경영자 – 이윤을 더 많이 얻기 위해 근로자들의 임금을 줄인다.
⑤ 정부, 기업의 경영자 – 취업 박람회를 열어 취업 관련 정보 및 취업 기회를 제공한다.

6 **경제 성장 과정에서 나타난 환경 오염 및 에너지 부족 문제를 해결하기 위한 정부의 노력으로 알맞은 것을 두 가지 고르시오. (,)**

① 환경 보호 봉사 활동을 한다.
② 에너지 절약 운동에 참여한다.
③ 전기 자동차 보급을 지원한다.
④ 친환경 제품을 생산하고 판매한다.
⑤ 친환경 제품을 사용하도록 알린다.

실력 문제로 다잡기

1 1960년대에 정부가 다음과 같은 시설을 건설한 까닭으로 알맞은 것은 어느 것입니까? (   )

▲ 정선선 철도 개통

▲ 경부 고속 국도 건설

① 높은 기술력을 갖추기 위해서이다.
② 중화학 공업을 발달시키기 위해서이다.
③ 서비스 산업을 발달시키기 위해서이다.
④ 유용한 정보의 빠른 이동을 위해서이다.
⑤ 기업이 생산한 제품을 쉽게 운반해 수출할 수 있도록 지원하기 위해서이다.

1-1 1960년대에 정부는 경제 개발 5개년 계획을 추진하여 국내에서 생산한 제품을 수출하고 경제를 성장시키고자 하였습니다. (○, ×)

2 다음 ㉠, ㉡에 들어갈 말을 알맞게 짝지은 것은 어느 것입니까? (   )

> 1960년대에 우리나라는 자본과 기술은 부족하였지만 (㉠)이/가 풍부하였습니다. 기업은 풍부한 (㉠)을/를 이용하여 가발, 의류, 신발 등의 (㉡) 제품을 낮은 가격에 생산하여 수출을 늘리는 데 힘썼습니다.

	㉠	㉡		㉠	㉡
①	토지	경공업	②	노동력	경공업
③	노동력	중화학 공업	④	교육 시설	소비재 산업
⑤	교육 시설	중화학 공업			

2-1 1960년대 우리나라는 노동력은 부족하였지만 기술이 뛰어났기 때문에 경공업이 발달하였습니다. (○, ×)

중요

3 1970년대 우리나라의 경제 성장 모습으로 알맞지 않은 것은 어느 것입니까? (   )

① 정부는 1973년에 중화학 공업 육성 계획을 발표하였다.
② 기업들은 현대적인 대형 조선소를 건설하며 세계 시장에 진출하였다.
③ 정부는 높은 기술력을 갖추기 위해 교육 시설과 연구소 등을 설립하였다.
④ 정부는 기업에 돈을 빌려주어 각종 산업에 참여할 수 있도록 지원하였다.
⑤ 다른 중화학 공업에 비해 철강 산업과 석유 화학 산업은 성장하지 못하였다.

3-1 가계와 기업의 경제활동은 서로에게 도움을 주며 밀접한 관계를 맺고 있습니다. (○, ×)

4 다음 보기 에서 중화학 공업에 대한 설명으로 알맞은 것을 모두 고른 것은 어느 것입니까? (　　)

보기
㉠ 우리나라에서는 1960년대에 크게 발달하였다.
㉡ 사람이 직접 손으로 만드는 과정이 많은 산업이다.
㉢ 경공업보다 많은 돈과 높은 기술력이 필요한 산업이다.
㉣ 철강, 석유 화학, 기계, 조선, 전자 등의 산업이 해당한다.

① ㉠, ㉡　② ㉠, ㉢　③ ㉡, ㉢
④ ㉡, ㉣　⑤ ㉢, ㉣

4-1 가발, 의류, 신발 등과 같이 비교적 가벼운 물건을 만드는 산업을 중화학 공업이라고 합니다.
(○, ×)

서술형
5 다음 그래프를 보고, 1970년대 이후 우리나라의 산업 구조가 어떻게 바뀌었는지 쓰시오.

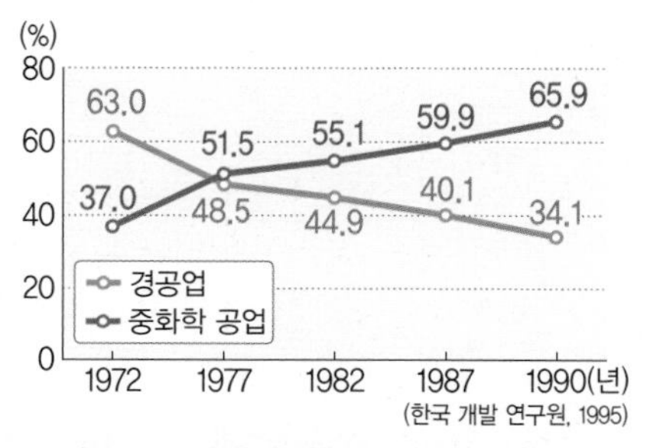

▲ 연도별 경공업과 중화학 공업의 생산 비중

5-1 1970년대 이후에는 산업 구조가 중화학 공업 중심에서 경공업 중심으로 바뀌면서 수출액이 크게 증가하였습니다.
(○, ×)

6 다음 ㉠에 들어갈 검색어로 알맞은 것은 무엇입니까? (　　)

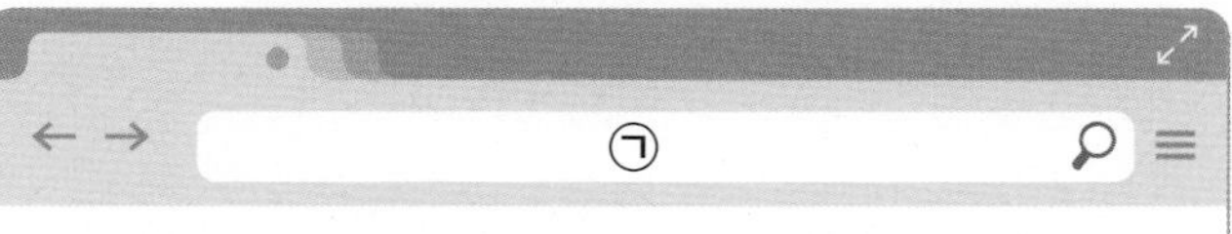

- 우리나라 기업들은 1970년대부터 연구하기 시작하였습니다.
- 컴퓨터와 가전제품에 들어가는 핵심 부품입니다.
- 오늘날 우리나라는 세계 시장에서 높은 점유율을 유지하고 있습니다.

① 가발　② 반도체　③ 텔레비전
④ 문화 콘텐츠　⑤ 초고속 정보 통신망

6-1 우리나라는 1970년대부터 세계적으로 인정받는 반도체를 생산하였습니다.
(○, ×)

7 **오른쪽 지도와 같이 초고속 통신망이 보급되며 나타난 변화가 아닌 것은 어느 것입니까?** (　　)

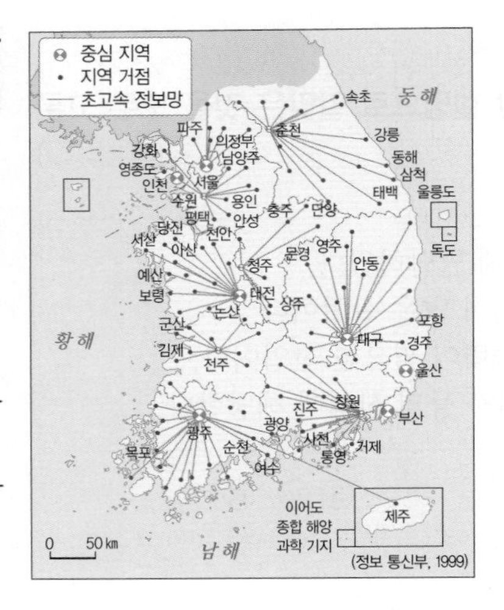

① 정보 통신 기술 산업이 발달하였다.
② 다양한 인터넷 기업들이 생겨났다.
③ 정보가 빠르게 오갈 수 있게 되었다.
④ 기존에 발달하였던 산업들이 모두 사라졌다.
⑤ 우리나라가 정보화 사회로 나아가게 되었다.

7-1 1990년대 후반부터 초고속 정보 통신망이 만들어진 후 다양한 인터넷 기업들이 생겨났습니다.

(○, ×)

8 **다음 밑줄 친 부분에 해당하지 않는 산업은 무엇입니까?** (　　)

> 2000년대 이후부터는 사람들을 즐겁고 편리하게 해 주는 다양한 서비스 산업이 빠르게 발달하고 있습니다.

① 관광 산업
② 금융 산업
③ 신소재 산업
④ 문화 콘텐츠 산업
⑤ 의료 서비스 산업

8-1 2000년대 이후부터는 첨단 산업과 서비스 산업이 발달하고 있습니다.

(○, ×)

9 **다음은 경제 성장에 따른 우리 사회의 변화 모습을 나타낸 것입니다. ㉠, ㉡에 들어갈 알맞은 말을 각각 쓰시오.**

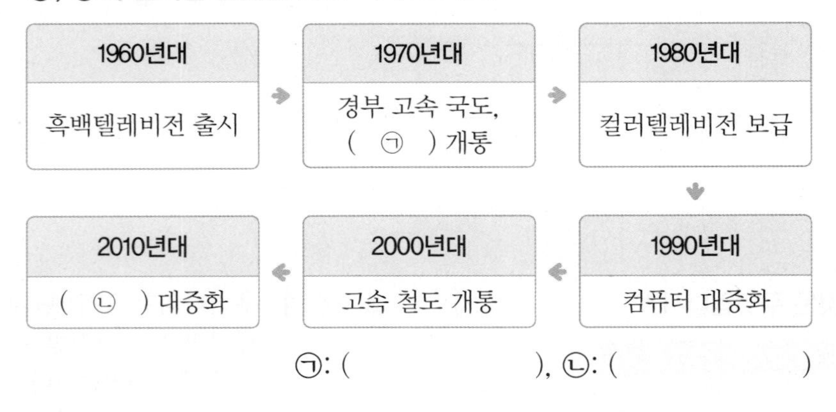

㉠: (　　　　　　), ㉡: (　　　　　　)

9-1 오늘날에는 스마트폰을 사용하는 사람들이 많아지면서 이를 이용한 인터넷 쇼핑도 증가하고 있습니다.

(○, ×)

10 **오늘날 경제 성장으로 변화한 우리나라의 모습으로 알맞지 않은 것은 어느 것입니까?** (　　)

① 해외로 여행을 떠나는 사람들이 줄어들었다.
② 국민의 생활은 더욱 풍요롭고 편리해지고 있다.
③ 세계인이 모이는 다양한 국제 행사가 우리나라에서 열린다.
④ 우리나라의 대중가요와 문화 등을 즐기는 외국인이 많아졌다.
⑤ 자연재해를 겪은 나라들에 구조대를 보내 돕는 나라가 되었다.

10-1 산업의 발달로 경제가 성장하면서 1955년 이후 우리나라의 1인당 국민 총소득은 감소하였습니다.

(○, ×)

11 우리나라 경제가 성장하면서 나타난 문제점의 해결 방안을 바르게 이야기한 어린이는 누구인지 쓰시오.

노사 갈등을 해결하기 위해 기업에서는 비정규직을 늘려야 해.

지호

환경 오염을 해결하기 위해 가정이나 식당에서 일회용품을 더욱 많이 사용해야 해.

유리

경제적 양극화를 해결하기 위해 국회는 소득 격차를 완화하기 위한 법률을 제정해야 해.

서준

( )

11-1 우리나라의 경제 성장으로 잘사는 사람과 그렇지 못한 사람 사이의 소득 격차는 대부분 없어졌습니다.

(○, ×)

2 단원

중요

12 다음 밑줄 친 '이것'에 대한 설명으로 알맞은 것은 어느 것입니까? ( )

> 경제 상황이 좋지 않을 때에는 일자리가 줄어 실업자가 늘어나기도 하고, 근무 환경, 임금 등의 문제로 근로자와 기업의 경영자 사이에 이것이 일어나기도 합니다.

① 에너지 자원이 부족해서 일어난다.
② 친환경 제품을 생산함으로써 해결할 수 있다.
③ 김장 및 연탄 나눔 등 시민 단체의 노력으로 해결할 수 있다.
④ 공업화로 농촌 인구가 도시로 이동하면서 농촌에 일할 사람이 부족해서 일어난다.
⑤ 근로자는 좋은 근로 환경을 원하고 기업의 경영자는 적은 비용으로 많은 이윤을 얻으려 하기 때문에 일어난다.

12-1 경제 성장에 따른 문제를 해결하려면 정부, 기업, 시민이 함께 노력해야 합니다.

(○, ×)

13 다음 일기를 쓴 초등학생이 환경 오염 문제를 해결하기 위해 할 수 있는 노력으로 알맞은 것을 두 가지 고르시오. (,)

20○○년 ○○월 ○○일 ○요일

제목: 환경을 보호하고 싶어요!

경제 성장 과정에서 주변 환경을 무분별하게 개발한 탓에 공기, 땅, 물 등이 급속도로 오염되었다는 뉴스를 보았다. 환경 오염 문제를 해결하기 위해 초등학생인 내가 실천할 수 있는 일을 생각해 보아야겠다.

① 친환경 제품을 개발 및 생산한다.
② 풍력, 태양열과 같은 친환경 에너지를 생산한다.
③ 환경 문제에 관심을 가지고 환경 보호 운동에 참여한다.
④ 쓰레기 배출량을 줄일 수 있는 친환경 제품을 사용한다.
⑤ 수소·전기 자동차 등 친환경 자동차 보급을 지원하는 정책을 펼친다.

13-1 경제 성장은 우리 사회에 좋은 점만 가져다주었습니다.

(○, ×)

나라와 나라 사이에 경제 교류가 필요한 까닭

❶ 나라와 나라 사이에 경제 교류가 필요한 까닭

(1) 경제 상황이 다른 두 나라 살펴보기

구분	○○ 나라	△△ 나라
자연환경	날씨가 덥고 일 년 내내 비가 많이 내립니다.	사계절이 뚜렷하고 대체로 날씨가 따뜻합니다.
풍족하거나 뛰어난 것	열대 과일, 목재, 철광석, ❶원유 등이 풍부합니다.	배, 자동차, 반도체, 휴대 전화 등을 잘 만듭니다.
부족하거나 필요한 것	배, 자동차, 반도체, 휴대 전화 등을 만드는 기술이 부족합니다.	열대 과일 재배에 어려움이 있고, 목재, 철광석, 원유 등의 자원이 부족합니다.

↳ ○○ 나라는 배, 자동차, 반도체, 휴대 전화 등을 △△ 나라에서 수입하고, △△ 나라는 열대 과일, 목재, 철광석, 원유 등을 ○○ 나라에서 수입합니다.

(2) 무역 자료 ①

① 무역의 의미: 나라와 나라 사이에 물건이나 서비스를 사고파는 것입니다.

수출	다른 나라에 물건이나 서비스를 파는 것입니다.
수입	다른 나라에서 물건이나 서비스를 사 오는 것입니다.

② 무역이 필요한 까닭

자연환경의 차이	우리나라에서는 열대 과일이 잘 자라지 않기 때문에 인도네시아에서 다양한 종류의 열대 과일을 수입합니다.
자원의 차이	우리나라는 천연가스, 원유, 석탄 등의 자원이 부족하기 때문에 러시아에서 이러한 자원을 수입합니다.
기술의 차이	우리나라는 우수한 기술력으로 반도체, 휴대 전화, 자동차, 가전제품 등을 생산하여 수출합니다. 자료 ②

↳ 나라마다 자연환경, 자원, 기술 등이 달라 더 잘 생산할 수 있는 물건이나 서비스가 다르기 때문입니다. 각 나라는 더 잘 만들 수 있는 것을 생산하고, 이를 다른 나라와 ❷교환하면서 서로 경제적 이익을 얻습니다.

자료 ① 다양한 경제 교류의 모습

- 다른 나라에서 수입해 온 수산물을 우리나라 시장에서 판매합니다.
- 우리나라는 다른 나라에서 목재를 수입해 옵니다.
- 다른 나라 매장에서 우리나라에서 만든 세탁기를 판매합니다.
- 다른 나라 가정에서 우리나라 드라마를 봅니다.

자료 ② 가공 무역

우리나라는 다른 나라에서 원료를 수입하고, 이를 국내에서 가공하여 만든 제품을 다시 수출하는 가공 무역이 발달하였습니다. 가공 무역은 우리나라처럼 천연자원은 부족하지만, 기술력이 뛰어난 나라에서 주로 나타나는 무역 형태입니다.

원료 수입
다른 나라에서 철광석을 사 옴.

가공
철광석을 녹여 만든 철로 자동차를 만듦.

제품 수출
국내에서 만든 자동차를 다른 나라에 판매함.

▲ 가공 무역의 사례

용어 사전

❶ **원유**
땅속에서 뽑아낸 그대로의 석유

❷ **교환**
어떤 물건이나 서비스를 다른 사람에게 주고, 그 가격만큼 다른 물건이나 서비스 또는 돈을 얻는 일

② 우리나라의 무역 현황

(1) 우리나라와 다른 나라의 경제 교류

교통수단과 정보 통신 기술의 발달로 나라 간의 경제 교류가 더욱 활발해졌습니다.

① 물건 교류: 우리나라는 여러 가지 물건을 다른 나라와 경제 교류를 하고 있습니다.

물건의 ❸원산지가 우리나라, 캐나다, 중국, 베트남 등으로 다양해.

② 서비스 교류: 우리나라는 의료, 만화, 게임, 영상, 교육, 관광 등의 서비스 분야에서도 다른 나라와 활발하게 경제 교류를 하고 있습니다.

우리나라로 치료를 받으러 오는 외국인 환자가 늘고 있습니다.

(천 달러)

연도	2015	2016	2017	2018	2019(년)
수출액	29,354	32,482	35,262	40,501	46,010

(한국 콘텐츠 진흥원, 2020)

우리나라의 만화 산업 수출액이 지속적으로 증가하고 있습니다.

미국 온라인 동영상 서비스의 우리나라 이용자 수가 증가하고 있습니다.

(2) 우리나라의 나라별 무역액 비율

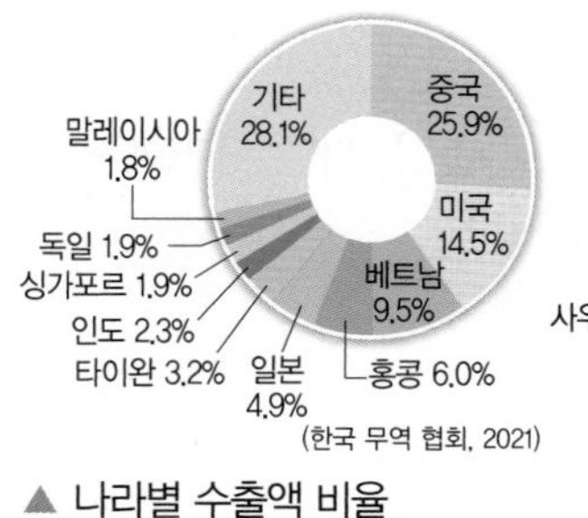

▲ 나라별 수출액 비율

▲ 나라별 수입액 비율

- 주요 수출국: 중국, 미국, 베트남, 홍콩, 일본 등
- 주요 수입국: 중국, 미국, 일본, 독일, 베트남 등

우리나라는 중국, 미국, 일본과 무역을 많이 합니다.

(3) 우리나라의 주요 수출품과 수입품 자료 ③, ④

① 주요 수출품: 반도체, 자동차, 석유 제품 등입니다.

② 주요 수입품: 반도체, 원유, 반도체 제조용 장비, 천연가스 등입니다.

비메모리 반도체

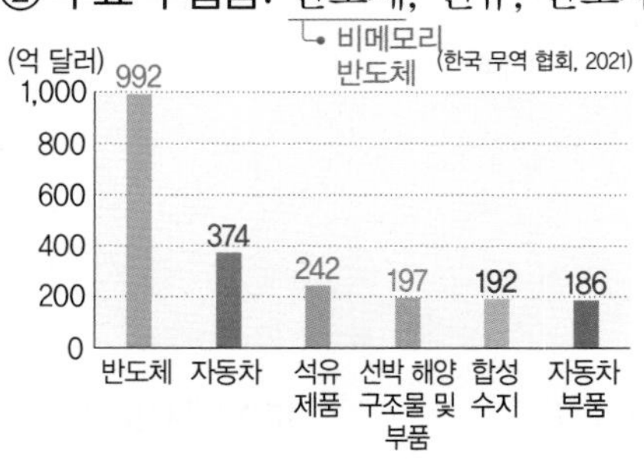

▲ 우리나라의 주요 수출품

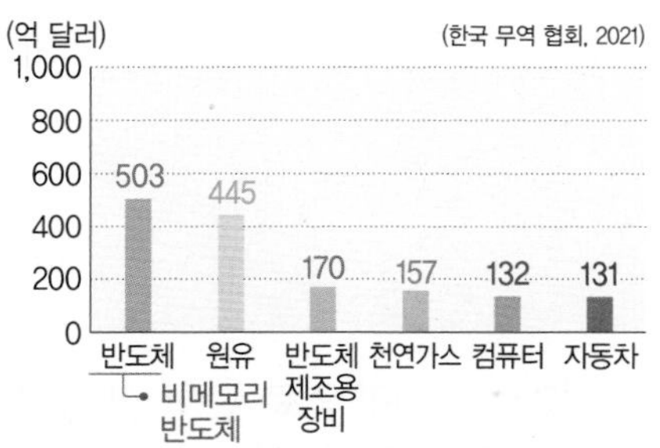

▲ 우리나라의 주요 수입품

자료 ③ 우리나라 수출입 품목 중 원유 관련 제품에서 알 수 있는 점

원유 수입액이 많은데 석유 제품의 수출액도 많음.

우리나라는 필요한 원유를 다른 나라에서 전부 수입해야 하지만 원유를 가공·처리하는 기술이 뛰어나 다양한 석유 제품을 생산하여 다른 나라에 수출하기 때문입니다.

자료 ④ 우리나라의 무역 규모 변화

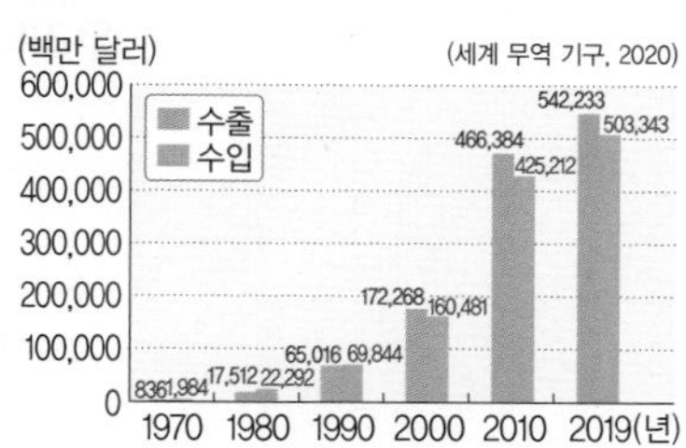

1970년보다 2010년 이후 무역의 규모가 매우 커졌음을 알 수 있습니다. 1990년까지는 수입이 수출보다 많았는데, 2000년부터는 수출이 수입보다 많아졌습니다.

용어 사전

❸ 원산지
물품이 채취·생산되고 제조·가공된 지역

기본 문제로 익히기

핵심 체크

- **무역**: 나라와 나라 사이에 물건이나 서비스를 사고파는 것입니다.

❶ □□	다른 나라에 물건이나 서비스를 파는 것입니다.
❷ □□	다른 나라에서 물건이나 서비스를 사 오는 것입니다.

- **무역이 필요한 까닭**: 나라마다 ❸ □□□□, 자원, 기술 등이 달라 각 나라는 더 잘 만들 수 있는 것을 ❹ □□하고, 다른 나라와 교환하면서 서로 경제적 이익을 얻습니다.

- **우리나라의 무역 현황**

주요 수출품	반도체, 자동차, 석유 제품, 선박 해양 구조물 및 부품, 합성수지, 자동차 부품 등
주요 ❺ □□□	반도체, 원유, 반도체 제조용 장비, 천연가스, 컴퓨터, 자동차 등

개념 문제

1 나라와 나라 사이에 물건이나 서비스를 사고파는 것을 무엇이라고 합니까?

( )

2 다음 ㉠, ㉡에 들어갈 알맞은 말에 각각 ○표 하시오.

> 우리나라에서 만든 것을 다른 나라에 파는 것을 ㉠ (수입 , 수출), 다른 나라에서 만든 것을 우리나라로 사 오는 것을 ㉡ (수입 , 수출)이라고 합니다.

3 무역이 이루어지는 까닭이 맞으면 ○표, 틀리면 X표 하시오.

(1) 나라마다 자연환경, 자원, 기술 등이 다르기 때문입니다. ( )

(2) 나라마다 더 잘 생산할 수 있는 물건이나 서비스가 같기 때문입니다. ( )

4 우리나라는 물건뿐만 아니라 의료, 만화, 게임, 영상 등 ( ) 분야에서도 세계 여러 나라와 경제 교류를 하고 있습니다.

확인 문제

중요

1 무역에 대한 설명으로 알맞은 것은 어느 것입니까? (　　)

① 다른 나라에 물건을 파는 것을 수입이라고 한다.
② 다른 나라에서 물건을 사 오는 것을 수출이라고 한다.
③ 나라 간에 서비스를 사고파는 것은 무역에 해당하지 않는다.
④ 각 나라마다 자연환경, 자원, 기술 등이 같기 때문에 발생한다.
⑤ 각 나라는 더 잘 만들 수 있는 것을 생산하고, 이를 교환하면서 서로 경제적 이익을 얻는다.

서술형

2 다음 글을 읽고, 무역을 하는 까닭을 쓰시오.

> ○○ 나라는 열대 과일, 철광석, 원유 등과 같은 자원이 풍부하지만 배, 자동차, 반도체 등을 만드는 기술이 부족합니다. △△ 나라는 배, 자동차, 반도체 등을 만드는 기술은 뛰어나지만 열대 과일, 철광석, 원유 등의 자원이 부족합니다. ○○ 나라는 배, 자동차, 반도체 등을 △△ 나라에서 수입하고, △△ 나라는 열대 과일, 철광석, 원유 등을 ○○ 나라에서 수입합니다.

____

____

3 다음에서 설명하는 경제 교류 분야에 해당하는 것은 무엇입니까? (　　)

> 우리나라로 치료를 받으러 오는 외국인 환자가 늘고 있습니다. 외국인 환자가 증가하면서 국내 의료 기관들의 외국인 환자 진료 수입도 증가하고 있습니다.

① 게임　② 교육　③ 만화
④ 영상　⑤ 의료

4 우리나라의 나라별 무역액 비율을 나타낸 그래프들에서 공통적으로 가장 높은 비율을 차지하는 나라는 어디입니까? (　　)

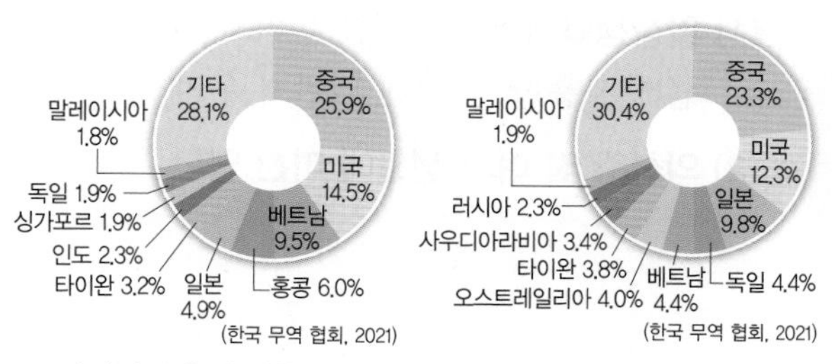

▲ 나라별 수출액 비율　▲ 나라별 수입액 비율

① 미국　② 일본　③ 중국
④ 홍콩　⑤ 베트남

5 다음 그래프에 나타난 우리나라의 주요 수출품으로 알맞지 않은 것은 무엇입니까? (　　)

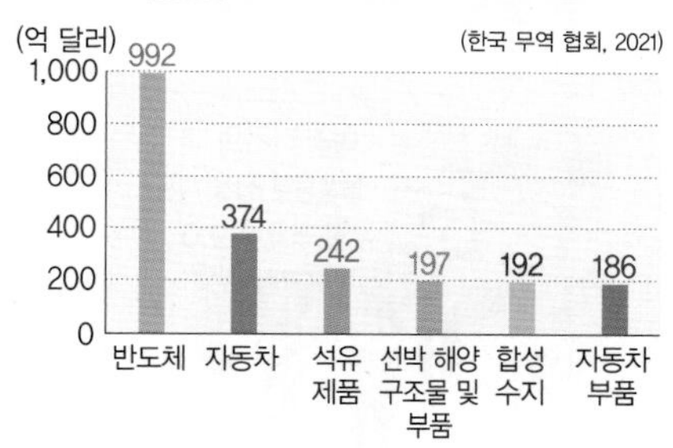

▲ 우리나라의 주요 수출품

① 원유　② 반도체
③ 자동차　④ 석유 제품
⑤ 자동차 부품

6 다음 그래프를 보고, 우리나라에서 가장 많이 수입하는 품목을 두 가지 쓰시오.

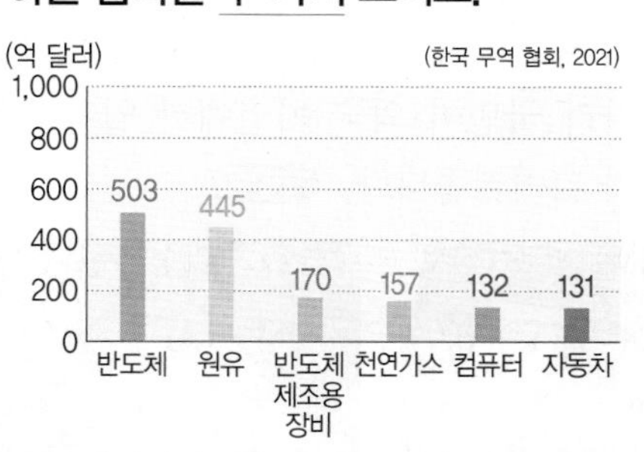

▲ 우리나라의 주요 수입품

(　　　,　　　)

우리나라와 다른 나라의 경제 관계

❶ 다른 나라와의 경제 교류가 우리 경제생활에 미친 영향

(1) **일상생활에 미친 영향**: 우리가 다른 나라에서 만든 물건이나 서비스를 쉽게 사용할 수 있게 되면서 우리 생활에는 많은 변화가 일어났습니다.

(2) **의식주 및 여가 생활에 미친 영향**

구분	그림	내용
의생활		• 다른 나라에서 만든 옷, 신발, 가방 등을 쉽게 살 수 있습니다. • 우리나라 기업의 제품이지만 다른 나라에서 만드는 경우도 있습니다.
식생활	 	• 우리나라에서 여러 나라의 다양한 음식을 먹을 수 있습니다. • 다른 나라에 직접 가지 않아도 외국 음식의 재료를 구할 수 있습니다.
주생활		• 다른 나라에서 만든 가구, 물품, 건축 재료 등을 사용하여 집을 짓거나 꾸밀 수 있습니다. • 집의 내부 구조가 외국과 비슷해지고 있습니다.
[1]여가 생활		다른 나라의 영화, 전시, 공연, 운동 경기 등을 우리나라에서 즐길 수 있습니다.

→ 다른 나라에서 만든 영화를 우리나라 영화관에서 볼 수 있고, 다른 나라의 야구 경기, 축구 경기를 집에서 볼 수 있습니다.

(3) **개인과 기업에 미친 영향**

① 개인에 미친 영향

- 세계의 싸고 다양한 물건을 살 수 있는 기회가 늘었습니다. 자료 ①
- 우리나라 국민이 외국 기업에서 일자리를 얻는 등 개인의 경제활동 범위가 넓어졌습니다. 자료 ②

▲ 해외 직접 구매

▲ 다른 나라에서 수입한 과일

▲ 해외 취업 박람회

자료 ① 해외 직접 구매액의 증가

오늘날에 사람들은 다른 나라에서 판매하는 상품을 온라인으로 직접 구매하고 [2]국제 배송으로 받아 볼 수 있습니다.

자료 ② 해외 취업자 수의 증가

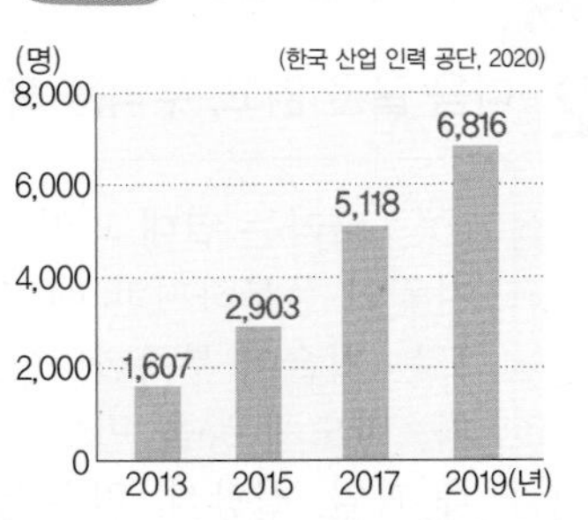

다른 나라와의 교류가 활발해지면서 다른 나라에서 일하는 우리나라 사람인 해외 취업자가 증가하고 있습니다.

용어 사전

❶ **여가 생활**
공부나 일에서 벗어나 자유롭게 보내는 시간에 취미 활동 따위를 하는 생활

❷ **국제 배송**
물건을 다른 나라에 보내 주는 것

② 기업에 미친 영향

- 기업은 여러 나라와 경제 교류를 확대해 가면서 더 많은 이윤을 얻기 위해 노력하고 있습니다. (우리나라는 다른 나라에 진출하여 다리, 건물 등을 건설하는 사업도 하고 있습니다.)
- 외국 기업과 새로운 기술이나 아이디어를 주고받고 있습니다. (기술 발전의 기회를 얻어 좋은 품질의 제품을 생산할 수 있습니다.)
- 다른 나라와의 경제 교류로 생산에 필요한 자원 등을 저렴하게 얻을 수 있습니다.
- 노동력이 싼 나라에 공장을 세워 저렴한 비용으로 물건을 생산할 수 있습니다.
- 물건을 수출할 나라에 공장을 세워 운반에 드는 비용을 줄일 수 있습니다.

▲ 외국에 있는 우리나라 기업의 공장

2 우리나라와 다른 나라의 경제 관계

(1) 다른 나라와 서로 의존하는 관계

① 우리나라는 발전된 기술과 좋은 물건을 수출하고 우리나라에 부족하거나 없는 자원, 물건, 기술, 노동력 등을 수입합니다.

② 우리나라는 경제 교류를 보다 자유롭고 편리하게 할 수 있도록 자유 무역 협정(FTA)을 맺기도 합니다. 자료 ③

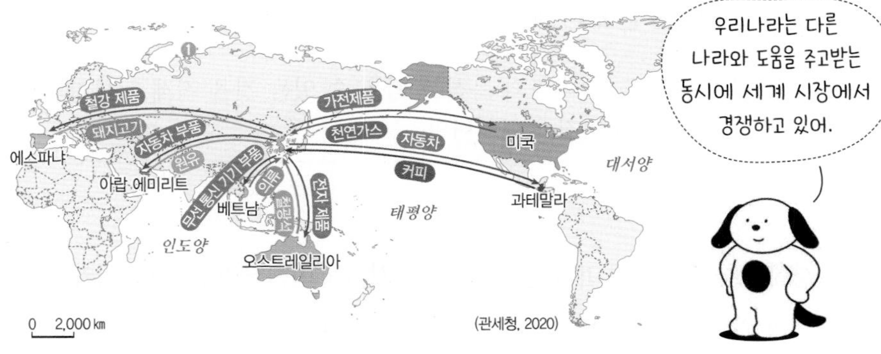

▲ 우리나라와 다른 나라가 서로 주고받는 도움

↳ 우리나라는 다른 나라와 경제 교류를 통해 경제적 이익을 주고받는 상호 ❸의존 관계에 있습니다.

(2) 다른 나라와 세계 시장에서 서로 경쟁하는 관계: 같은 종류의 물건을 만드는 다른 나라들과는 서로 ❹경쟁하는데, 특히 새로운 기술이 많이 필요한 휴대 전화, 전자 기기, 자동차 시장에서의 경쟁은 더욱 치열합니다. 자료 ④

(우리나라가 다른 나라와의 경쟁에서 이기려면 세계 무역 환경에 대처하고 수출 경쟁력을 높여야 합니다.)

▲ 휴대 전화 기술 경쟁

▲ 자동차 생산 비용 경쟁

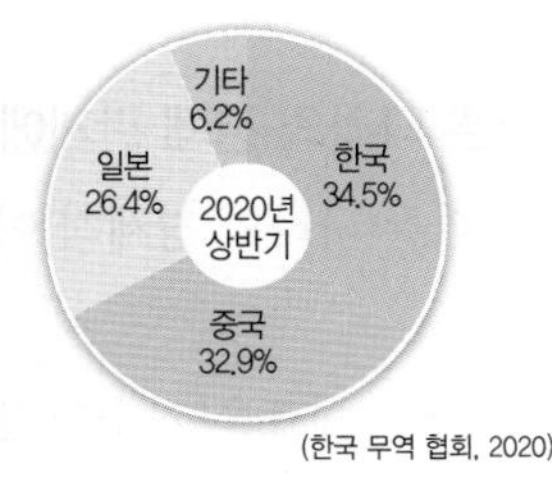

(한국 무역 협회, 2020)

▲ 전기차 배터리 시장 점유율

자료 ③ 자유 무역 협정(FTA)

의미	나라 간 물건이나 서비스의 이동을 자유롭게 하려고 세금, 법, 제도 등의 무역 장벽을 줄이거나 없애기로 한 약속
현황	우리나라는 2021년 1월을 기준으로 미국, 유럽 연합(EU), 중국, 캐나다, 인도, 콜롬비아 등 57개국과 자유 무역 협정(FTA)을 체결함.

자료 ④ 우리나라의 수출 경쟁력을 높이려는 노력

- 새로운 기술을 개발하고 상품의 질을 더 좋게 만듭니다.
- 우리나라의 상품을 다른 나라에 적극적으로 알립니다.
- 새로운 무역 시장을 찾아 판매 경로와 지역을 넓혀 나갑니다.
- 우리나라의 수출 품목을 다양화합니다.

용어 사전

❸ 의존
다른 것에 기대어 도움을 받는 것

❹ 경쟁
같은 목적에 대하여 이기거나 앞서려고 서로 겨루는 것

2 단원

기본 문제로 익히기

핵심 체크

● 다른 나라와의 경제 교류가 우리 경제생활에 미친 영향

개인	• 세계 여러 나라의 싸고 다양한 물건을 살 수 있는 기회가 늘었습니다. • 우리나라 국민이 외국 기업에서 ❶ □□□를 얻는 등 개인의 경제활동 범위가 넓어졌습니다.
기업	• 외국 기업과 새로운 ❷ □□이나 아이디어를 주고받고 있습니다. • 다른 나라에 공장을 세워 그 나라의 노동력을 활용하거나 물건 운반 ❸ □□을 줄이고 있습니다.

● 우리나라와 다른 나라의 경제 관계

상호 의존 관계	• 우리나라는 다른 나라와 서로 경제 교류를 통해 경제적 이익을 주고받습니다. • 경제 교류를 자유롭고 편리하게 할 수 있도록 ❹ □□□□□□(FTA)을 맺기도 합니다.
경쟁 관계	같은 물건을 만드는 나라와는 세계 시장에서 ❺ □□하고 있습니다.

개념 문제

1 다음 괄호 안에 들어갈 알맞은 말에 ○표 하시오.

> 다른 나라에 직접 가지 않아도 그 나라의 음식을 먹을 수 있는 것은 경제 교류가 우리의 (의생활 , 식생활 , 주생활)에 미친 영향입니다.

2 다른 나라와의 경제 교류가 개인에 미친 영향은 '개인', 기업에 미친 영향은 '기업'이라고 쓰시오.

(1) 우리나라 국민이 외국 기업에서 일자리를 얻을 수 있습니다. (　　　　)

(2) 세계 여러 나라의 싸고 다양한 물건을 살 수 있는 기회가 늘었습니다. (　　　　)

(3) 우리나라보다 노동력이 싼 나라에 공장을 세워 물건을 생산할 수 있습니다. (　　　　)

3 나라 간 물건이나 서비스의 이동을 자유롭게 하려고 나라들이 세금, 법, 제도 등의 무역 장벽을 줄이거나 없애기로 약속하며 맺는 것을 무엇이라고 합니까? (　　　　)

4 우리나라와 다른 나라의 경제 관계에 대한 설명이 맞으면 ○표, 틀리면 X표 하시오.

(1) 우리나라는 다른 나라와 경제적 이익을 주고받는 상호 의존 관계에 있습니다. (　　　　)

(2) 우리나라 기업은 새로운 기술이 많이 필요한 휴대 전화, 전자 기기, 자동차 시장에서는 다른 나라와 경쟁을 하지 않습니다. (　　　　)

확인 문제

1 다음 보기 에서 경제 교류가 우리의 어떤 생활에 영향을 미친 것인지 알맞은 것을 골라 기호를 쓰시오.

보기
㉠ 식생활 ㉡ 의생활
㉢ 주생활 ㉣ 여가 생활

(1) 다른 나라에서 만든 다양한 디자인의 옷을 입을 수 있습니다. ( )

(2) 다른 나라에서 수입한 가구를 쓰는 가정이 많아지고 있으며, 집의 내부 구조도 외국과 비슷해지고 있습니다. ( )

서술형

2 다음 사진을 보고 다른 나라와의 경제 교류가 개인의 경제생활에 미친 영향을 두 가지 쓰시오.

▲ 다른 나라에서 수입한 과일

▲ 해외 취업 박람회

3 다른 나라와의 경제 교류가 기업에 미친 영향으로 알맞지 않은 것은 어느 것입니까? ( )

① 경쟁하지 않아도 많은 이윤을 얻을 수 있다.
② 생산에 필요한 자원을 저렴하게 얻을 수 있다.
③ 외국 기업과 새로운 기술이나 아이디어를 주고받을 수 있다.
④ 물건을 수출할 나라에 공장을 세워 운반에 드는 비용을 줄일 수 있다.
⑤ 우리나라보다 노동력이 싼 나라에 공장을 세워 저렴한 비용으로 물건을 생산할 수 있다.

4 다음과 같은 경제 교류가 기업에 미친 영향으로 알맞은 것은 어느 것입니까? ( )

▲ 외국에 있는 우리나라 기업의 공장

① 제품의 품질이 떨어지게 되었다.
② 노동력 부족 문제를 겪게 되었다.
③ 생산 비용을 줄일 수 있게 되었다.
④ 현지에서 직접 판매하기가 어려워졌다.
⑤ 우리나라의 모든 공장이 사라지게 되었다.

5 다음 보기 에서 우리나라와 다른 나라의 상호 의존적인 경제 관계에 해당하는 모습으로 알맞은 것을 모두 골라 기호를 쓰시오.

보기
㉠ 국가 간에 자유 무역 협정(FTA)을 맺는다.
㉡ 다른 나라보다 우리나라의 물건을 더 많이 팔려고 한다.
㉢ 우리나라에 부족하거나 없는 자원, 기술, 물건, 노동력 등을 수입한다.

( )

중요

6 다음 지도에 대한 설명으로 알맞지 않은 것은 어느 것입니까? ( )

▲ 우리나라와 다른 나라가 서로 주고받는 도움

① 우리나라에서 부족한 자원을 수입한다.
② 우리나라는 다른 나라와 서로 의존한다.
③ 우리나라는 다른 나라와 경제 교류를 한다.
④ 각 나라의 특징과 상관없이 경제 교류를 한다.
⑤ 우리나라의 발전된 기술과 좋은 물건은 수출한다.

다른 나라와 경제 교류를 하면서 생기는 문제

자기 나라 경제를 보호하려 하기 때문에 무역 관련 문제가 일어나.

① 다른 나라와 경제 교류를 하면서 생기는 문제

(1) 다른 나라와 무역을 하면서 생기는 문제 자료 ①, ②

수입 제한으로 발생하는 수출 감소

생산자 대한민국 / 수입 거부 / 더 이상 가전제품을 수입하지 않겠습니다.

다른 나라가 특정 물건을 수입하지 않아 우리나라의 수출이 감소합니다.

우리나라 물건에 높은 ①관세 부과

다른 나라가 우리나라 물건에 높은 관세를 부과하여 수출이 어려워집니다.

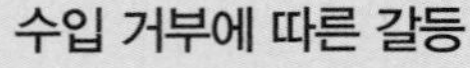

수입 거부에 따른 갈등

우리나라가 다른 나라의 특정 물건을 수입하지 않아 갈등을 겪기도 합니다.

수입 의존에 따른 문제

수입해야만 하는 품목에 문제가 생길 경우 우리나라에 어려움이 생깁니다.

(2) 자기 나라의 경제를 보호하려는 까닭

③경쟁력이 낮은 산업 보호

다른 나라보다 경쟁력이 부족한 산업을 보호해야 하기 때문입니다.

국가의 안정적 성장

우리나라의 산업을 지켜 국가 경제의 안정적 성장을 이루기 위해서입니다.

국민의 실업 방지

수입품이 많아지면 우리나라 기업들이 물건의 생산량을 줄여서 일자리를 잃는 사람들이 늘어날 수 있기 때문입니다.

불공정 거래에 대응

물건의 가격을 지나치게 낮추는 것과 같은 다른 나라의 불공정 거래에 대응하기 위해서입니다.

→ 서로 자기 나라의 경제만을 보호하려고 하면 다른 나라와 무역을 하기가 어렵거나 새로운 무역 문제가 발생할 수도 있습니다.

자료 ① 우리나라의 ②무역 의존도

- 우리나라 무역액 중 10대 수출품이 차지하는 비율(2020년) → 58%
- 우리나라 무역액 중 10대 수입품이 차지하는 비율(2020년) → 42.8%

관세청, 2021

우리나라의 10대 수출입품이 전체 무역액에서 차지하는 비율이 높습니다. 10대 수출품의 가격이 하락하거나 10대 수입품의 가격이 상승하면 우리나라 경제가 어려움을 겪을 수 있습니다.

자료 ② 우리나라가 다른 나라와 경제 교류를 하면서 겪는 문제

- 우리나라가 세계 여러 나라에서 수입하는 과일의 종류와 양이 증가하면서 우리나라 과일이 잘 팔리지 않아 농민들이 어려움을 겪기도 합니다.
- 수입하는 물건이 다양해지면서 경쟁력이 낮은 우리나라 기업이 어려움을 겪게 되고, 기업이 문을 닫으면 실업자가 늘어납니다.

용어 사전

① 관세
다른 나라에서 수입하는 상품에 내게 하는 세금

② 무역 의존도
한 나라의 경제가 무역에 얼마나 의존하고 있는지를 나타내는 정도

③ 경쟁력
상대와 경쟁하여 버티거나 이길 수 있는 힘

❷ 다른 나라와 경제 교류를 하면서 생기는 문제를 해결하려는 노력

(1) 무역 관련 문제를 해결하기 위한 노력 자료 ③, ④

① [4]국제기구를 세워 문제를 조정하거나 국제기구에 가입하여 도움을 요청합니다. 예 세계 무역 기구(WTO) 등

② 무역과 관련된 국내 기관을 세워 무역 문제로 생기는 피해를 줄일 대책을 마련합니다. 예 산업 통상 자원부, 대한 무역 투자 진흥 공사 등

③ 세계 여러 나라와 협상하고 합의하려는 노력을 합니다.

(2) 세계 무역 기구(WTO: World Trade Organization)

• 1995년 1월에 설립되었고 스위스 제네바에 본부를 두고 있습니다.

구분	내용
만든 목적	나라와 나라 사이에서 무역과 관련된 문제가 일어났을 때 조정하며 해결하려고 만든 국제기구입니다.
하는 일	• 무역을 할 때 지켜야 하는 국제적인 규칙과 법을 만들어 다툼을 해결하는 역할을 합니다. • 각 나라의 무역 관련 정책을 수립하는 데 기준을 제시하여 세계 시장에서 무역이 잘 이루어지도록 합니다.

(3) 무역 관련 문제의 해결 방안 예 우리나라와 미국의 [5]무역 분쟁 사례

구분	내용
무역 분쟁 발생	• 2018년 2월 미국이 자기 나라의 철강 산업을 보호하기 위해서 수입 철강 등에 높은 관세를 내도록 하였습니다. • 우리나라는 미국 등 여러 나라에 철강을 수출하고 있는데, 미국이 우리나라 철강 수입을 규제하면 국내 철강업계가 큰 피해를 보게 됩니다.

↓

우리나라의 무역 분쟁 해결 노력

미국과의 협상	공동 대응	그 밖의 노력
미국과의 협상: 두 나라의 입장을 살펴보고 미국과 합의점을 찾기 위한 협상을 하였습니다.	공동 대응: 미국의 정책으로 피해를 보게 될 다른 나라들과 함께 공동 대응책을 찾아보았습니다.	그 밖의 노력: 다른 나라로의 수출을 늘리고, 기업의 경쟁력을 높이기 위한 지원을 하였습니다.

↓

구분	내용
세계 무역 기구(WTO)에 분쟁 해결 요청	• 우리나라 정부는 미국이 계속해서 우리나라 철강 제품에 높은 관세를 부과하겠다고 하자 세계 무역 기구에 분쟁 해결 절차를 신청하였습니다. • 우리나라 정부는 약 3년간의 분쟁 기간 동안 25,000여 장의 증거 자료를 제출하였습니다.
세계 무역 기구의 판정	세계 무역 기구는 우리나라 철강 등에 높은 관세를 부과한 미국의 조치가 잘못되었다고 판단하였습니다.

↳ 자기 나라의 산업 발전을 위한 정책이 다른 나라와의 무역 관계에서는 문제를 발생시킬 수 있습니다. 이러한 충돌로 피해를 입지 않기 위해서는 협상과 합의의 노력 등이 필요합니다.

자료 ③ 우리나라가 다른 나라와 경제 교류를 하면서 발생하는 문제 해결 방안

- 경제 교류를 하는 나라를 늘립니다.
- 수출입 품목을 다양하게 확대합니다.
- 우리나라 농산물 생산을 지원하여 수입 농산물에 비해 경쟁력을 갖도록 합니다.
- 품질을 개선하고 새로운 기술을 개발해 좋은 제품을 만듭니다.

자료 ④ 세계 무역 기구(WTO)의 중재 사례

2011년 일본의 후쿠시마 원자력 발전소 사고로 인근 지역의 수산물을 우리나라가 수입하지 않기로 함.

2015년 일본은 세계 무역 기구에 이를 중재해 달라고 요청함.

2019년 세계 무역 기구는 우리나라의 수입 금지 조치가 타당하다는 판정을 내림.

용어 사전

④ 국제기구
어떤 국제적인 목적이나 활동을 위해서 두 나라 이상의 회원국으로 구성된 조직

⑤ 무역 분쟁
나라와 나라 사이에 물건과 서비스를 사고파는 과정에서 다툼이 생기는 것

기본 문제로 익히기

핵심 체크

- **다른 나라와 무역을 하면서 생기는 문제**
  - 다른 나라의 수입 제한으로 우리나라의 ❶ ☐☐이 감소합니다.
  - 다른 나라가 우리나라 물건에 높은 관세를 부과하여 수출이 어려워집니다.
  - 우리나라의 다른 나라 제품의 수입 거부 때문에 다른 나라와 갈등을 겪기도 합니다.
  - ❷ ☐☐해야만 하는 품목에 문제가 생길 경우 어려움이 생깁니다.
  - 각 나라에서 서로 자기 나라의 경제를 ❸ ☐☐하려 하기 때문에 무역 관련 문제가 일어납니다.
- **무역 관련 문제를 해결하기 위한 노력**
  - ❹ ☐☐☐☐에 가입하여 도움을 요청합니다.
  - 무역과 관련된 국내 기관을 세워 무역 문제로 생기는 피해를 줄일 대책을 마련합니다.
  - 세계 여러 나라와 ❺ ☐☐하고 합의하려는 노력을 합니다.

개념 문제

1 세계 여러 나라와 무역을 하면서 발생하는 문제 중에는 우리나라 물건을 수입하는 나라에서 우리나라 물건에 높은 (　　　　　)을/를 부과하는 문제가 있습니다.

2 다음 ㉠, ㉡에 들어갈 알맞은 말에 각각 ○표 하시오.

> 정부는 다른 나라보다 경쟁력이 ㉠ (낮은 , 높은) 산업의 보호, 국민의 실업 방지, 국가의 안정적 성장, 다른 나라의 ㉡ (공정 , 불공정) 거래에 대응하기 위해서 자기 나라의 경제를 보호하는 법이나 제도를 만듭니다.

3 다른 나라와의 무역 문제를 해결하는 방안에 대한 설명이 맞으면 ○표, 틀리면 X표 하시오.

(1) 세계 여러 나라와 협상을 합니다. (　　　)

(2) 다른 나라의 물건을 수입하지 않습니다. (　　　)

(3) 다른 나라 물건에 지나치게 높은 관세를 부과합니다. (　　　)

(4) 무역과 관련된 국제기구에 가입하여 도움을 요청합니다. (　　　)

4 나라와 나라 사이에서 무역과 관련된 문제가 일어났을 때, 이를 조정하고 해결하기 위해 1995년 1월에 만든 국제기구를 무엇이라고 합니까? (　　　　　)

확인 문제

1 다른 나라와 무역을 하면서 일어나는 문제로 알맞지 않은 것은 어느 것입니까? ( )

① 다른 나라가 우리나라 물건의 관세를 높인다.
② 수입해야 하는 다른 나라 물건에 문제가 생긴다.
③ 우리나라가 다른 나라의 물건을 수입하지 않는다.
④ 다른 나라가 우리나라의 물건을 수입하지 않아 수출이 감소한다.
⑤ 관세를 없애거나 낮추기 위해서 자유 무역 협정(FTA)를 체결한다.

서술형
2 다음 밑줄 친 부분에 들어갈 알맞은 내용을 쓰시오.

> ○○ 나라는 우리나라가 생산해서 수출하고 있는 세탁기에 높은 관세를 부과하기로 하였습니다. 이로 인해 우리나라의 세탁기 생산 기업은 ______________________

3 무역 관련 문제가 발생하는 까닭으로 가장 알맞은 것은 어느 것입니까? ( )

① 무역은 강대국에만 유리하기 때문이다.
② 각 나라가 상호 의존하고 있기 때문이다.
③ 무역 관련 국제기구에 가입하기 때문이다.
④ 다른 나라와 협상을 진행하지 않기 때문이다.
⑤ 자기 나라 경제만을 보호하려고 하기 때문이다.

4 다음 그림은 자기 나라의 경제를 보호하려는 까닭입니다. 빈칸에 들어갈 말로 알맞은 것은 무엇입니까? ( )

① 기업가 ② 소비자
③ 실업자 ④ 취업자
⑤ 국회의원

5 다음 행동으로 발생할 수 있는 문제점으로 알맞은 것을 두 가지 고르시오. (,)

> 세계 여러 나라는 무역을 하다가 불리한 점이 생기면 자기 나라의 경제를 보호하려고 새로운 법이나 제도를 만들기도 합니다.

① 다른 나라와의 갈등이 사라진다.
② 새로운 무역 문제가 발생할 수 있다.
③ 다른 나라보다 경쟁력이 낮아지게 된다.
④ 다른 나라와 무역을 할 필요가 없어진다.
⑤ 다른 나라와 무역이 잘 이루어지지 않는다.

중요
6 다른 나라와의 무역 문제를 해결할 수 있는 방안으로 알맞은 것을 두 가지 고르시오. (,)

① 세계 여러 나라와 협상을 한다.
② 무역 관련 국내 기관을 설립한다.
③ 다른 나라 물건의 수입을 금지한다.
④ 자기 나라의 이익을 우선하여 추구한다.
⑤ 다른 나라 상품에 높은 관세를 부과한다.

7 다음 밑줄 친 '국제기구'에서 하는 일로 알맞지 않은 것은 어느 것입니까? ( )

> 우리나라 정부는 미국 정부와 협상으로 미국이 우리나라 철강 제품에 높은 관세를 부과하는 문제를 해결하려 하였습니다. 그러나 미국이 계속해서 철강 제품에 높은 관세를 부과하겠다고 하자, 국제기구에 분쟁 해결 절차를 신청하였습니다.

① 나라와 나라 사이의 무역 문제를 조정한다.
② 무역과 관련된 국제적인 규칙과 법을 만든다.
③ 무역 문제가 생기지 않도록 무역을 금지한다.
④ 세계 시장에서 무역이 잘 이루어지도록 한다.
⑤ 각 나라가 무역 관련 정책을 수립하는 데 기준을 제시한다.

실력 문제로 다잡기

1 **다음 그림에 대한 설명으로 알맞지 않은 것은 어느 것입니까?** (　　　)

① 두 나라는 무역을 하고 있다.
② 두 나라 모두 같은 물건을 팔고 있다.
③ 각 나라는 부족한 것은 수입하고 풍족한 것은 수출하고 있다.
④ ○○ 나라는 배, 자동차, 반도체, 휴대 전화 등을 수입하고 있다.
⑤ △△ 나라는 열대 과일, 목재, 철광석, 원유 등을 수입하고 있다.

1-1 무역을 할 때 다른 나라에 물건을 파는 것을 수입이라고 합니다.
(○, ×)

중요

2 **다음 대화의 주제로 가장 알맞은 것은 어느 것입니까?** (　　　)

① 각 나라의 자연환경　　② 무역이 필요한 까닭
③ 경제 성장을 위한 노력　　④ 오늘날의 세계 무역 규모
⑤ 자유 무역 협정(FTA)을 맺는 이유

2-1 세계 여러 나라가 무역을 하면 더 저렴하면서도 품질 좋은 물건이나 서비스를 사용할 수 있습니다.
(○, ×)

3 **다음 밑줄 친 부분에 대한 기사를 쓰려고 할 때, 기사 제목으로 알맞지 않은 것은 어느 것입니까?** (　　　)

> 우리나라는 물건뿐만 아니라 서비스 분야에서도 세계 여러 나라와 교류합니다.

① 우리나라 영화, 칸 영화제 필름 마켓 수출액 역대 최고!
② 우리나라 온라인 만화, 유럽·일본·동남아시아 진출 활발
③ 우리나라 △△ 병원, 전문적인 산부인과 서비스로 미국 진출
④ 우리나라 케이 팝(K-pop) 그룹 ○○○, 미국 빌보드 차트 1위
⑤ 지난해 커피 수입량 사상 최대치 …… 브라질 커피가 수입 1위

3-1 우리나라는 다른 나라와 물건뿐만 아니라 서비스 분야에서도 경제 교류를 합니다.
(○, ×)

4 **다음 그래프에 대한 설명으로 알맞지 않은 것은 어느 것입니까?** (　　)

▲ 우리나라의 나라별 수출액 비율

▲ 우리나라의 나라별 수입액 비율

① 독일보다 일본의 수입액 비율이 높다.
② 수입액 비율이 가장 높은 나라는 미국이다.
③ 수출액 비율이 가장 높은 나라는 중국이다.
④ 베트남도 우리나라의 주요 수출 상대국이다.
⑤ 수출입에서 중국이 차지하는 비중이 매우 높다.

4-1 우리나라의 나라별 수출액과 수입액 비율에서 가장 큰 비중을 차지하는 나라는 미국입니다. (○, ×)

5 **다음 보기 에서 우리나라가 필요한 원유를 모두 수입하는데, 석유 제품도 많이 수출하는 까닭으로 알맞은 것을 모두 고른 것은 어느 것입니까?** (　　)

보기
㉠ 원유가 풍부하게 생산되기 때문이다.
㉡ 다양한 석유 제품을 만들 수 있기 때문이다.
㉢ 원유를 가공하는 기술이 뛰어나기 때문이다.
㉣ 원유를 처리하는 기술이 뛰어나기 때문이다.

① ㉠, ㉡　② ㉡, ㉢　③ ㉢, ㉣
④ ㉠, ㉡, ㉢　⑤ ㉡, ㉢, ㉣

5-1 우리나라의 주요 수출품으로는 반도체, 자동차 등이 있고, 주요 수입품으로는 반도체, 원유 등이 있습니다. (○, ×)

서술형
6 **다음 식재료 원산지 표시판을 보고 다른 나라와의 경제 교류가 우리 경제생활에 미친 영향을 쓰시오.**

품목	원산지	음식명
쌀	국내산	밥
연어	노르웨이산	연어 스테이크
오징어	중국산	오징어 파스타
소고기	오스트레일리아산	소고기 케밥

6-1 오늘날에는 다른 나라와의 경제 교류가 활발해지면서 다양한 나라의 음식을 우리나라에서 먹을 수 있게 되었습니다. (○, ×)

7 **다음 사진을 보고, 다른 나라와의 경제 교류가 개인의 경제생활에 미친 영향으로 알맞은 것을 두 가지 고르시오.** (,)

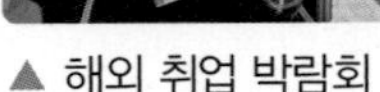

▲ 해외 취업 박람회 ▲ 다른 나라에서 수입한 과일

① 개인의 경제활동 범위가 좁아졌다.
② 외국 기업에서 일자리를 얻게 되었다.
③ 우리나라의 과일을 먹을 수 없게 되었다.
④ 외국인들의 국내 기업 취업 기회가 사라졌다.
⑤ 전 세계의 값싸고 다양한 물건을 살 수 있는 기회가 늘어났다.

7-1 다른 나라와의 경제 교류로 개인의 경제활동 범위가 좁아졌습니다.

(○, ×)

8 **다음은 다른 나라와의 경제 교류가 기업에 미친 영향입니다. ㉠, ㉡에 들어갈 알맞은 말을 각각 쓰시오.**

- 외국 기업과 교류하며 새로운 (㉠)과/와 아이디어를 주고받고 있습니다.
- 우리나라보다 노동력이 싼 나라에 공장을 세워 저렴한 (㉡)(으)로 물건을 생산하거나, 물건을 수출할 나라에 공장을 세워 운반에 드는 (㉡)을/를 줄일 수도 있습니다.

㉠: ( ), ㉡: ( )

8-1 다른 나라에 공장을 세움으로써 물건을 생산하는 데 드는 비용이 늘어났습니다.

(○, ×)

중요

9 **다음 두 신문 기사에 나타난 우리나라와 다른 나라의 경제 관계에 대한 설명으로 알맞지 않은 것은 어느 것입니까?** ( )

○○신문 20△△년 △△월 △△일

□□ 나라 스마트폰 주요 부품, 한국산이라고 발표!

□□ 나라의 스마트폰 생산 기업이 스마트폰의 주요 부품인 반도체를 우리나라 기업에서 만든 것을 쓰고 있다고 발표하였다. 두 나라의 기업은 스마트폰 시장에서는 경쟁하고 있지만 부품 산업에서는 협력 관계를 맺고 있는 것이다.

○○신문 20△△년 △△월 △△일

또다시 시작된 스마트폰 시장의 기술 경쟁

우리나라 스마트폰 생산 기업이 지난 수년간 다른 나라 기업들과 치열한 경쟁을 벌이며 신기술을 개발하여 접을 수 있는 스마트폰을 출시하였다. 이후 외국 기업들도 비슷한 제품을 출시하고 있어 경쟁이 치열해지고 있다.

① 우리나라는 반도체를 수출한다.
② 우리나라는 스마트폰을 수입하기도 한다.
③ 새로운 기술이 필요한 시장은 경쟁이 치열하다.
④ 같은 종류의 물건을 생산하는 나라들은 서로 경쟁한다.
⑤ 우리나라와 다른 나라는 서로 도움을 주고받지 않는다.

9-1 우리나라는 다른 나라와 도움을 주고받는 동시에 세계 시장에서 경쟁하고 있습니다.

(○, ×)

10 **우리나라가 다른 나라와 무역을 하며 생기는 문제 중 다음 그림에 알맞은 것은 어느 것입니까?** ( )

① 다른 나라의 불공정 거래 문제
② 외국산에 의존해야 하는 물건의 수입 문제
③ 우리나라 물건에 높은 관세를 부과하는 문제
④ 다른 나라의 수입 제한으로 발생하는 수출 감소 문제
⑤ 우리나라의 수입 거부 때문에 다른 나라와 갈등이 일어나는 문제

10-1 우리나라가 다른 나라의 물건 수입을 거부하여 다른 나라와 갈등을 겪기도 합니다. (○, ×)

11 **세계 여러 나라가 자기 나라 경제를 보호하는 까닭에 대해 잘못 이야기한 어린이는 누구인지 쓰시오.**

우리나라 산업이 다른 나라보다 경쟁력이 낮다면 우리나라 산업을 보호해야 해.

지호

다른 나라와 무역을 하면 무역 분쟁이 일어나서 우리나라가 얻을 수 있는 이익이 없어.

유리

수입품이 많아지면 우리나라 기업들이 물건의 생산량을 줄여 실업자가 늘어날지 몰라.

서준

( )

11-1 서로 자기 나라 경제만 보호하면 다른 나라와의 무역도 잘 이루어지게 됩니다. (○, ×)

12 **다음과 같은 무역 문제를 해결하기 위한 우리나라의 노력으로 알맞지 않은 것은 어느 것입니까?** ( )

미국이 자기 나라의 철강 산업을 보호하기 위해서 수입 철강과 알루미늄에 높은 관세를 내도록 하였습니다. 미국이 우리나라 철강 수입을 규제하면 국내 철강업계가 큰 피해를 보게 됩니다.

① 세계 무역 기구(WTO)에 분쟁 해결 절차를 신청한다.
② 다른 나라에서 수입하는 모든 물건에 높은 관세를 부과한다.
③ 피해를 보게 될 다른 나라들과 함께 공동 대응책을 찾아본다.
④ 두 나라의 입장을 살펴보고 합의점을 찾기 위해 미국과 협상을 한다.
⑤ 다른 나라로의 수출을 늘리고, 우리나라 기업의 경쟁력을 높이기 위한 지원을 한다.

12-1 다른 나라와 무역 관련 문제가 발생했을 때 세계 무역 기구(WTO)에 중재를 요청합니다. (○, ×)

❶ 우리나라 경제 체제의 특징

개념 ❶ 가계와 기업의 경제적 역할

● 가계와 기업이 하는 일

가계	기업의 생산 활동에 참여한 대가로 소득을 얻고, 소득으로 필요한 물건과 서비스를 사는 등 소비 활동을 함.
기업	사람들에게 일자리를 제공하고 급여를 지급하며, 사람들의 생활에 필요한 물건이나 서비스를 만들어 판매하여 ❶ □□을 얻음.

● 가계와 기업의 합리적 선택 방법

가계	가장 적은 비용으로 가장 큰 ❷ □□을 얻는 것
기업	적은 비용으로 보다 많은 이윤을 얻는 것

개념 ❷ 우리나라 경제의 특징과 공정한 경제활동을 위한 노력

● **우리나라 경제 체제의 특징**: 개인과 기업은 자유롭게 경제활동을 하면서 이익을 얻고자 다른 사람 또는 다른 기업과 경쟁합니다.

자유	• 개인: 직업 선택의 ❸ □□, 직업 활동의 자유, 소득을 자유롭게 사용할 자유 등 • 기업: 생산 활동의 자유, 이윤을 자유롭게 사용할 자유 등
경쟁	더 좋은 일자리를 얻으려는 개인 간의 ❹ □□, 더 많은 이윤을 얻으려는 기업 간의 경쟁 등

● 공정한 경제활동을 위한 노력

❺ □□	기업끼리 상의하여 마음대로 물건의 가격을 올리지 못하도록 감시하고, 허위·과장 광고 등을 규제하며, 여러 기업에서 물건을 만들도록 지원함.
시민 단체	기업의 공정하지 않은 경제활동을 감시함.

❷ 우리나라의 경제 성장

개념 ❸ 우리나라의 경제 성장 과정

● 6·25 전쟁 이후 경제 성장 모습

1950년대	정부는 다른 나라의 도움을 받아 ❻ □□ 중심의 산업 구조를 공업 중심의 산업 구조로 바꾸려고 노력함. → 소비재 산업이 주로 발달함.
1960년대	1962년부터 정부는 경제 개발 5개년 계획을 추진함. → 기업에서는 가발, 의류, 신발 등의 ❼ □□□ 제품을 만들어 수출함.

1 다음 경제 주체와 하는 일을 바르게 선으로 연결하시오.

(1) 가계 • • ㉠ 일자리를 제공함.

(2) 기업 • • ㉡ 소득으로 필요한 물건과 서비스를 구입함.

2 우리나라 경제 체제의 특징에 대한 설명이 맞으면 ○표, 틀리면 X표 하시오.

(1) 우리나라는 사람들의 직업을 국가가 정해 줍니다. ( )

(2) 사람들은 직업 활동으로 얻은 소득을 자유롭게 사용할 수 있습니다. ( )

(3) 경쟁에서 앞서고자 기업은 더 적은 비용으로 더 좋은 품질의 물건을 만들려고 노력합니다. ( )

3 다음 ㉠, ㉡에 들어갈 알맞은 말을 각각 쓰시오.

> 1960년대에 우리나라는 자본과 기술은 부족하였지만, 풍부한 (㉠)을/를 이용하여 가발, 의류, 신발 등의 (㉡) 제품을 생산하여 수출을 늘리는 데 힘썼습니다.

㉠: ( )

㉡: ( )

- **1970~1980년대 경제 성장 모습**

1970년대	정부는 중화학 공업 육성 계획을 발표함. → 철강 및 석유 화학 산업, 조선 산업 등의 ⑧ ☐☐☐ 공업이 발달함.
1980년대	자동차 산업, 기계 산업, 전자 산업이 크게 발달함.

- **1990년대 이후 경제 성장 모습**

1990년대	⑨ ☐☐☐ 산업, 정보 통신 기술 산업이 발달함.
2000년대 이후	높은 기술력이 필요한 ⑩ ☐☐ 산업과 사람들에게 즐거움과 편리함을 주는 서비스 산업이 발달함.

개념 ④ 경제 성장에 따른 문제와 해결 노력

경제적 양극화 문제	정부의 복지 정책 실시, 시민 단체의 봉사 활동 등
⑪ ☐☐ 갈등 문제	근로자와 기업의 대화를 통한 민주적인 해결
환경 오염 문제	기업의 친환경 제품 생산, 시민들의 환경 보호 운동 등

③ 세계 속의 우리나라 경제

개념 ⑤ 나라와 나라 사이의 경제 교류

- **무역이 필요한 까닭:** 나라마다 ⑫ ☐☐☐☐, 자원, 기술 등이 달라 더 잘 생산할 수 있는 물건이나 서비스가 다르기 때문입니다.
- **다른 나라와의 경제 교류가 우리 경제생활에 미친 영향**

개인	경제활동의 범위가 넓어지고, 세계의 싸고 다양한 물건을 선택할 수 있게 됨.
기업	새로운 기술과 아이디어를 주고받고, 물건을 생산하는 데 드는 ⑬ ☐☐을 줄일 수 있음.

- **우리나라와 다른 나라의 경제 관계:** 경제 교류를 통해 경제적 이익을 주고받는 상호 ⑭ ☐☐ 관계이며, 같은 물건을 만드는 나라와는 세계 시장에서 경쟁을 하는 관계이기도 합니다.

개념 ⑥ 무역 관련 문제와 해결 방안

문제	다른 나라의 수입 제한으로 인한 수출 감소, 우리나라 물건에 높은 관세 부과, 수입 거부로 일어나는 다른 나라와의 갈등, 수입에 의존해야 하는 물건에 생기는 문제 등
해결 방안	⑮ ☐☐☐☐ 설립과 가입, 무역 관련 국내 기관 설립, 세계 여러 나라와의 협상 등

4 **경제적 양극화 완화를 위한 정부의 노력은 '정부', 국회의 노력은 '국회'라고 쓰시오.**

(1) 복지 정책의 근거가 되는 여러 가지 법률을 정합니다. (　　　　　　)

(2) 소득이 적은 사람들에게 생계비, 양육비, 학비 등을 지원합니다.
(　　　　　　)

5 **다음 ㉠, ㉡에 들어갈 알맞은 말을 각각 쓰시오.**

> 나라와 나라 사이에 물건이나 서비스를 사고파는 것을 무역이라고 하는데, 이 중 다른 나라에 물건이나 서비스를 파는 것을 (㉠), 다른 나라에서 물건이나 서비스를 사 오는 것을 (㉡)(이)라고 합니다.

㉠: (　　　　　　)
㉡: (　　　　　　)

6 **다음 무역 관련 문제에 대한 설명이 맞으면 ○표, 틀리면 X표 하시오.**

(1) 무역 관련 문제는 서로 자기 나라의 경제를 보호하려고 하기 때문에 일어납니다. (　　)

(2) 자유 무역 협정(FTA)은 세계의 무역 분쟁을 조정하고, 해결하고자 만든 국제기구입니다. (　　)

❶ 우리나라 경제 체제의 특징

1 기업이 하는 일로 알맞지 않은 것은 어느 것입니까? ( )

① 사람들에게 일자리를 제공한다.
② 생활에 필요한 물건을 소비한다.
③ 물건을 생산하여 사람들에게 공급한다.
④ 생산에 참여한 사람들에게 급여를 지급한다.
⑤ 사람들에게 서비스를 제공하고 이윤을 얻는다.

[2~3] 다음 그림은 컴퓨터 구입에 대해 대화하는 가족들을 그린 것입니다. 이를 보고, 물음에 답하시오.

2 위 대화에서 아버지가 고려한 선택 기준은 무엇입니까? ( )

① 가격 ② 상표 ③ 품질
④ 환경 ⑤ 디자인

3 위 네 명의 대화를 들은 할머니가 합리적 선택을 위해 할 말로 알맞지 않은 것은 어느 것입니까? ( )

① 무조건 싼 걸로 고르렴.
② 같은 조건이라면 싼 것이 좋지.
③ 다양한 기준을 고려해서 선택하자꾸나.
④ 여러 상품을 꼼꼼히 비교해 보아야 한단다.
⑤ 가격이 비싸도 좋은 물건을 사는 것이 좋단다.

4 시장에 대한 설명으로 알맞지 않은 것은 어느 것입니까? ( )

① 물건을 사고파는 곳이다.
② 다양한 형태의 시장이 있다.
③ 시장에서는 눈에 보이는 것만 거래된다.
④ 가계와 기업이 만나 경제활동이 이루어지는 곳이다.
⑤ 기업이 시장에 물건을 제공하면 가계는 시장에서 물건을 구입한다.

중요

5 다음 보기 에서 경제활동의 자유와 경쟁이 우리 생활에 주는 도움으로 알맞은 것을 모두 고른 것은 어느 것입니까? ( )

보기
㉠ 개인은 좋은 서비스를 받을 수 있다.
㉡ 개인은 원하는 조건의 물건을 살 수 있다.
㉢ 개인은 자신의 재능과 능력을 더 잘 발휘할 수 있다.
㉣ 가계는 더 좋은 상품을 개발하여 많은 이윤을 얻을 수 있다.

① ㉠, ㉡ ② ㉡, ㉢
③ ㉢, ㉣ ④ ㉠, ㉡, ㉢
⑤ ㉡, ㉢, ㉣

6 기업의 공정한 경제활동을 위해 정부와 시민 단체가 하는 일로 알맞지 않은 것은 어느 것입니까? ( )

① 정부 – 직접 제품을 만든다.
② 정부 – 기업이 허위·과장 광고를 하지 못하도록 규제한다.
③ 시민 단체 – 기업의 공정하지 않은 경제활동을 감시한다.
④ 정부 – 기업끼리 가격을 상의해 올리지 못하도록 감시한다.
⑤ 정부 – 여러 기업에서 제품을 만들어 팔 수 있도록 지원한다.

❷ 우리나라의 경제 성장

7 다음과 같은 정부의 노력이 있었던 시기의 경제 성장 모습으로 알맞은 것은 어느 것입니까? ( )

> 정부는 경제 개발 5개년 계획을 처음으로 추진하고, 이를 토대로 국내에서 생산한 제품을 해외로 수출해 우리나라의 경제를 성장시키려고 노력하였습니다.

① 자동차 수출이 큰 폭으로 늘어났다.
② 세계적으로 우수한 반도체를 개발, 생산하였다.
③ 철강 및 석유 화학 산업이 가장 빠르게 발달하였다.
④ 가발, 의류, 신발 등과 같은 제품을 만들어 수출하였다.
⑤ 관광, 의료 등 사람들에게 즐거움과 편리함을 주는 서비스 산업이 성장하였다.

중요

8 다음 ㉠, ㉡에 들어갈 알맞은 말을 각각 쓰시오.

> 1970년대에 정부는 더 큰 경제 성장을 위해 우리나라의 산업 구조를 (㉠) 중심에서 (㉡) 중심으로 바꾸려고 노력하였습니다.

㉠: ( ), ㉡: ( )

9 다음 그래프에서 알 수 있는 사실로 알맞은 것은 어느 것입니까? ( )

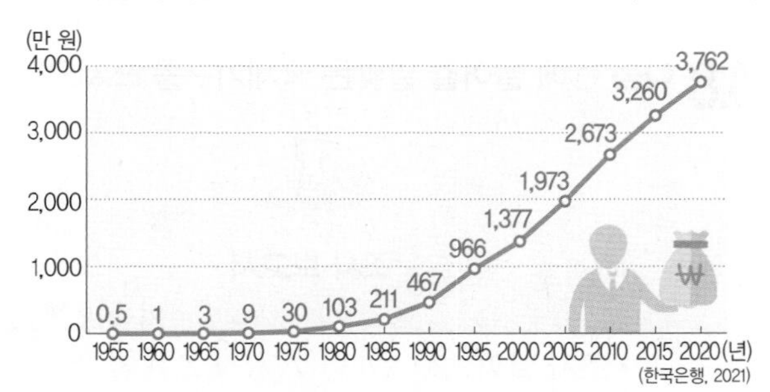

▲ 우리나라 1인당 국민 총소득의 변화

① 우리나라의 인구수
② 우리나라의 자연환경
③ 우리나라의 경제 성장 모습
④ 우리나라의 주요 수출품과 수입품
⑤ 우리나라와 다른 나라의 상호 의존 관계

10 우리나라의 경제 성장 모습에 대해 잘못 이야기한 어린이는 누구입니까? ( )

11 경제 성장에 따라 나타난 우리 사회의 변화 모습을 순서대로 알맞게 기호를 쓰시오.

(→ → →)

12 우리나라의 급격한 경제 성장 과정에서 나타난 문제점으로 알맞지 않은 것은 어느 것입니까? ( )

① 농촌에는 일손이 부족해졌다.
② 노사 갈등이 일어나기도 하였다.
③ 도시 인구가 급격히 줄어들었다.
④ 사람 사이에 소득 격차가 커졌다.
⑤ 공기, 땅, 물 등이 급속도로 오염되었다.

❸ 세계 속의 우리나라 경제

13 다음 선생님의 질문에 알맞지 않은 답변을 한 어린이는 누구입니까? (　　　)

> 선생님: 다른 나라와의 경제 교류로 달라진 우리의 생활 모습을 말해 볼까요?

① 성재: 내 신발은 베트남에서 만들었어요.
② 원영: 농촌 체험 마을에 가서 고구마를 캤어요.
③ 주희: 동네 태국 음식점에서 팟타이를 먹었어요.
④ 채연: 영화관에 가서 미국 사람이 만든 만화 영화를 봤어요.
⑤ 은수: 친구 집에 갔었는데 다른 나라에서 수입한 가구가 있었어요.

14 우리나라가 다른 나라와 무역을 하는 까닭으로 알맞은 것은 어느 것입니까? (　　　)

① 경제적으로 어려운 나라를 도와주기 위해서이다.
② 다른 나라의 문화재를 싼값에 사 오기 위해서이다.
③ 우리나라의 발전된 기술을 세계에 자랑할 수 있기 때문이다.
④ 우리나라에 없거나 부족한 자원을 다른 나라에서 빼앗아 오기 위해서이다.
⑤ 각 나라는 더 잘 만들 수 있는 것을 생산하고, 이를 교환하면서 서로 경제적 이익을 얻기 때문이다.

15 다음 보기 에서 다른 나라와의 경제 교류가 기업에 미친 영향으로 알맞은 것을 모두 골라 기호를 쓰시오.

> **보기**
> ㉠ 우리나라 국민이 외국 기업에서 일자리를 얻기도 한다.
> ㉡ 세계 여러 나라의 싸고 다양한 물건을 살 수 있는 기회가 늘었다.
> ㉢ 외국 기업과 교류하며 새로운 기술과 아이디어를 주고받고 있다.
> ㉣ 다른 나라에 공장을 세워 물건을 만들고 옮기는 비용을 줄일 수 있다.
> ㉤ 다른 나라에서 생산에 필요한 자원 등을 국내보다 저렴하게 얻을 수 있다.

(　　　　　　　)

[16~17] 다음 지도는 우리나라와 다른 나라의 경제 교류를 나타낸 것입니다. 이를 보고, 물음에 답하시오.

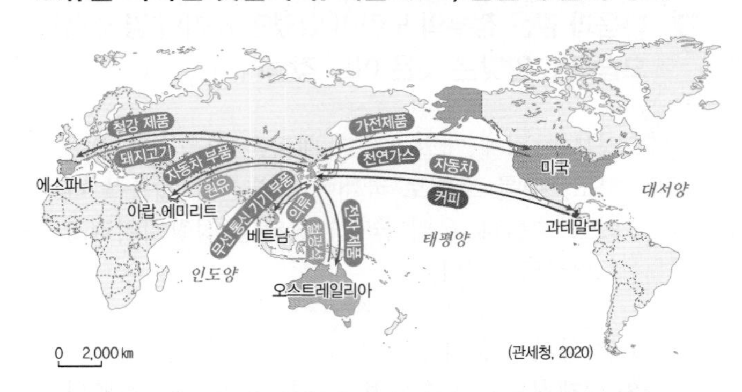

(관세청, 2020)

16 위 지도에 나타난 우리나라의 수입품으로 알맞은 것은 무엇입니까? (　　　)

① 원유　　② 자동차
③ 가전제품　　④ 전자 제품
⑤ 철강 제품

중요

17 위 지도를 통해 알 수 있는 우리나라와 다른 나라의 경제 관계에 대한 설명으로 알맞지 않은 것은 어느 것입니까? (　　　)

① 서로 의존하는 관계이다.
② 우리나라는 미국에 가전제품을 판다.
③ 우리나라에 부족한 자원은 수입한다.
④ 각 나라의 특징과 상관없이 경제 교류를 한다.
⑤ 우리나라의 발전된 기술과 좋은 물건을 수출한다.

18 다음 ㉠에 들어갈 알맞은 국제기구를 쓰시오.

> **조사 보고서**
> 이름: ○○○
> • 조사 날짜: 20△△년 △△월 △△일
> • 조사한 국제기구: (　　　㉠　　　)
> • ㉠을 만든 목적: 나라와 나라 사이에서 무역과 관련된 문제가 일어났을 때 조정하며 해결하려고 1995년 1월에 만들었습니다.

(　　　　　　　)

서술형 마무리

1 **다음 그림은 두 경제 주체의 경제활동을 나타낸 것입니다. 이를 보고, 물음에 답하시오.**

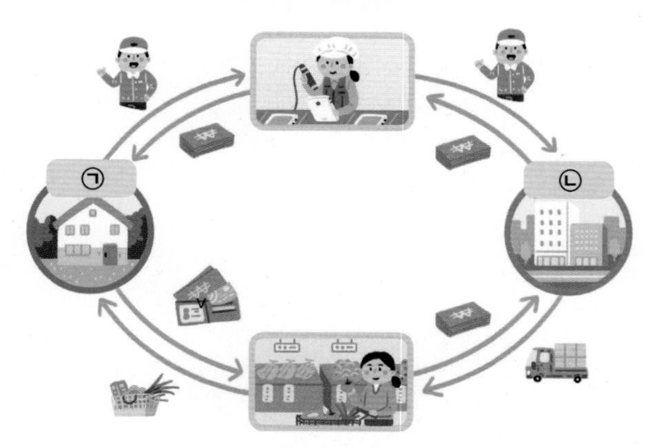

(1) 위 그림의 ㉠, ㉡에 들어갈 알맞은 경제 주체를 쓰시오.

㉠: (　　　　　　　), ㉡: (　　　　　　　)

(2) 위 그림의 ㉠에 해당하는 경제 주체가 하는 일을 두 가지 쓰시오.

---

2 **다음 두 그래프를 보고, 1970년대 이후 우리나라의 수출액이 늘어난 까닭을 산업 구조의 변화와 관련지어 쓰시오.**

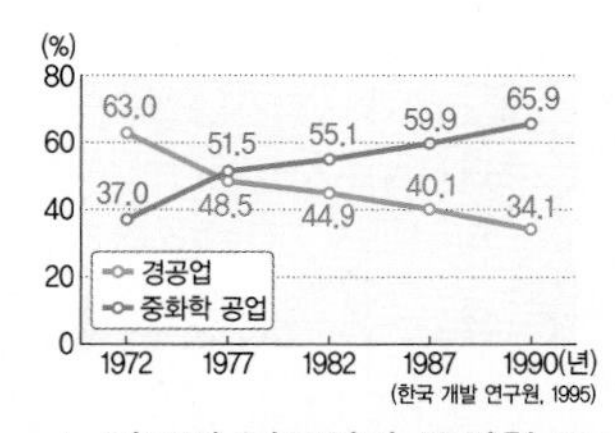

▲ 연도별 경공업과 중화학 공업의 생산 비중

(백만 달러)
70,000
60,000
50,000
40,000
30,000
20,000
10,000
0
835
5,081
17,505
30,283
65,016
1970 1975 1980 1985 1990(년)
(한국 무역 협회, 2021)

▲ 연도별 수출액의 변화

---

3 **다음은 경제 성장 과정에서 나타난 문제점입니다. 이를 읽고, 물음에 답하시오.**

> 경제 상황이 좋지 않을 때에는 일자리가 줄어 실업자가 늘어나기도 하고, 근무 환경, 임금 등의 문제로 근로자와 기업의 경영자 사이에 (㉠)이/가 일어나기도 합니다.

(1) 윗글의 ㉠에 들어갈 문제점은 무엇인지 쓰시오.

(　　　　　　　)

(2) 위 (1)번 답에 해당하는 문제점을 해결하기 위한 정부의 노력을 한 가지만 쓰시오.

---

4 **다음 밑줄 친 상황이 일어난 까닭을 쓰시오.**

ㅇㅇ신문　　　　　　　　20△△년 △△월 △△일

□□ 나라,
한국산 세탁기에만 높은 관세 부과

□□ 나라에서 최근 3년 동안 세탁기 판매 1, 2위를 차지하고 있는 기업은 모두 우리나라 기업이다. 이러한 현상이 지속되자 <u>□□ 나라는 우리나라가 생산해서 수출하고 있는 세탁기에만 높은 관세를 부과하기로 하였다.</u>

Memo

한 권으로 끝내기!

교과서 학습부터 **평가 대비**까지 **한 권으로 끝**!

사회 공부의 진리입니다.

한끝과 함께 언제, 어디서든 즐겁게 공부해!

한끝으로 끝내고, 이제부터 활짝 웃는 거야!

새 교과서 반영

한끝 정답과 해설

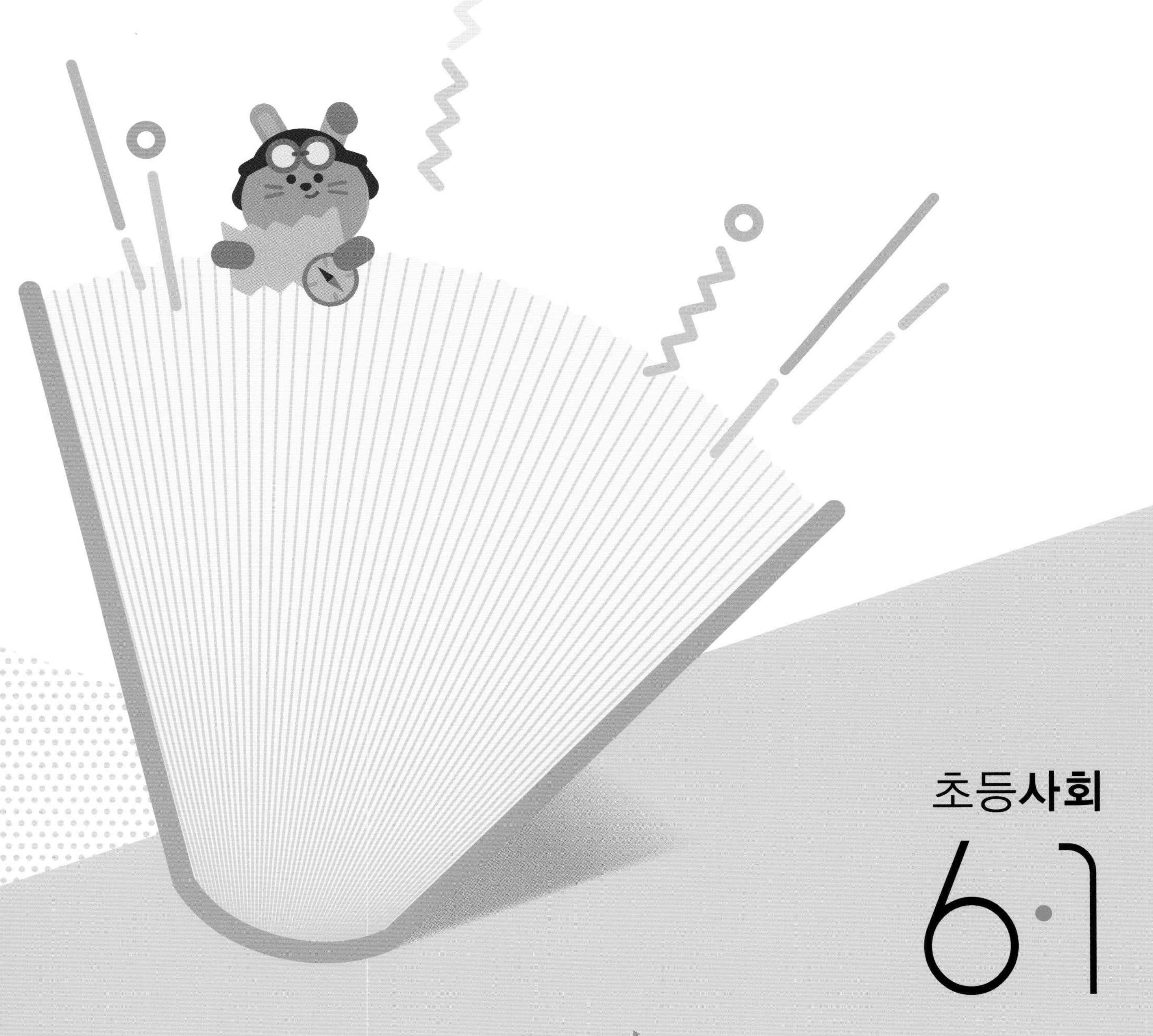

초등사회

6·1

visang

한끝

정답과 해설

초등 사회 6·1

정답과 해설

진도책

1. 우리나라의 정치 발전

1 민주주의의 발전과 시민 참여

01 4·19 혁명의 전개와 의의

기본 문제로 익히기 12쪽

핵심 체크

❶ 자유당 ❷ 3·15 ❸ 이승만
❹ 김주열 ❺ 독재

개념 문제

1 제헌 국회 **2** (1) × (2) ○ (3) ○
3 4·19 혁명 **4** ㉠ 마산 ㉡ 이승만

1 헌법을 만든 우리나라 최초의 국회인 제헌 국회에서 이승만을 초대 대통령으로 선출하였습니다.

2 (1) 이승만 정부는 장기 집권을 하려고 옳지 않은 방법으로 여러 차례 헌법을 바꾸었습니다.

3 이승만 정부의 독재 정치가 계속되고 3·15 부정 선거가 일어나자 이에 항의하여 4·19 혁명이 일어났습니다.

4 ㉠은 마산, ㉡은 이승만입니다. 마산에서 부정 선거에 항의하는 시위에 참여하였다가 실종된 고등학생 김주열의 시신이 마산 앞바다에서 발견되면서 시위가 더욱 확산하였습니다. 시위가 거세지자 결국 이승만은 대통령 자리에서 물러났습니다.

기본 문제로 익히기 13쪽

확인 문제

1 ㉠, ㉡ **2** ② **3** ④
4 ②, ③ **5** ㉢ → ㉡ → ㉠ → ㉣
6 예 4·19 혁명은 학생과 시민들이 힘을 합쳐 독재 정권을 무너뜨린 민주주의 혁명이며, 이를 계기로 민주주의에 대한 우리 국민의 관심이 높아졌다.

1 이승만 정부의 독재 정치가 계속되고 경제도 어려워지자 이승만 정부에 대한 국민의 불만이 높아졌습니다.

2 ② 이승만 정부는 공포 분위기를 만들고 사사오입(반올림)이라는 무리한 방식을 내세우는 등 옳지 않은 방법으로 여러 차례 헌법을 개정하였습니다.

3 ④ 3·15 부정 선거 당시 선거가 공정하게 진행되는지 살피는 야당 참관인을 투표소 밖으로 내보냈습니다.

4 이승만 정부의 독재 정치와 3·15 부정 선거가 원인이 되어 4·19 혁명이 일어났습니다.

5 ㉢ 마산에서 부정 선거에 항의하는 시위가 일어났고, ㉡ 4월 19일에는 시위가 전국적으로 일어났습니다. ㉠ 초등학생과 대학교수들까지 시위에 동참하는 등 시위가 거세지자, ㉣ 이승만이 대통령 자리에서 물러났습니다.

6

	채점 기준
상	'학생과 시민들이 힘을 합쳐 독재 정권을 무너뜨렸음.'과 '이후 민주주의에 대한 국민의 관심이 높아졌음.'을 모두 바르게 쓴 경우
하	'학생과 시민들이 힘을 합쳐 독재 정권을 무너뜨렸음.'과 '이후 민주주의에 대한 국민의 관심이 높아졌음.' 중 한 가지만 쓴 경우

4·19 혁명은 많은 사람의 노력으로 독재 정권을 무너뜨린 사건입니다. 이후 민주주의가 위기를 맞을 때마다 민주주의를 지켜 내는 밑거름이 되었습니다.

02 5·18 민주화 운동의 전개와 의의

기본 문제로 익히기 16쪽

핵심 체크

❶ 대통령 ❷ 간선제 ❸ 계엄령
❹ 광주 ❺ 아시아

개념 문제

1 박정희 **2** 유신 헌법
3 12·12 사태 **4** (1) × (2) ○

1 4·19 혁명 이후 사람들은 민주적인 사회를 기대하였습니다. 그러나 새로운 정부가 들어선 지 1년도 되지 않아 박정희를 중심으로 한 일부 군인들이 정변을 일으켜 정권을 잡은 5·16 군사 정변이 일어났습니다.

2 박정희가 1972년 10월에 선포한 유신 헌법에는 대통령을 할 수 있는 횟수의 제한을 없애고, 대통령 직선제를 간선제로 바꾸는 등의 내용이 담겨 있습니다.

3 1979년 박정희가 사망하면서 박정희 정부가 끝이 났으나, 곧 전두환을 중심으로 한 신군부가 다시 정변을 일으켜 권력을 장악하는 12·12 사태가 일어났습니다.

4 (1) 전두환과 일부 군인들은 언론을 통제하여 광주에서 일어나는 일을 사실대로 전하지 못하도록 막았습니다.

기본 문제로 익히기

17쪽

확인 문제

1 현정 **2** ② **3** ②
4 ⑤
5 예 신군부가 권력을 장악한 뒤 계엄령을 전국으로 확대하고 민주화 시위를 탄압하였다.
6 ④ **7** ㉢, ㉣

1 4·19 혁명 이후 박정희를 중심으로 한 일부 군인들이 정변을 일으켜 정권을 잡은 사건을 5·16 군사 정변이라고 합니다.

2 박정희는 장기 집권을 위해 대통령을 할 수 있는 횟수에 제한을 두지 않는다는 내용 등이 담긴 유신 헌법을 선포하였습니다.

3 ② 유신 헌법에서는 대통령 선출 방식을 직선제에서 간선제로 바꾸었습니다. 이에 따라 통일 주체 국민 회의에서 대통령을 선출하였습니다.

4 제시된 설명은 전두환에 대한 것입니다. 박정희 정부가 끝이 난 후 전두환을 중심으로 한 신군부가 12·12 사태를 일으켜 권력을 잡고 시민들을 더욱 탄압하였습니다.

5

채점 기준	
상	신군부가 '전국으로 계엄령을 확대하였음.'과 '민주화 시위를 탄압하였음.'을 모두 바르게 쓴 경우
하	신군부가 '전국으로 계엄령을 확대하였음.'과 '민주화 시위를 탄압하였음.' 중 한 가지만 쓴 경우

신군부가 정변을 일으켜 권력을 장악하고 계엄령을 전국으로 확대하여 시위나 집회 활동을 금지하자, 광주에서 5·18 민주화 운동이 일어났습니다.

6 ④ 5·18 민주화 운동 당시 계엄군은 교통과 통신, 언론을 통제하여 광주에서 일어난 일이 외부에 알려지는 것을 막았습니다.

7 ㉠은 4·19 혁명에 대한 설명입니다. ㉡ 5·18 민주화 운동은 군사 독재 정권에 맞선 민주화 운동이었으나 신군부의 퇴진을 이루어 내지는 못하였습니다.

03 6월 민주 항쟁의 전개와 이후 민주주의의 발전

기본 문제로 익히기

20쪽

핵심 체크

❶ 전두환 ❷ 6·29 ❸ 직선제
❹ 지방 자치제 ❺ 시민

개념 문제

1 간선제 **2** 6월 민주 항쟁
3 6·29 민주화 선언 **4** (1) × (2) ○

1 5·18 민주화 운동을 무력으로 진압한 전두환은 간선제로 대통령에 당선되었습니다.

2 1987년 6월, 전국 곳곳에서 전두환 정부의 독재에 반대하고 대통령 직선제를 요구하는 민주화 시위가 일어났습니다(6월 민주 항쟁).

3 전국 각지에서 대통령 직선제와 민주화를 외치는 시위가 계속되자, 결국 전두환 정부는 당시 여당 대표였던 노태우를 내세워 국민의 민주화 요구를 받아들이겠다며 6·29 민주화 선언을 발표하였습니다.

4 (1) 주민 소환제는 주민이 선출한 지방 의회 의원이나 지방 자치 단체장이 직무를 잘 수행하지 못하였을 때 주민들이 투표로 그들을 자리에서 물러나게 하는 제도입니다.

기본 문제로 익히기

21쪽

확인 문제

1 전두환　2 ④　3 ②, ⑤
4 ㉠, ㉡, ㉢
5 예 민주주의의 뿌리 역할을 하는 지방 자치제가 잘 정착되어야 민주주의가 실현된다는 뜻에서 지방 자치제를 풀뿌리 민주주의라고 부른다.
6 ⑤

1 대통령이 된 전두환은 신문과 방송 등 언론이 정부를 비판하지 못하도록 통제하였고, 민주화 운동을 탄압하였습니다.

2 전두환 정부의 민주화 운동 탄압, 직선제 개헌 요구 무시 등으로 불만이 높던 상황에서 민주화 시위에 참여하였던 대학생 이한열이 최루탄에 맞아 쓰러지는 사건이 일어나자 시위가 전국으로 확산되었습니다(6월 민주 항쟁).

3 제시된 사진과 관련된 민주화 운동은 6월 민주 항쟁입니다. 6월 민주 항쟁 당시 시민들은 전두환 정부의 독재에 반대하고 대통령 직선제를 요구하며 전국에서 큰 시위를 벌였습니다.

4 6·29 민주화 선언에는 대통령 직선제 시행, 언론의 자유 보장, 기본권 보장, 지방 자치제 시행 등에 대한 내용이 담겨 있었습니다.

5

채점 기준	
상	'지방 자치제가 민주주의의 뿌리 역할을 한다.'와 '지방 자치제가 잘 정착되어야 민주주의가 실현된다.'를 모두 바르게 쓴 경우
하	'지방 자치제가 민주주의의 뿌리 역할을 한다.'와 '지방 자치제가 잘 정착되어야 민주주의가 실현된다.' 중 한 가지만 쓴 경우

지방 자치제가 시행되면서 주민들의 정치 참여 기회가 많아졌고, 지역 발전과 민주주의 발전이 함께 이루어지고 있습니다.

6 6월 민주 항쟁 이후 민주적인 사회 분위기가 형성되면서 시민들이 다양한 시민 단체를 만들어 다양한 사회 문제 해결에 나서고 있습니다. 많은 시민 단체가 환경 보호, 인권 보호, 양성 평등 실천 운동 등을 펼치고 있습니다.

실력 문제로 다잡기

22~25쪽

1 ⑤　2 ④　3 혜정
4 5·16 군사 정변　5 ③, ④
6 ③, ⑤　7 ②　8 ④
9 예 우리나라 민주화 운동의 밑거름이 되었습니다. / 아시아 여러 나라의 민주화 운동에 영향을 주었습니다.
10 ㉡, ㉣　11 ③　12 ①
13 ④　14 ⑤

1-1 ○　2-1 ×　3-1 ○
4-1 ○　5-1 ○　6-1 ×
7-1 ×　8-1 ×　9-1 ○
10-1 ○　11-1 ○　12-1 ○
13-1 ×　14-1 ○

1 1960년 이승만 정부가 집권을 이어 나가고자 온갖 부정한 방법을 동원하여 승리한 선거를 3·15 부정 선거라고 합니다. 이승만 정부는 투표용지를 조작하였을 뿐만 아니라 투표함을 바꿔치기하거나 유권자에게 뇌물을 주기도 하였습니다.

2 제시된 사진은 4·19 혁명 당시의 모습입니다. 4·19 혁명은 학생을 비롯한 다양한 계층의 시민이 힘을 합쳐 독재 정권을 무너뜨린 민주주의 혁명입니다.

3 4·19 혁명의 결과, 이승만이 대통령 자리에서 물러났고 3·15 부정 선거는 무효가 되었습니다. 이후 바뀐 헌법에 따라 선거를 다시 하여 새로운 정부가 들어섰습니다.

4 4·19 혁명으로 새로운 정부가 들어선 지 1년도 되지 않아 5·16 군사 정변이 일어났습니다. 권력을 장악하고 대통령이 된 박정희는 헌법을 바꾸어 대통령직을 유지하였습니다.

5 유신 헌법에는 대통령을 할 수 있는 횟수를 제한하지 않고, 대통령 직선제를 간선제로 바꾸어 통일 주체 국민 회의에서 선출한다는 내용이 담겨 있었습니다. 유신 헌법을 통해 박정희 정부는 대통령의 지위와 권한을 강화하였습니다.

6 유신 헌법에 저항하여 대학생들이 시위에 앞장섰습니다. 정치인·언론인·종교인 등이 개헌을 요구하는 서명 운동을 펼쳤으며, 부산과 마산에서는 유신 헌법 폐지와 박정희의 퇴진을 요구하는 시위가 일어났습니다.

7 박정희 대통령이 사망한 후 전두환을 중심으로 한 신군부가 다시 정변을 일으켜 권력을 장악하는 12·12 사태가 일어났습니다. 이후 신군부가 계엄령을 전국으로 확대하고 민주화 시위를 탄압하자 전라남도 광주에서 5·18 민주화 운동이 일어났습니다.

8 ④ 5·18 민주화 운동 당시 전두환을 비롯한 군인들이 신문과 방송 등 언론을 통제하여 광주에서의 일이 다른 지역의 사람들에게 제대로 알려지지 않았습니다.

9

채점 기준
'우리나라 민주화 운동의 밑거름이 되었다.'와 '아시아 여러 나라의 민주화 운동에 영향을 주었다.' 중 하나를 바르게 쓴 경우

5·18 민주화 운동은 점차 많은 사람에게 알려져 우리나라 민주화 운동의 토대가 되었고, 다른 나라의 민주화 운동에도 영향을 주었습니다.

10 전두환 정부가 언론을 통제하고 민주화 운동을 탄압하는 상황에서 민주화 운동에 참여하였던 박종철이 경찰의 고문을 받다가 사망하는 사건이 일어나자 정부에 대한 시민들의 분노가 더욱 커졌습니다.

11 분노한 학생과 시민들의 시위가 계속되자 결국 전두환 정부는 당시 여당 대표였던 노태우를 내세워 국민의 민주화 요구를 받아들이겠다는 6·29 민주화 선언을 발표하였습니다.

12 4·19 혁명, 5·18 민주화 운동, 6월 민주 항쟁은 우리 국민이 민주화를 이루기 위해 노력한 민주화 운동입니다.

13 (가)는 대통령 직선제, (나)는 지방 자치제에 대한 설명입니다. 6월 민주 항쟁의 결과 대통령을 선출하는 방법을 직선제로 바꾸는 헌법 개정이 이루어졌으며, 5·16 군사 정변으로 폐지되었던 지방 자치제가 다시 시행되었습니다.

14 ⑤ 오늘날 시민들은 촛불 집회, 1인 시위, 캠페인 등 평화적이고 민주적인 방식으로 사회 공동의 문제를 해결하는 데 참여하고 있습니다.

❷ 일상생활과 민주주의

01 민주주의의 의미와 중요성

기본 문제로 익히기 28쪽

핵심 체크

❶ 정치 ❷ 존엄성 ❸ 자유
❹ 평등 ❺ 관용 ❻ 타협

개념 문제

1 (1) × (2) ○ 2 민주주의
3 ㉠ 자유 ㉡ 평등 4 비판적

1 (1) 정치의 사례로 가족회의, 학급 회의, 주민 회의 등이 있습니다.

2 민주주의는 모든 국민이 나라의 주인으로서 갖는 권리를 자유롭고 평등하게 행사하는 정치 형태입니다.

3 ㉠은 자유, ㉡은 평등입니다. 인간의 존엄성을 실현하려면 자유와 평등이 보장되어야 합니다.

4 민주주의를 실천하기 위해서는 사실이나 의견의 옳고 그름을 따져 살펴보는 비판적 태도가 필요합니다.

기본 문제로 익히기 29쪽

확인 문제

1 ㉠, ㉡ 2 ① 3 ④, ⑤
4 민주주의 5 ②
6 예 인간의 존엄성이란 모든 인간은 인간이라는 이유만으로 존엄한 존재이며 존중받아야 한다는 것을 의미한다.
7 (1) – ㉡ (2) – ㉢ (3) – ㉠

1 ㉢ 오늘날에는 모든 사회 구성원이 정치에 참여할 수 있습니다. ㉣ 사람들 사이에 생기는 갈등이나 대립은 정치로 조정할 수 있습니다.

2 정치는 갈등이나 대립을 조정하고 공동의 문제를 해결해 가는 과정입니다. ① 친구들과 도서관에서 공부를 하는 것은 공동의 문제를 원만하게 해결해 가는 정치의 사례가 아닙니다.

3 옛날에는 왕이나 신분이 높은 일부 사람들이 나라의 일을 결정하였고, 가정에서는 주로 나이 많은 남성이 집안일을 결정하였습니다.

4 국민이 나라의 주인으로서 권리를 갖고, 나라를 다스리는 정치 형태를 민주주의라고 합니다.

5 제시된 그림은 원하는 곳으로 이동할 수 있는 자유를 표현한 것입니다. 자유는 국가나 다른 사람에게 구속받지 않고 자신의 생각대로 판단하고 행동할 수 있는 것을 말합니다.

6

채점 기준
'모든 인간은 인간이라는 이유만으로 존엄한 존재이며 존중받아야 한다는 것을 의미한다.'라고 바르게 쓴 경우

인간은 태어나면서 인간의 존엄성을 지니며, 민주주의는 인간의 존엄성을 실현하는 것을 목표로 합니다.

7 민주주의를 실천하는 바람직한 태도에는 관용, 비판적 태도, 양보와 타협 등이 있습니다.

02 민주적 의사 결정 원리

기본 문제로 익히기 32쪽

핵심 체크

❶ 토론 ❷ 다수결 ❸ 합리적
❹ 원인 ❺ 실천

개념 문제

1 타협 **2** 다수결
3 (1) × (2) ○ **4** 탐색

1 대화와 토론을 거쳐 타협으로 문제를 해결하는 것은 가장 바람직한 의사 결정 원리입니다.

2 다수결의 원칙은 다수의 의견이 소수의 의견보다 합리적일 것이라고 가정하고 다수의 의견을 따르는 방법입니다.

3 (1) 다수결로 내린 결정이 항상 옳다고 할 수 없습니다.

4 다양한 방안을 제시하고 각 방안의 장단점을 생각하는 것은 민주적 의사 결정 원리에 따라 문제를 해결하는 과정 중 문제 해결 방안 탐색하기에 해당합니다.

기본 문제로 익히기 33쪽

확인 문제

1 ㉣ **2** ② **3** 다수결의 원칙
4 예 다수의 의견이 항상 옳은 것은 아니기 때문에
5 ㉠ → ㉡ → ㉤ → ㉢ → ㉣ **6** ③

1 ㉣ 소수의 의견을 무시하는 것은 대화와 타협을 통한 민주적 의사 결정이 아닙니다.

2 ② 대화와 타협으로 문제가 잘 해결되지 않을 때 다수결의 원칙을 활용하도록 합니다.

3 선거를 통해 대표를 결정할 때, 학급 회의에서 안건을 결정할 때 다수결의 원칙을 활용할 수 있습니다.

4

채점 기준
'다수의 의견이 항상 옳은 것은 아니기 때문에'라고 바르게 쓴 경우

다수결로 내린 결정이 항상 옳다고 볼 수 없기 때문에 소수의 의견도 존중하며 경청해야 합니다.

5 민주적 의사 결정 원리에 따른 문제 해결 과정은 '㉠ 문제 확인 → ㉡ 문제 발생 원인 파악 → ㉤ 문제 해결 방안 탐색 → ㉢ 문제 해결 방안 결정 → ㉣ 문제 해결 방안 실천'의 순서로 이루어집니다.

6 문제 해결 방안 결정하기는 대화와 타협을 통해 가장 합리적인 방법을 찾는 문제 해결 과정입니다.

실력 문제로 다잡기 34~37쪽

1 정치
2 예 신분, 성별, 재산 등과 관계없이 모든 사회 구성원이 정치에 참여할 수 있어.
3 ③, ④ **4** ③ **5** 비판적 태도
6 ② **7** ⑤ **8** ㉡, ㉢, ㉣
9 정현 **10** ② **11** ①
12 ⑤

1-1 ○ **2-1** × **3-1** ○
4-1 ○ **5-1** × **6-1** ○
7-1 × **8-1** ○ **9-1** ○
10-1 ○ **11-1** × **12-1** ○

1 제시된 그림은 각각 가정과 지역에서 볼 수 있는 정치의 사례들입니다. 정치는 사람들 사이에 생기는 갈등이나 대립을 조정하고, 공동의 문제를 원만하게 해결해 가는 과정을 말합니다.

2

채점 기준	
상	'신분, 성별, 재산 등과 관계없이 모든 사회 구성원이 정치에 참여할 수 있다.'라고 바르게 쓴 경우
하	'모든 사회 구성원이 정치에 참여할 수 있다.'라고만 쓴 경우

오늘날에는 신분이나 성별, 재산 등과 관계없이 모든 사람이 정치에 참여할 수 있습니다.

3 민주주의는 모든 국민이 나라의 주인으로서 갖는 권리를 자유롭고 평등하게 행사하는 정치 형태입니다. 민주주의의 기본 정신은 인간의 존엄성과 자유, 평등입니다.

4 (가)는 평등, (나)는 인간의 존엄성, (다)는 자유에 대한 설명입니다. 인간은 태어나면서 누구나 존엄성을 지니며 인간의 존엄성이 실현되려면 자유를 인정받아야 하고, 평등하게 대우받아야 합니다.

5 사실이나 의견의 옳고 그름을 따져 살펴보는 태도는 비판적 태도입니다.

6 민석이는 나와 다른 생각과 의견을 인정하고 존중하는 관용의 태도를 보이고 있습니다.

7 제시된 그림은 소각장 건설 문제를 해결하려는 지역 회의의 모습으로 대화와 토론을 거쳐 타협으로 문제를 해결하고 있습니다.

8 ㉠ 다수결로 내린 결정이 항상 옳은 것은 아닙니다.

9 다수결의 원칙을 활용하더라도 그에 앞서 충분히 대화하고 토론하는 과정이 필요합니다.

10 ② 민주적 의사 결정 원리에 따라 문제를 해결할 때에는 서로 의견이 다르더라도 상대방의 입장을 이해하고 존중하는 태도를 가져야 합니다.

11 민주적 의사 결정 원리에 따른 문제 해결 과정은 '㉠ 문제 확인 → ㉡ 문제 발생 원인 파악 → ㉢ 문제 해결 방안 탐색 → ㉣ 문제 해결 방안 결정 → ㉤ 문제 해결 방안 실천'의 순서로 이루어집니다.

12 문제 해결 방안 탐색하기 단계에서 문제를 해결할 수 있는 다양한 방안을 생각하고, 각 방안의 장점과 단점에 대해 토론합니다.

3 민주 정치의 원리와 국가 기관의 역할

01 민주 정치의 원리

기본 문제로 익히기 40쪽

핵심 체크

❶ 국민 주권 ❷ 보통 ❸ 평등
❹ 직접 ❺ 비밀 ❻ 삼권 분립

개념 문제

1 (1) ○ (2) × **2** 선거
3 ㉠ 자유 ㉡ 권력 분립 **4** 삼권 분립

1 (2) 대한민국 헌법에서는 국민의 주권이 국민에게 있음을 밝히고 있습니다.

2 대부분의 민주주의 국가에서는 모든 국민이 한자리에 모여 나랏일을 논의하는 것이 사실상 불가능하기 때문에 국민이 선거에 참여하여 주권을 행사합니다.

3 권력 분립은 국가 권력을 분리하여 각각 다른 기관이 나누어 맡도록 하는 것을 의미합니다.

4 국회, 행정부, 법원이 국가 권력을 나누어 맡도록 하는 민주 정치의 원리를 삼권 분립이라고 합니다.

기본 문제로 익히기 41쪽

확인 문제

1 주권
2 예 국가의 규모가 커지고 인구가 많아져 모든 국민이 한자리에 모여 나랏일을 논의하는 것이 사실상 불가능하기 때문이야.
3 ⑤ **4** ㉠, ㉡ **5** ④
6 삼권 분립

1 국민 주권은 주권이 국민에게 있다는 것으로, 이에 따라 민주주의 국가에서 모든 국가 권력은 국민의 동의와 지지를 바탕으로 실행됩니다.

2

채점 기준
'국가의 규모가 커지고, 인구가 많아져 모든 국민이 한자리에 모여 나랏일을 논의하는 것이 사실상 불가능하기 때문이야.'라고 바르게 쓴 경우

오늘날에는 국가의 규모가 커지고 인구가 많아지면서 국민이 대표를 뽑는 선거에 참여하여 주인으로서 권리를 행사합니다.

3 (가)는 평등 선거, (나)는 직접 선거를 나타낸 그림입니다. 평등 선거는 모든 사람이 동등하게 한 표씩 행사할 수 있다는 원칙이고, 직접 선거는 투표는 본인이 직접 해야 한다는 원칙입니다.

4 ㉢ 주권은 모든 국민에게 주어집니다.

5 제시된 글에서 루이 14세가 왕의 권한은 신이 내려 준 것이라고 주장한 것으로 보아 당시 프랑스에서는 왕이 모든 통치 권력을 가지고 있었다는 것을 알 수 있습니다.

6 국회, 행정부, 법원이 국가 권력을 나누어 맡도록 하는 민주 정치의 원리를 삼권 분립이라고 합니다.

02 국회와 행정부의 역할

기본 문제로 익히기 44쪽

핵심 체크

❶ 국회 의원 ❷ 입법 ❸ 예산안
❹ 대통령 ❺ 국무총리

개념 문제

1 국회 **2** (1) × (2) ○ (3) ○ **3** 행정부
4 ㉠ 국방부 ㉡ 보건 복지부

1 국민의 대표 기관인 국회에서는 법을 만들고 행정부가 하는 일을 견제하고 감독합니다.

2 (1) 대통령은 행정부의 최고 책임자입니다.

3 행정부는 대통령을 중심으로 국무총리와 여러 개의 부, 처, 청, 위원회 등으로 구성되어 있습니다.

4 국방부는 군사적 위협과 침략으로부터 국가를 지키는 일을 하며, 보건 복지부는 빈곤과 질병 등으로부터 국민을 보호하는 일을 합니다.

기본 문제로 익히기 45쪽

확인 문제

1 국회 의사당 **2** ㉠, ㉣
3 ㉣ – ㉢ – ㉠ – ㉡ **4** ④
5 대통령
6 예 대통령은 외국에 대하여 국가를 대표하며, 국가의 중요한 일을 결정한다. 또한 국무 회의의 의장 역할을 한다.
7 (1) – ㉢ (2) – ㉡ (3) – ㉠

1 제시된 사진은 국회 의사당으로, 국회 의원들이 모여 국가의 중요한 일을 의논하고 결정하는 곳입니다.

2 국회는 국회 의원들로 구성되어 있으며, 입법에 관한 일, 예산안 심의·확정, 국정 감사 등을 합니다.

3 법이 만들어지는 과정은 '㉣ 국회 의원이나 정부가 새로운 법률안을 국회에 제출 → ㉢ 국회 의원들이 모여 법률안의 내용 심의 → ㉠ 국회가 법률안을 대통령에 보냄. → ㉡ 대통령이 새 법을 널리 알리고 시행' 순으로 진행됩니다.

4 제시된 그림은 행정부의 장관을 상대로 국정 감사를 실시하는 모습입니다.

5 대통령은 행정부의 최고 책임자입니다.

6

	채점 기준
상	'외국의 국가를 대표함.', '국가의 중요한 일을 결정함.', '국무 회의의 의장 역할을 함.'을 모두 바르게 쓴 경우
중	위 내용 중 두 가지를 쓴 경우
하	위 내용 중 한 가지만 쓴 경우

대통령은 우리나라를 대표하며, 최고 책임자로서 국가의 중요한 일을 결정합니다.

7 (1) 고용 노동부는 국민이 원하는 일자리에서 일할 수 있도록 합니다. (2) 국토 교통부는 국토의 균형 있는 발전을 꾀합니다. (3) 기획 재정부는 경제 정책을 관리하고 조정합니다.

03 법원의 역할과 일상생활 속 민주 정치의 원리 적용 사례

기본 문제로 익히기 48쪽

핵심 체크

❶ 재판 ❷ 처벌 ❸ 사법권
❹ 공개 ❺ 권력 분립

개념 문제

1 법원 2 (1) × (2) ○ (3) ○
3 헌법 재판소 4 민주 정치

1 법원은 법에 따라 재판을 하는 곳입니다.

2 (1) 재판은 특정한 경우 비공개로 진행됩니다.

3 헌법 재판소는 헌법을 기준으로 분쟁을 해결하는 특별 재판소입니다.

4 민주 정치의 원리는 우리의 생활과 밀접하게 관련되어 국민의 자유와 권리를 보장하고 있습니다.

기본 문제로 익히기 49쪽

확인 문제

1 법원 2 ㉡, ㉢, ㉣
3 ① 4 삼심 제도(3심 제도)
5 예 법관의 잘못된 판단 등으로 발생할 수 있는 피해를 줄임으로써 국민의 권리를 최대한 보장하기 위해서이다.
6 ④ 7 ②

1 제시된 그림은 법원에서 사람들 사이의 다툼을 해결해 주는 장면입니다. 법원은 법에 따라 재판을 하는 국가 기관입니다.

2 법원은 사람들 사이에 다툼이 생기거나 억울한 일을 당한 사람이 생겼을 때 공정하게 판단하여 문제를 해결해 줍니다. ㉠은 국회가 하는 일입니다.

3 제시된 제도들은 공정한 재판을 위한 제도들입니다. 법원은 공정하게 법을 적용하고 판단하여 국민의 자유와 권리를 보장하여야 합니다.

4 밑줄 친 '이 제도'는 삼심 제도(3심 제도)입니다. 삼심 제도는 하나의 사건에 대해 다른 종류의 법원에서 세 번까지 재판을 받을 수 있도록 한 제도입니다.

5

채점 기준
'법관의 잘못된 판단 등으로 발생할 수 있는 피해를 줄임으로써 국민의 권리를 최대한 보장받기 위해서이다.'라고 바르게 쓴 경우

우리나라는 잘못된 판결로 발생할 수 있는 국민의 피해를 줄이기 위해 삼심 제도를 운영하고 있습니다.

6 제시된 글은 헌법 재판소에서 하는 일에 대한 설명입니다. 헌법 재판소는 헌법을 기준으로 분쟁을 해결하는 특별 재판소입니다.

7 법 제정을 위해 공청회를 개최하고 법안을 통과시키는 것은 국회의 역할이고, 법에 따라 행정을 실시하는 것은 행정부의 역할입니다.

실력 문제로 다잡기 50~53쪽

1 지아 2 ①, ③ 3 ②
4 (1) ㉠ 국회 ㉡ 정부(행정부) ㉢ 법원
(2) 예 국회, 행정부, 법원이 서로 견제하고 균형을 이루어 국민의 자유와 권리를 보장하기 위해서이다.
5 은우 6 ① 7 ③
8 예 행정부는 국민이 안전하고 행복한 삶을 살 수 있도록 해 준다.
9 ④ 10 ㉠ 11 ㉠, ㉢
12 ②

1-1 ○ 2-1 × 3-1 ○
4-1 ○ 5-1 × 6-1 ○
7-1 × 8-1 ○ 9-1 ○
10-1 × 11-1 ○ 12-1 ○

1 대한민국 헌법에서는 우리나라가 민주주의 국가이며 주권이 국민에게 있음을 밝히고 있습니다.

2 ② 선거 관리 위원회에서는 공정한 선거가 이루어지도록 돕습니다. ④ 모든 사람이 동등하게 한 표씩 행사할 수 있는 것은 평등 선거의 원칙입니다. ⑤ 우리나라는 선거일 기준으로 만 18세 이상의 국민이면 누구나 투표할 수 있습니다.

3 국가 권력을 분리하고 각각 다른 기관이 나누어 맡도록 하여 서로 견제하고 균형을 이루도록 하는 것을 권력 분립이라고 합니다.

4

	채점 기준
상	(1)의 답을 쓰고 (2) '국회, 행정부, 법원이 서로 견제하고 균형을 이루어 국민의 자유와 권리를 보장하기 위해서이다.'를 모두 바르게 쓴 경우
하	(1), (2) 중 한 가지만 쓴 경우

우리나라는 삼권 분립을 통해 서로 다른 기관들이 국가의 힘과 역할을 나누어 가져 서로를 견제하고 균형을 이루도록 하고 있습니다.

5 국회는 국회 의원들로 구성된 국민의 대표 기관으로, 법을 만들고 행정부가 하는 일을 견제하고 감독합니다. 행정 업무를 처리하는 곳은 행정부입니다.

6 제시된 그림은 어린이 보호 구역 내 교통안전 시설 설치 의무화 법안을 제정하는 모습입니다. 법을 만드는 일은 국회에서 하는 가장 중요한 일입니다. ②는 법원, ③은 행정부가 하는 일입니다. ④, ⑤는 국회에서 하는 일이지만 제시된 그림에서는 알 수 없습니다.

7 ③은 법원을 구성하는 법관이 하는 일입니다.

8

채점 기준
'행정부는 국민이 안전하고 행복한 삶을 살 수 있도록 해 준다.'라고 바르게 쓴 경우

행정부의 각부는 교육, 경제, 외교, 국방 등 나라의 행정을 나누어 맡아서, 국민의 삶의 질을 높이기 위해 노력하고 있습니다.

9 ④ 우리나라는 공정한 재판을 위해 사법권의 독립을 보장합니다. 이에 따라 법원은 외부의 영향을 받지 않고, 법관은 헌법과 법률에 따라 독립하여 재판을 진행합니다.

10 ㉠ 공정한 재판을 위해 특정한 경우를 제외한 모든 재판의 과정과 결과를 국민에게 공개합니다.

11 헌법 재판소는 헌법을 기준으로 분쟁을 해결하는 특별 재판소로 대통령이 임명하는 9명의 재판관으로 구성됩니다. ㉡은 선거 관리 위원회, ㉣은 국회에 대한 설명입니다.

12 어린이 보호 구역에 신호등, 표지판을 설치하는 등 법에 따라 행정을 실시하는 것은 행정부에서 하는 일입니다. ①, ④는 국회, ③은 법원에서 하는 일입니다.

단원 개념 점검하기

54~55쪽

❶ 독재 ❷ 이승만 ❸ 신군부
❹ 시민군 ❺ 6·29 ❻ 직선제
❼ 주인 ❽ 존엄성 ❾ 다수결
❿ 국민 ⓫ 대통령 ⓬ 국무총리
⓭ 법

1 (1) ○ (2) × (3) ○ **2** 지방 자치제
3 (1) 인간의 존엄성 (2) 자유 (3) 평등
4 ㉠ 원인 ㉡ 실천 **5** (1) 국민 주권 (2) 권력 분립
6 (1)-㉠ (2)-㉢ (3)-㉡

단원 마무리

56~58쪽

1 ② **2** ③ **3** ④, ⑤
4 ③ **5** ① **6** ③
7 6·29 민주화 선언 **8** 나리, 은지
9 ④ **10** ① **11** 민주주의
12 ㉠, ㉢ **13** ③ **14** ④
15 ③ **16** ㉠, ㉡, ㉣ **17** ②
18 ② **19** ① **20** ⑤
21 ⑤ **22** ㉠ 국회 ㉡ 헌법 재판소

1 이승만 정부가 1960년 3월 15일에 치러질 정부통령 선거에서 부정 선거를 계획하여 집권을 이어 나가려 하자 대구에서 학생들을 중심으로 정부에 항의하는 시위가 일어났습니다.

2 제시된 시는 4·19 혁명 당시 시위에서 희생된 학생들을 주제로 한 것입니다. ③ 4·19 혁명으로 이승만 대통령이 자리에서 물러났습니다.

3 4·19 혁명은 학생과 시민들이 힘을 합쳐 독재 정권을 무너뜨린 민주주의 혁명으로, 이를 계기로 민주주의에 대한 국민의 관심이 높아졌습니다.

4 박정희 정부 시기에 대통령을 세 번까지 할 수 있도록 헌법이 바뀌었습니다. 또한 대통령을 할 수 있는 횟수 제한을 없애고 대통령 직선제를 간선제로 바꾸는 등의 내용이 담긴 유신 헌법에 반대하는 시위가 일어났습니다.

5 5·18 민주화 운동 당시 전라남도 광주의 시민들은 계엄령 해제와 민주주의 회복을 요구하며 계엄군에 맞서 싸웠습니다.

6 전두환 정부가 민주화 운동을 탄압하고 대통령 직선제를 비롯한 국민의 요구를 받아들이지 않자 1987년에 6월 민주 항쟁이 일어났습니다.

7 6월 민주 항쟁의 결과 여당 대표인 노태우가 대통령 직선제 시행, 지방 자치제 시행 등의 내용이 담긴 6·29 민주화 선언을 발표하였습니다.

8 경호: 많은 시민들이 시민 단체를 결성하여 공정한 사회를 만들고 시민의 권리를 보장하기 위한 운동을 활발하게 벌이고 있습니다.

9 1952년 처음 시행된 지방 자치제는 5·16 군사 정변으로 폐지되었다가 6월 민주 항쟁 이후 부활하여 지금까지 시행되고 있습니다.

10 ① 대통령이 아니더라도 가족회의, 학급 회의 등 우리가 살아가는 곳곳에서 정치의 모습을 찾아볼 수 있습니다.

11 민주주의는 모든 국민이 주권을 가지고 국가의 일을 결정하는 정치 형태를 말합니다.

12 인간의 존엄성이란 인간이라는 이유만으로 존엄한 존재이며 존중받아야 한다는 것으로, 민주주의의 기본 정신 중 하나입니다. 민주주의는 인간의 존엄성 실현을 목표로 하며, 인간의 존엄성을 실현하려면 개인의 자유와 평등이 보장되어야 합니다.

13 민주주의를 실천하는 바람직한 태도로 관용, 비판적 태도, 양보와 타협, 실천 등이 있습니다.

14 다수결의 원칙을 활용하기 전에 충분히 대화하고 토론하는 과정을 거쳐야 하며, 다수의 의견이 항상 옳은 것은 아니기 때문에 소수의 의견도 존중하는 태도를 가져야 합니다.

15 문제 해결 방안 결정하기 단계에서는 대화와 타협을 통해 가장 합리적인 방법을 찾고, 타협이 어려울 때는 다수결의 원칙을 활용합니다.

16 4·19 혁명, 5·18 민주화 운동, 6월 민주 항쟁 등을 통해 우리 국민이 주권을 지키고자 노력하였음을 알 수 있습니다.

17 보통 선거는 선거일 기준으로 만 18세 이상의 국민이면 누구나 투표할 수 있다는 원칙입니다.

18 ② 우리나라는 국회, 행정부, 법원이 국가 권력을 나누어 맡도록 하는 삼권 분립을 실시하고 있습니다.

19 국회는 국정 감사를 실시하여 행정부가 법에 따라 일을 잘하고 있는지 살펴보고, 잘못한 일이 있으면 바로잡도록 요구합니다.

20 (가)는 행정부에서 하는 국무 회의의 모습이고, (나)는 법원에서 재판을 하는 모습입니다. 행정부는 '정부'라고도 하며, 법에 따라 국가의 살림을 맡아 하는 곳입니다. 법원은 법에 따라 재판을 하는 곳입니다.

21 ⑤ 보건 복지부는 빈곤, 질병 등으로부터 국민을 보호하는 일을 합니다. 국토의 균형 발전과 국민 주거 안정은 국토 교통부의 역할입니다.

22 ㉠은 국회, ㉡은 헌법 재판소입니다. 국회는 법을 만드는 일을 하고, 헌법 재판소는 법률이 헌법에 어긋나는지를 심판합니다.

서술형 마무리

59쪽

1 예 이승만 정부가 독재 정치를 지속하였고, 3·15 부정 선거를 저질렀기 때문이다.

2 (1) 민주주의
(2) 예 민주주의의 기본 정신은 인간의 존엄성, 자유, 평등이다.

3 (1) 18세
(2) 예 누구나 한 사람이 한 표씩만 행사할 수 있음.

4 (1) 국회
(2) 예 법을 만든다. / 법을 고치거나 없앤다. / 나라의 살림에 필요한 예산을 심의하여 확정한다. / 이미 사용한 예산이 잘 쓰였는지 검토한다. / 국정 감사를 한다.

1

	채점 기준
상	'이승만 정부가 독재 정치를 지속하였고, 3·15 부정 선거를 저질렀기 때문이다.'라고 바르게 쓴 경우
하	'이승만 정부의 독재 정치', '3·15 부정 선거 시행' 중 한 가지만 쓴 경우

이승만 정부는 독재 정치를 계속하는 가운데 1960년 3월 15일에 치러진 정부통령 선거에서 부정을 저질렀고, 그 결과 선거에서 승리하였습니다.

2

	채점 기준
상	(1)의 답을 쓰고, (2) '인간의 존엄성, 자유, 평등'을 모두 바르게 쓴 경우
중	(1)의 답을 쓰고, (2) '인간의 존엄성, 자유, 평등' 중 두 가지를 쓴 경우
하	(1)의 답만 쓴 경우

민주주의는 자유를 존중하고 평등을 이루어 인간의 존엄성을 지키는 것을 기본 정신으로 합니다.

3

	채점 기준
상	(1)의 답을 쓰고, (2) '누구나 한 사람이 한 표씩만 행사할 수 있음.'이라고 모두 바르게 쓴 경우
하	(1)의 답만 쓴 경우

민주주의 사회에서는 공정한 선거를 위해 보통 선거, 평등 선거, 직접 선거, 비밀 선거의 원칙에 따라 투표가 이루어지고 있습니다.

4

	채점 기준
상	(1)의 답을 쓰고, (2) 국회에서 하는 일 중 두 가지를 모두 바르게 쓴 경우
중	(1)의 답을 쓰고, (2) 국회에서 하는 일 중 한 가지만 쓴 경우
하	(1)의 답만 쓴 경우

국회는 국민의 대표인 국회 의원이 나라의 중요한 일을 의논하고 결정하는 국가 기관으로, 법을 만들고 행정부가 하는 일을 견제·감독하는 일을 합니다.

2. 우리나라의 경제 발전

❶ 우리나라 경제 체제의 특징

01 가계와 기업의 경제적 역할

기본 문제로 익히기 64쪽

핵심 체크

❶ 경제활동 ❷ 가계 ❸ 기업
❹ 소득 ❺ 소비 ❻ 일자리
❼ 이윤

개념 문제

1 가계 2 ㉠ 가계 ㉡ 기업
3 (1) ○ (2) ○ (3) × 4 ㉠ 시장 ㉡ 도움

1 가계는 가정 살림을 함께하는 생활 공동체입니다.

2 가계는 소득을 얻어 소비 활동을 하고, 기업은 사람들에게 일자리를 제공합니다.

3 (3) 가계는 기업의 생산 활동에 참여한 대가로 급여를 받습니다.

4 가계와 기업의 거래가 이루어지는 곳은 시장입니다. 가계와 기업의 경제활동은 서로에게 도움을 주며 밀접한 관계를 맺고 있습니다.

기본 문제로 익히기 65쪽

확인 문제

1 ⑤ 2 ①
3 예 가계는 소득으로 필요한 물건을 구입한다.
4 ④ 5 ②
6 ㉠ 가계 ㉡ 기업 7 ③

1 ⑤는 경제활동에 해당하지 않습니다. 경제활동은 사람이 생활하는 데 필요한 물건과 서비스를 생산하고 판매하는 것과 관련된 모든 활동입니다. ①, ③은 생산 활동이고, ②, ④는 소비 활동입니다.

2 제시된 그림의 가계 구성원은 우유 회사에서 일하고 있으므로, 기업을 통해 생산 활동에 참여하고 있습니다. ②, ③, ⑤는 기업에서 하는 일이고, ④는 가계의 소비 활동입니다.

3

채점 기준	
상	'가계는 소득을 얻는다.'와 '가계는 필요한 물건을 구입한다.'를 모두 바르게 쓴 경우
하	'가계는 필요한 물건을 구입한다.'라고만 쓴 경우

가계는 기업의 생산 활동에 참여한 대가로 소득을 얻고, 그 소득으로 필요한 물건을 구입합니다.

4 기업은 사람들에게 일자리를 제공하고 급여를 지급합니다. 또 사람들에게 필요한 물건이나 서비스를 판매하여 이윤을 얻습니다.

5 ②는 가계에 대한 설명입니다.

6 ㉠은 생산 활동에 참여하여 그 대가로 소득을 얻고, 소득으로 필요한 물건과 서비스를 구입하고 있으므로 가계임을 알 수 있습니다. ㉡은 물건을 만들어 판매하고 있으므로 기업임을 알 수 있습니다.

7 ③ 기업은 물건이나 서비스를 판매하여 이윤을 얻습니다.

02 가계와 기업의 합리적 선택

기본 문제로 익히기 68쪽

핵심 체크

❶ 비용 ❷ 만족 ❸ 가치
❹ 비용 ❺ 이윤 ❻ 소비자

개념 문제

1 만족감 2 (1) × (2) ○
3 윤리적 소비 4 (1) × (2) ○

1 가계의 합리적 선택은 다양한 기준을 고려하여 가장 적은 비용으로 가장 큰 만족을 얻을 수 있도록 선택하는 것입니다.

2 (1) 합리적 선택의 기준은 개인에 따라 다릅니다.

3 윤리적 소비는 인권, 환경, 동물 복지 등의 윤리적 가치를 고려하는 소비를 뜻합니다.

4 (1) 기업은 생산 품목, 생산량, 생산 비용, 홍보 방법 등 다양한 기준을 고려하여 합리적 선택을 합니다.

기본 문제로 익히기 69쪽

확인 문제

1 ② 2 ① 3 ⑤
4 ㉠ 증가 ㉡ 늘어나고 5 ③
6 예 합리적인 선택으로 최대한 많은 이윤을 얻기 위해서이다.

1 ② 가계는 소득의 범위 안에서 적은 비용으로 가장 큰 만족을 얻도록 합리적으로 소비하여야 합니다.

2 ②는 무상 관리 기간, ③은 친환경 소비, ④는 디자인을 선택 기준으로 삼았습니다.

3 공정 무역은 경제 발전이 진행 중인 나라의 생산자가 만든 상품을 정당한 가격으로 구매하여 생산자에게 무역의 혜택이 돌아가도록 하는 무역 방식입니다. 제시된 그림의 소비자는 가격이 비싸더라도 자신이 추구하는 가치를 지키기 위한 소비를 하고 있습니다.

4 연도별 판매량 그래프를 보면 해마다 책가방 판매량이 증가하는 것을, 연도별 제조 회사 수 그래프를 보면 2017년 이후 책가방 제조 회사 수가 점점 늘어나고 있는 것을 알 수 있습니다.

5 ③ 책가방 판매량이 점점 증가하고 있으므로 회사에서는 책가방의 생산량을 늘려야 합니다.

6

채점 기준	
상	'기업은 합리적인 선택을 한다.'와 '기업이 최대한 많은 이윤을 얻기 위해서이다.'를 모두 바르게 쓴 경우
하	위의 내용 중 한 가지만 쓴 경우

기업은 적은 비용으로 최대한 많은 이윤을 얻을 수 있도록 합리적 선택을 합니다.

03 우리나라 경제의 특징과 바람직한 경제활동

기본 문제로 익히기 72쪽

핵심 체크

❶ 자유 ❷ 경쟁 ❸ 능력
❹ 서비스 ❺ 이윤 ❻ 가격
❼ 시민

개념 문제

1 시장
2 ㉠ 전통 시장 ㉡ 인터넷 쇼핑
3 (1) ○ (2) ○ (3) × 4 ㉠ 정부 ㉡ 시민 단체

1 가계와 기업은 시장에서 만나 물건이나 서비스를 사고팝니다.

2 전통 시장은 일정한 장소가 있어 물건을 직접 보고 비교해서 살 수 있다는 장점이 있고, 인터넷 쇼핑은 시간과 공간의 제약이 없어 언제 어디에서든지 물건을 살 수 있다는 장점이 있습니다.

3 (3) 우리나라 경제 체제에서는 개인이 경제활동을 통해 얻은 소득을 어떻게 이용할지 개인이 자유롭게 결정합니다.

4 정부는 허위 광고, 과장 광고처럼 공정한 경쟁을 해치는 행위 또는 소비자에게 피해를 주는 행위를 규제하고, 시민 단체는 기업을 감시하며 소비자의 권리와 이익을 보호하고자 노력합니다.

기본 문제로 익히기 73쪽

확인 문제

1 ⑤ 2 자유
3 예 개인은 자신이 원하는 일자리를 얻으려고 다른 사람과 경쟁을 한다.
4 ① 5 ①, ③ 6 ㉠, ㉡, ㉣
7 ①

1 홈 쇼핑, 인터넷 쇼핑은 시간과 공간의 제약을 받지 않고 물건을 살 수 있습니다.

2 빈칸에 공통으로 들어갈 말은 '자유'입니다. 개인의 경제활동의 자유에는 직업 활동의 자유, 직업 선택의 자유, 소득을 자유롭게 사용할 자유 등이 있습니다.

3

채점 기준	
상	'개인은 자신이 원하는 일자리를 얻을 수 있다.'와 '개인은 다른 사람과 경쟁을 한다.'를 모두 바르게 쓴 경우
하	위의 내용 중 한 가지만 쓴 경우

제시된 그림은 면접을 보는 모습으로, 개인은 자신이 원하는 일자리를 얻으려고 다른 사람과 경쟁을 하기도 합니다. 경쟁에서 앞서고자 개인은 자신의 능력과 실력을 높이려고 노력합니다.

4 ① 우리나라에서 기업은 무엇을 얼마나 생산하여 판매할지 자유롭게 결정할 수 있습니다.

5 ② 소비자는 싼값에 물건을 살 수 있습니다. ④는 기업이 얻는 도움에 해당합니다. ⑤ 소비자는 다양한 물건을 살 수 있어 더 큰 만족을 얻을 수 있습니다.

6 ㉢ 여러 회사가 사전에 약속하고 가격을 똑같이 올리는 것은 기업의 공정하지 않은 경제활동에 해당합니다. 이로 인해 소비자는 피해를 입게 됩니다.

7 ① 정부는 기업끼리 상의해서 마음대로 가격을 올리지 못하도록 감시하는 역할을 합니다.

실력 문제로 다잡기 74~77쪽

1 ① 2 ㉡, ㉣ 3 ④
4 ① 5 ②
6 예 적은 비용으로 많은 수입을 얻는 합리적 선택을 하여 보다 많은 이윤을 얻고자 한다.
7 (나), (라) 8 ① 9 ㉠, ㉡
10 ② 11 ⑤

1-1 × 2-1 ○ 3-1 ○
4-1 ○ 5-1 × 6-1 ×
7-1 ○ 8-1 ○ 9-1 ○
10-1 ○ 11-1 ×

1 가계는 기업의 생산 활동에 참여하고 그 대가로 소득을 얻어 물건이나 서비스를 사는 등의 소비 활동을 합니다.

2 ㉠, ㉢은 가계의 소비 활동입니다.

3 가계와 기업의 경제활동은 서로에게 도움을 주며 밀접한 관계를 맺고 있습니다.

4 제시된 그림의 어린이는 품질과 디자인이 비슷하다면 값싼 노트북을 구입하겠다고 하였으므로, 가격을 선택 기준으로 세웠다는 것을 알 수 있습니다.

5 제시된 글은 자신이 추구하는 가치를 지키면서 합리적으로 소비하는 모습입니다.

6

채점 기준	
상	'기업은 적은 비용으로 많은 수입을 얻는 합리적 선택을 한다.'와 '기업이 보다 많은 이윤을 얻고자 한다.'를 모두 바르게 쓴 경우
하	위의 내용 중 한 가지만 쓴 경우

기업은 소비자가 어떤 물건을 좋아하는지 분석하여 물건을 많이 팔 수 있는 방법을 생각합니다. 이는 기업이 적은 비용으로 많은 이윤을 얻을 수 있는 합리적 선택을 하기 위해서입니다.

7 (가) 책가방 판매량은 해마다 증가하고 있습니다. (다) 책가방의 생산 비용은 세 회사가 모두 같지만, 판매 가격은 회사마다 다릅니다.

8 연도별 제조 회사 수를 보면 책가방을 만드는 회사의 수가 점점 늘어나고 있습니다. 경쟁 회사가 많아지고 있으므로 더 많은 이윤을 얻으려면 신제품을 개발하거나 광고를 해야 합니다.

9 ㉢ 가계와 기업은 일정한 장소가 있는 시장뿐만 아니라 인터넷 쇼핑, 홈 쇼핑 등과 같이 다양한 종류의 시장에서 만나고 있습니다. ㉣은 기업이 시장에서 하는 경제활동입니다.

10 제시된 그림은 더 많은 이윤을 얻기 위하여 기업이 경쟁하는 모습을 나타낸 것입니다.

11 정부는 허위 광고나 과장 광고처럼 공정한 경쟁을 해치는 행위 또는 소비자에게 피해를 주는 행위를 규제합니다.

2 우리나라의 경제 성장

01 6·25 전쟁 이후~1980년대 우리나라의 경제 성장

기본 문제로 익히기 80쪽

핵심 체크

❶ 농업 ❷ 정부 ❸ 경공업
❹ 중화학 ❺ 자동차 ❻ 높

개념 문제

1 (1) × (2) ○ 2 경제 개발 5개년 계획
3 ㉠ 경공업 ㉡ 중화학 공업
4 (1) × (2) ○

1 (1) 1950년대에 우리나라 정부는 농업 중심의 산업 구조를 공업 중심의 산업 구조로 변화시키려고 노력하였습니다.

2 우리나라 정부는 경제 발전을 위해 1962년부터 1981년까지 5년 단위로 경제 개발 5개년 계획을 추진하였습니다.

3 1970년대 이후 우리나라의 산업 구조는 가발, 의류 산업 등 경공업 중심에서 철강 및 석유 화학 산업, 조선 산업 등 중화학 공업 중심으로 바뀌었습니다.

4 (1) 1970~1980년대 우리나라의 중화학 공업이 발전하며 수출액이 증가하였습니다.

기본 문제로 익히기 81쪽

확인 문제

1 ㉢, ㉣ 2 ②, ⑤
3 예 중화학 공업을 육성시키기 위해서이다.
4 ① 5 ③ 6 ⑤

1 ㉠ 1950년대 우리나라는 6·25 전쟁을 겪고 산업을 육성할 돈과 기술이 부족하였기 때문에 외국의 지원을 받아 파괴된 시설을 복구하는 데 힘을 모았습니다. ㉡ 경제 개발 5개년 계획은 1962년부터 우리나라 정부가 경제 발전을 위해 5년 단위로 추진한 경제 계획입니다.

2 가발, 의류 등은 사람이 직접 손으로 만드는 과정이 많은 제품으로, 1960년대 우리나라는 자원과 기술이 부족하였지만 노동력은 풍부하였기 때문에 가발, 의류, 신발 등을 만드는 경공업이 발달하였습니다.

3

	채점 기준
상	'중화학 공업을 육성시키기 위해서이다.'라고 바르게 쓴 경우
하	'산업을 발전시키기 위해서이다.'라고만 쓴 경우

정부는 국가 경제를 획기적으로 발전시키려고 1973년에 중화학 공업 육성 계획을 발표하였는데, 중화학 공업은 경공업보다 많은 돈과 높은 기술력이 필요한 산업이었습니다.

4 제시된 자료에서 ㉠에 들어갈 알맞은 말은 중화학 공업입니다. ①은 경공업에 대한 설명입니다.

5 1980년대에는 자동차 산업, 전자 산업 등이 크게 성장하여 자동차와 텔레비전 등이 우리나라의 주요 수출품으로 자리 잡았습니다.

6 ⑤는 경공업이 발달하였던 1960년대 우리나라 경제 성장 모습에 대한 설명입니다.

02 1990년대 이후 우리나라의 경제 성장

기본 문제로 익히기 84쪽

핵심 체크

❶ 컴퓨터 ❷ 반도체 ❸ 초고속
❹ 첨단 ❺ 서비스

개념 문제

1 (1) × (2) ○ 2 서비스 산업
3 (1) × (2) ○ 4 국내 총생산

1 (1) 우리나라 기업들은 1970년대부터 반도체를 연구하기 시작하였습니다.

2 관광, 금융, 의료 서비스, 문화 콘텐츠 산업 등과 같이 사람들에게 즐거움과 편리함을 주는 산업을 서비스 산업이라고 합니다.

3 (1) 우리나라의 경제는 정부, 기업, 국민이 함께 노력하여 빠르게 성장하였습니다.

4 일정 기간에 한 나라에서 생산된 물건과 서비스의 양을 돈으로 계산하여 합한 것을 국내 총생산이라고 합니다. 국내 총생산을 보면 한 나라의 경제 수준을 알 수 있습니다.

기본 문제로 익히기 85쪽

확인 문제

1 반도체 2 ③ 3 ④
4 ② 5 ㉡, ㉣, ㉥
6 예 1975년도에 11조 원이었던 국내 총생산이 2020년에는 1,933조 원으로 크게 증가하였다.

1 1990년대에는 컴퓨터와 가전제품의 생산이 늘어나면서 핵심 부품인 반도체의 중요성이 커졌고, 우리나라는 세계적으로 인정받는 반도체를 개발하고 생산하였습니다.

2 1990년대에 개인용 컴퓨터가 보급되고, 가전제품이 대중화하면서 핵심 부품인 반도체 산업이 크게 성장하였습니다.

3 2000년대 이후부터는 고도의 기술이 필요한 첨단 산업이 발달하고 있으며, 문화 콘텐츠 산업, 관광 산업, 금융 산업, 의료 서비스 산업 등과 같은 다양한 서비스 산업도 빠르게 발달하고 있습니다.

4 ② 철강 산업 등 중화학 공업은 1970년대에 정부가 추진한 중화학 공업 육성 계획에 따라 발달한 산업입니다.

5 2000년대 이후부터 우리나라에서는 첨단 산업과 서비스 산업이 발달하고 있습니다. ㉠ 기계 산업은 1980년대, ㉢ 소비재 산업은 1950년대, ㉤ 석유 화학 산업은 1970년대에 발달하기 시작하였습니다.

6

	채점 기준
상	'1975년도에 11조 원이었던 국내 총생산이 2020년에는 1,933조 원으로 크게 증가하였다.'라고 바르게 쓴 경우
하	'국내 총생산이 증가하였다.'라고만 쓴 경우

우리나라의 국내 총생산은 1960년대 이후 경제가 성장함에 따라 크게 증가하였습니다.

03 경제 성장에 따른 사회 변화와 문제

기본 문제로 익히기 88쪽

핵심 체크

❶ 증가 ❷ 국회 ❸ 대화
❹ 환경

개념 문제

1 한류 2 (1) × (2) ○
3 ㉠ 높아졌지만 ㉡ 커 4 ㉠ 기업 ㉡ 시민

1 오늘날 우리나라의 영화, 드라마, 대중가요 등이 전 세계인이 즐기는 한류 문화로 자리 잡았습니다.

2 (1) 오늘날 우리나라 경제가 성장함에 따라 가계 소득이 늘어나면서 해외여행객이 증가하였습니다.

3 우리나라의 경제 성장에 따라 국민의 생활 수준이 전반적으로 높아졌지만, 잘사는 사람과 그렇지 못한 사람 사이의 소득 격차가 점점 커지는 경제적 양극화(빈부 격차) 문제가 나타나고 있습니다.

4 환경 오염 및 에너지 부족 문제를 해결하기 위하여 기업은 친환경 제품을 개발, 생산하고, 시민들은 환경 보호 운동, 에너지 절약 운동에 참여합니다.

기본 문제로 익히기 89쪽

확인 문제

1 ㉣ → ㉠ → ㉡ → ㉢
2 예 경제 성장으로 가계 소득이 늘어나면서 해외여행객 수가 크게 증가하였다.
3 ⑤ 4 ㉠ 실업자 ㉡ 노사 갈등
5 ④ 6 ③, ⑤

1 경제 성장으로 우리 사회의 모습은 변화하였습니다. ㉣은 1960년대, ㉠은 1970년대, ㉡은 2000년대, ㉢은 2010년대에 나타난 모습입니다.

2

	채점 기준
상	'경제 성장으로 가계 소득이 늘어나면서 해외여행객 수가 크게 증가하였다.'라고 바르게 쓴 경우
하	'해외여행객 수가 증가하였다.'라는 내용만 쓴 경우

경제 성장으로 가계 소득이 증가하면서 해외여행을 떠나는 사람이 2019년에는 2,800만 명을 넘어섰습니다.

3 정부, 국회, 시민 단체는 노인, 장애인, 실업자 등 소득이 적은 사회적 약자를 보호하고 경제적 양극화를 완화하기 위하여 다양한 방법으로 노력하고 있습니다.

4 경제가 좋지 않을 때에는 일자리가 줄어 실업자가 늘기도 하고, 기업과 근로자의 입장이 서로 달라서 노사 갈등이 발생하기도 합니다.

5 ④ 기업에서 이윤을 더 많이 얻기 위해 근로자들의 임금을 줄이면, 기업과 근로자 사이의 갈등이 더 심해질 수 있습니다.

6 ①, ②는 시민들의 노력, ④는 기업의 노력에 해당합니다.

실력 문제로 다잡기 90~93쪽

1 ⑤ 2 ② 3 ⑤
4 ⑤
5 예 우리나라의 산업 구조가 경공업 중심에서 중화학 공업 중심으로 바뀌었다.
6 ② 7 ④ 8 ③
9 ㉠ 지하철 ㉡ 스마트폰 10 ①
11 서준 12 ⑤ 13 ③, ④

1-1 ○ 2-1 × 3-1 ○
4-1 × 5-1 × 6-1 ×
7-1 ○ 8-1 ○ 9-1 ○
10-1 × 11-1 × 12-1 ○
13-1 ×

1 정부는 1962년부터 경제 개발 5개년 계획을 추진하고, 기업이 국내에서 생산한 제품을 운반하여 수출할 수 있도록 철도, 도로, 항만 등을 건설하였습니다.

2 1960년대 우리나라는 풍부한 노동력를 바탕으로 제품을 낮은 가격에 생산하기에 유리한 환경이었기 때문에 경공업이 발달하게 되었습니다.

3 1970년대에는 제품을 생산하는 데 필요한 재료를 만드는 철강, 석유 화학 산업이 발전하였습니다.

4 ㉠ 우리나라에서는 1970년대부터 철강 및 석유 화학 산업, 조선 산업 등 중화학 공업이 발달하기 시작하였습니다. ㉡은 경공업에 대한 설명입니다.

5

채점 기준	
상	'우리나라의 산업 구조가 경공업 중심에서 중화학 공업 중심으로 바뀌었다.'라고 바르게 쓴 경우
하	'중화학 공업 중심으로 바뀌었다.'라고만 쓴 경우

제시된 그래프를 보면 1970년대 이후 경공업의 생산 비중이 줄어들고, 중화학 공업의 생산 비중이 늘어났음을 알 수 있습니다.

6 우리나라 기업들은 1970년대부터 반도체를 연구하기 시작하여 1990년대에는 세계적으로 인정받는 반도체를 개발, 생산하였습니다.

7 제시된 지도와 관련된 산업은 정보 통신 기술 산업입니다. ④ 기존에 발달하였던 산업들도 정보 통신 기술의 영향으로 더욱 발전하였습니다.

8 ③ 신소재 산업은 고도의 기술이 필요한 첨단 산업에 해당합니다.

9 ㉠ 1974년에 우리나라 최초의 지하철이 개통되며 많은 사람들이 한 번에 이동할 수 있게 되었습니다. ㉡ 2010년대에 들어 기능이 다양한 스마트폰이 대중화하면서 언제 어디서나 필요한 서비스를 이용할 수 있게 되었습니다.

10 ① 경제가 성장하면서 가계의 소득이 증가하여 여가를 즐기고자 하는 사람들이 늘어났고, 해외로 여행을 떠나는 사람들이 많아졌습니다.

11 노사 갈등 문제를 해결하기 위해서는 비정규직을 지원하는 정책을 추진하고, 환경 오염 문제를 해결하기 위해서는 일회용품 사용을 줄이는 등의 노력을 해야 합니다.

12 제시된 자료의 밑줄 친 '이것'은 노사 갈등입니다. ①은 에너지 부족 문제, ②는 환경 오염 문제, ③은 경제적 양극화(빈부 격차), ④는 지역 간 불균형 문제 중 농촌 문제에 대한 설명입니다.

13 환경 오염 문제를 해결하기 위해서는 정부, 기업, 시민 모두의 노력이 필요합니다. ①은 기업, ②, ⑤는 정부의 노력에 해당합니다.

3 세계 속의 우리나라 경제

01 나라와 나라 사이에 경제 교류가 필요한 까닭

기본 문제로 익히기 96쪽

핵심 체크

❶ 수출 ❷ 수입 ❸ 자연환경
❹ 생산 ❺ 수입품

개념 문제

1 무역
2 ㉠ 수출 ㉡ 수입
3 (1) ○ (2) ×
4 서비스

1 나라와 나라 사이에 물건이나 서비스를 사고파는 것을 무역이라고 합니다. 자기 나라에서 부족한 것은 다른 나라에서 사 오고, 자기 나라에서 풍부한 것은 다른 나라에 팝니다.

2 다른 나라에 물건이나 서비스를 파는 것을 ㉠ 수출, 다른 나라에서 물건이나 서비스를 사 오는 것을 ㉡ 수입이라고 합니다.

3 (2) 나라마다 자연환경, 자원, 기술 등이 달라 더 잘 생산할 수 있는 물건이나 서비스가 다르기 때문에 무역이 이루어집니다.

4 우리나라는 의료, 만화, 게임, 영상, 교육, 관광 등의 서비스 분야에서도 세계 여러 나라와 경제 교류를 활발하게 하고 있습니다.

기본 문제로 익히기 97쪽

확인 문제

1 ⑤
2 예 나라마다 자연환경, 자원, 기술 등이 달라 더 잘 생산할 수 있는 물건이나 서비스가 다르기 때문이다.
3 ⑤ 4 ③ 5 ①
6 반도체, 원유

1 나라마다 자연환경, 자원, 기술 등이 달라 각 나라는 더 잘 만들 수 있는 것을 생산하고, 다른 나라와 교환하면서 서로 경제적 이익을 얻습니다.

2

채점 기준	
상	자연환경, 자원, 기술 중 두 가지 이상을 포함하여 '나라마다 서로 다르기 때문이다.'라고 쓴 경우
하	자연환경, 자원, 기술 중 한 가지만 포함하여 '나라마다 서로 다르기 때문이다.'라고 쓴 경우

각 나라는 무역을 통해 더 잘 만들 수 있는 물건을 생산하고 이를 교환하면서 서로 경제적 이익을 얻습니다.

3 우리나라는 물건뿐만 아니라 의료와 같은 서비스 분야에서도 다른 나라와 활발하게 경제 교류를 하고 있습니다.

4 우리나라의 나라별 수출액 비율과 수입액 비율 모두 중국이 가장 높습니다.

5 ① 원유는 우리나라에서 사용되는 모든 양을 수입에 의존하는 품목입니다.

6 우리나라는 (비메모리) 반도체를 주로 수입하고 있고, 우리나라에서 필요한 원유를 전부 수입하고 있습니다.

02 우리나라와 다른 나라의 경제 관계

기본 문제로 익히기 100쪽

핵심 체크

❶ 일자리 ❷ 기술 ❸ 비용
❹ 자유 무역 협정 ❺ 경쟁

개념 문제

1 식생활 2 (1) 개인 (2) 개인 (3) 기업
3 자유 무역 협정(FTA) 4 (1) ○ (2) ×

1 다른 나라와의 경제 교류는 우리의 의식주에 영향을 미칩니다. 다른 나라에 가지 않아도 다른 나라 음식을 먹을 수 있는 것은 식생활에 영향을 미친 것입니다.

2 (1), (2) 세계 각국의 싸고 다양한 물건을 살 수 있는 기회가 늘어나고, 우리나라 국민이 외국 기업에 일자리를 얻는 것은 다른 나라와의 경제 교류가 개인에게 미친 영향입니다.
(3) 공장을 다른 나라에 세워 물건을 생산해 파는 것은 다른 나라와의 경제 교류가 기업에 미친 영향입니다.

3 세계 여러 나라들은 서로 경제 교류를 자유롭고 편리하게 할 수 있도록 자유 무역 협정(FTA)을 맺기도 합니다.

4 (2) 새로운 기술이 많이 필요한 휴대 전화, 전자 기기, 자동차 시장에서는 나라들 사이에 경쟁이 더욱 치열합니다.

기본 문제로 익히기 101쪽

확인 문제

1 (1) ㉡ (2) ㉢
2 예 세계 여러 나라의 싸고 다양한 물건을 살 수 있는 기회가 늘었다. 우리나라 국민이 외국 기업에서 일자리를 얻기도 한다.
3 ① 4 ③ 5 ㉠, ㉢
6 ④

1 (1) 옷은 의생활과 관련이 있습니다.
(2) 집은 주생활과 관련이 있습니다.

2

채점 기준	
상	'세계 여러 나라의 싸고 다양한 물건을 살 수 있는 기회가 늘었다.'와 '우리나라 국민이 외국 기업에서 일자리를 얻기도 한다.'라고 두 가지를 바르게 쓴 경우
하	위의 내용 중 한 가지만 쓴 경우

다른 나라와 경제 교류를 하면서 개인의 경제활동 범위가 넓어지고 있습니다.

3 기업은 외국 기업과 새로운 기술이나 아이디어를 주고받으며 더 좋은 제품을 생산합니다. 물건을 수출할 나라에 공장을 세워 운반 비용을 줄이기도 합니다. 노동력이 저렴한 나라에 공장을 세워 생산 비용을 줄이기도 합니다. ① 세계가 하나의 시장이 되면서 같은 종류의 물건을 만드는 다른 나라와 경쟁하게 되었습니다.

4 기업이 노동력이 싼 다른 나라에 공장을 세우면 노동비가 줄어들고, 물건을 파는 나라에 직접 공장을 세우면 운송비가 줄어듭니다. 이를 통해 기업은 생산 비용을 줄일 수 있게 됩니다.

5 ㉡은 우리나라와 다른 나라의 경쟁적인 경제 관계를 나타냅니다.

6 ④ 각 나라의 특징을 살린 활발한 경제 교류가 이루어지고 있습니다.

03 다른 나라와 경제 교류를 하면서 생기는 문제

기본 문제로 익히기 104쪽

핵심 체크

❶ 수출 ❷ 수입 ❸ 보호
❹ 국제기구 ❺ 협상

개념 문제

1 관세 2 ㉠ 낮은 ㉡ 불공정
3 (1) ○ (2) × (3) × (4) ○
4 세계 무역 기구(WTO)

1 다른 나라에서 수입하는 물건에 내게 하는 세금을 관세라고 합니다. 다른 나라에서 우리나라 물건에 높은 관세를 부과하면 수출이 어려워집니다.

2 정부는 경쟁력이 ㉠ 낮은 산업의 보호, 국민의 실업 방지, 국가의 안정적 성장, 다른 나라의 ㉡ 불공정 거래에 대응하기 위해서 자기 나라의 경제를 보호하는 법이나 제도를 만듭니다.

3 (2) 특정 나라의 물건을 수입하지 않으면 그 나라와 갈등을 겪기도 합니다.
(3) 다른 나라 물건에 지나치게 높은 관세를 매기면 그 나라의 수출이 어려워져 무역 문제가 일어납니다.

4 1995년 1월에 만들어진 세계 무역 기구(WTO)는 무역을 할 때 지켜야 하는 국제적인 규칙과 법을 만들어 무역 과정에서 생긴 다툼을 해결하는 역할을 합니다.

기본 문제로 익히기 105쪽

확인 문제

1 ⑤
2 예 수출이 어려워집니다.
3 ⑤ 4 ③ 5 ②, ⑤
6 ①, ② 7 ③

1 ⑤ 자유 무역 협정(FTA)은 수입품에 붙이는 세금을 없애거나 낮춰서 나라와 나라 사이에 무역을 보다 활발하고 자유롭게 하자는 약속입니다.

2

채점 기준
'수출이 어려워집니다.'라고 바르게 쓴 경우

관세가 오르면 제품의 가격이 올라서 가격 경쟁력이 낮아지기 때문에 우리나라 세탁기 생산 기업은 수출이 어려워집니다.

3 자기 나라 경제만을 보호하다 보면 다른 나라와 무역이 잘 이루어지지 않거나 새로운 무역 문제가 발생할 수 있습니다.

4 수입품이 많아지면 우리나라 기업들이 물건의 생산량을 줄여서 일자리를 잃은 실업자가 늘어날 수 있기 때문에 정부는 자기 나라의 경제를 보호하려고 합니다.

5 서로 자기 나라의 경제만 보호하려고 하면 다른 나라와 무역이 잘 이루어지지 않거나 새로운 무역 문제가 발생할 수 있습니다.

6 많은 나라가 무역 문제를 해결하려고 국제기구 설립과 가입, 무역 문제를 담당하는 국내 기관 설립, 세계 여러 나라와의 협상 등을 하고 있습니다.

7 밑줄 친 '국제기구'는 세계 무역 기구(WTO)입니다. ③ 세계 무역 기구(WTO)는 세계 시장에서 무역 문제가 생기지 않게 하여 무역이 잘 이루어지도록 만든 국제기구입니다.

실력 문제로 다잡기 106~109쪽

1 ② 2 ② 3 ⑤
4 ② 5 ⑤
6 예 식재료의 원산지가 다양해졌다. / 우리가 먹는 음식의 재료가 여러 국가에서 수입된다.
7 ②, ⑤ 8 ㉠ 기술 ㉡ 비용
9 ⑤ 10 ③ 11 유리
12 ②

1-1 × 2-1 ○ 3-1 ○
4-1 × 5-1 ○ 6-1 ○
7-1 × 8-1 × 9-1 ○
10-1 ○ 11-1 × 12-1 ○

1 ② ○○ 나라는 열대 과일, 목재, 철광석, 원유 등을 팔고, △△ 나라는 배, 자동차, 반도체, 휴대 전화 등을 팔고 있습니다.

2 각 나라들은 자기 나라가 잘 생산할 수 있는 것을 중심으로 생산하여 수출하고 그렇지 않은 상품을 다른 나라에서 수입하는 무역을 합니다.

3 서비스 분야에는 음악, 영화, 만화, 의료, 게임 등이 해당됩니다. ⑤ 커피 수입은 물건 교류에 해당합니다.

4 ② 수입액 비율이 가장 높은 나라는 중국입니다.

5 우리나라에서는 원유가 나지 않지만, 원유를 가공하고 처리하는 기술이 뛰어나 다양한 석유 제품을 많이 수출하고 있습니다. ㉠ 우리나라에서는 원유가 생산되지 않습니다.

6

	채점 기준
상	'식재료의 원산지가 다양해졌다.'와 '우리가 먹는 음식의 재료가 여러 국가에서 수입된다.' 중 한 가지를 바르게 쓴 경우
하	'식생활에 영향을 미친다.'라고만 쓴 경우

제시된 식재료 원산지 표시판에서 다른 나라와의 경제 교류가 활발해지면서 우리의 식재료 원산지가 다양해졌음을 알 수 있습니다.

7 우리나라 국민이 외국 기업에서 일자리를 얻는 등 개인의 경제활동의 범위가 넓어졌습니다. 다른 나라에 가지 않아도 다른 나라의 음식을 먹을 수 있는 등 전 세계의 값싸고 다양한 물건을 살 수 있는 기회가 늘어났습니다.

8 기업은 여러 나라와의 경제 교류를 확대해 가면서 더 많은 이윤을 얻으려고 노력하고 있습니다.

9 ⑤ 우리나라와 다른 나라는 경제 교류를 통해 경제적 이익을 주고받는 상호 의존 관계에 있습니다.

10 제시된 그림은 다른 나라에서 우리나라 물건에 지나치게 높은 관세를 부과하는 경우를 나타낸 것입니다.

11 국가는 경쟁력이 낮은 산업의 보호, 국민의 실업 방지 외에도 국가의 안정적 성장, 다른 나라의 불공정 거래에 대한 대응을 위해 자기 나라 경제를 보호하려고 합니다. 유리: 각 나라는 더 잘 만들 수 있는 것을 생산하고, 이를 교환하면서 서로 경제적 이익을 얻습니다.

12 ② 높은 관세 부과는 새로운 무역 문제를 일으킵니다.

단원 개념 점검하기

110~111쪽

❶ 이윤 ❷ 만족 ❸ 자유
❹ 경쟁 ❺ 정부 ❻ 농업
❼ 경공업 ❽ 중화학 ❾ 반도체
❿ 첨단 ⓫ 노사 ⓬ 자연환경
⓭ 비용 ⓮ 의존 ⓯ 국제기구

1 (1) – ㉡ (2) – ㉠ 2 (1) × (2) ○ (3) ○
3 ㉠ 노동력 ㉡ 경공업 4 (1) 국회 (2) 정부
5 ㉠ 수출 ㉡ 수입 6 (1) ○ (2) ×

단원 마무리

112~114쪽

1 ② 2 ① 3 ①
4 ③ 5 ④ 6 ①
7 ④ 8 ㉠ 경공업 ㉡ 중화학 공업
9 ③ 10 ④
11 ㉠ → ㉢ → ㉡ → ㉣ 12 ③
13 ② 14 ⑤ 15 ㉢, ㉣, ㉤
16 ① 17 ④
18 세계 무역 기구(WTO)

1 ②는 가계가 하는 일에 해당합니다.

2 아버지는 가장 저렴한 컴퓨터를 선택하자고 했는데, 이것은 가격을 기준으로 제품을 고른 것입니다. 아들은 에너지 절약, 딸은 디자인, 어머니는 기업의 서비스를 컴퓨터의 선택 기준으로 고려하였습니다.

3 ① 다양한 선택 기준을 고려하지 않고 무조건 싼 제품을 고르면, 쉽게 고장이 나거나 디자인이 마음에 들지 않는 등의 이유로 후회할 수 있습니다.

4 ③ 시장에서는 눈에 보이지 않는 사람의 노동력, 주식, 다른 나라의 돈 등도 사고팝니다.

5 ㉣ 기업은 자유롭게 경쟁하며 기술을 개발하여 더 우수한 품질의 물건을 만들어 많은 이윤을 얻을 수 있습니다. 이러한 과정에서 국가 전체의 경제도 발전합니다.

6 정부와 시민 단체는 기업의 경제활동이 공정하게 이루어질 수 있도록 여러 가지 노력을 하고 있습니다. ① 직접 제품을 생산하는 것은 기업입니다.

7 정부의 경제 개발 5개년 계획은 1962년에 시작되었습니다. ① 자동차 산업은 1980년대, ② 반도체 산업은 1990년대, ③ 철강 및 석유 화학 산업은 1970년대, ⑤ 관광, 의료 등 서비스 산업은 2000년대에 크게 성장하였습니다.

8 1970년대에 정부는 더 큰 경제 성장을 위해 철강, 석유 화학, 조선, 자동차, 전자 등 중화학 공업 중심의 경제 발전을 추진하였습니다.

9 1인당 국민 총소득을 보면 국민의 평균적인 생활 수준을 알 수 있습니다. 우리나라의 1인당 국민 총소득은 지속적으로 증가하고 있어 우리나라의 경제가 성장하고 있다는 것을 알려 주고 있습니다.

10 ④ 우리나라 경제는 짧은 시간 동안 세계가 놀랄 정도로 크게 성장하였습니다. 이러한 빠른 경제 성장은 '한강의 기적'이라고도 불렸습니다.

11 ㉠은 1970년대, ㉢은 1990년대, ㉡은 2000년대, ㉣은 2010년대에 나타난 모습입니다.

12 ③ 공업화로 농촌 인구가 일자리를 찾아 도시로 몰리면서 도시 인구가 급격히 늘어나 도시에는 주택, 교통, 환경 등의 문제가 발생하였습니다. 하지만 농촌에는 노동력 부족 현상이 나타났습니다.

13 ②는 다른 나라와의 경제 교류가 아니라 지역 간 교류 모습에 해당합니다.

14 각 나라마다 자연환경, 자원, 기술 등이 달라 더 잘 생산할 수 있는 물건이나 서비스가 다르기 때문에 무역을 합니다.

15 기업은 다른 나라와 경제 교류를 하며 더 많은 이윤을 얻기 위해 노력하고 있습니다. ㉠, ㉡은 다른 나라와의 경제 교류가 개인의 경제생활에 미친 영향에 해당합니다.

16 ②, ③, ④, ⑤는 우리나라가 다른 나라에 파는 것들로, 우리나라의 수출품에 해당합니다. 지도에서 알 수 있는 우리나라의 수입품은 원유, 천연가스, 돼지고기, 커피, 의류, 철광석 등입니다.

17 ④ 각 나라의 특징을 살린 경제 교류가 활발하게 이루어지고 있습니다. 각 나라는 더 잘 만들 수 있는 것을 생산하고, 이를 다른 나라와 교환하면서 서로 경제적 이익을 얻기 때문입니다.

18 세계 무역 기구(WTO)는 무역을 할 때 지켜야 하는 규칙과 법을 만들어 무역과 관련된 다툼을 해결하는 데 역할을 하고, 각 나라의 무역 관련 정책을 수립하는 데 기준을 제시하여 세계 시장에서 무역이 잘 이루어지도록 합니다.

서술형 마무리

115쪽

1 (1) ㉠ 가계 ㉡ 기업
(2) 예 기업의 생산 활동에 참여하여 그 대가로 소득을 얻는다. 소득으로 기업에서 생산한 물건과 서비스를 구매한다.

2 예 1970년대 이후 산업 구조가 경공업 중심에서 중화학 공업 중심으로 바뀌면서 중화학 공업 제품의 수출량이 늘어나 수출액이 크게 늘어났다.

3 (1) 노사 갈등
(2) 예 기업이 안정적인 일자리를 많이 만들 수 있도록 여러 가지 방법으로 기업을 도와준다. / 근로자와 기업의 경영자가 대화로 문제를 해결하도록 중재하기도 한다.

4 예 자기 나라의 세탁기 판매를 돕기 위한 것이다. 우리나라의 세탁기 가격이 너무 낮으면 자기 나라의 세탁기가 팔리지 않기 때문이다.

1

	채점 기준
상	(1)의 답을 쓰고, (2) '기업의 생산 활동에 참여한다.'와 '기업에서 생산한 물건과 서비스를 구매한다.'를 모두 바르게 쓴 경우
중	(1)의 답을 쓰고, (2)의 답 중 한 가지만 쓴 경우
하	(1)의 답만 쓴 경우

㉠ 가계는 기업에 노동력을 제공하고 그 대가로 급여를 받아 소비 활동을 합니다. ㉡ 기업은 가계가 제공하는 노동력을 활용하여 물건이나 서비스를 생산하여 판매합니다.

2

	채점 기준
상	'산업 구조가 경공업 중심에서 중화학 공업 중심으로 바뀌었다.'를 포함하여 쓴 경우
하	'중화학 공업 중심으로 바뀌었다.'라고만 쓴 경우

1970년대 이후 중화학 공업이 발달하여 해외로 많은 중화학 공업 제품들을 수출하면서 국민의 소득도 크게 증가하였습니다.

3

채점 기준	
상	(1)의 답을 쓰고, (2) 노사 갈등을 해결하기 위한 정부의 노력 한 가지를 바르게 쓴 경우
중	(2)의 답만 쓴 경우
하	(1)의 답만 쓴 경우

경제 성장 과정에서 근로자와 기업의 경영자 사이에 노사 갈등이 발생하기도 합니다. 정부는 이러한 문제를 해결하고 더 나은 근무 환경과 안정적인 일자리를 만들고자 노력하고 있습니다.

4

채점 기준	
상	'자기 나라의 세탁기 판매를 돕기 위한 것이다.'와 '우리나라 세탁기 가격이 낮으면 자기 나라의 세탁기가 잘 팔리지 않기 때문이다.'를 모두 바르게 쓴 경우
하	위의 내용 중 한 가지만 쓴 경우

서로 자기 나라의 경제를 보호하고, 자기 나라의 산업을 더 키우려고 하기 때문에 무역 관련 문제가 발생합니다.

정답과 해설
평가책

1. 우리나라의 정치 발전

쪽지 시험

① 민주주의의 발전과 시민 참여 3쪽

1 4·19 혁명 **2** 이승만 **3** 전두환
4 5·18 민주화 운동 **5** 6월 민주 항쟁
6 직선제 **7** 지방 자치제
8 누리 소통망 서비스(SNS)

② 일상생활과 민주주의 5쪽

1 정치 **2** 민주주의 **3** 인간의 존엄성
4 ㉠ 자유 ㉡ 평등 **5** 관용
6 타협 **7** 다수결의 원칙 **8** 존중

③ 민주 정치의 원리와 국가 기관의 역할 7쪽

1 국민 주권 **2** 선거 **3** ㉠ 권력 분립 ㉡ 삼권 분립 **4** 국회 **5** 행정부(정부)
6 대통령 **7** 재판 **8** 세 번

실전 단원 평가 1회 8~10쪽

1 ④
2 예 독재 체제를 강화하기 위해서이다.
3 전두환 **4** ③ **5** ②
6 지방 자치제 **7** ④ **8** ④
9 ② **10** ⑤ **11** ㉠
12 ㉠ **13** ㉤ **14** ③
15 예 세 기관이 서로 견제하고 균형을 이루어 국민의 자유와 권리를 보장하기 위해서이다.
16 ① **17** ④ **18** ②, ③
19 국무 회의 **20** ⑤

1 4·19 혁명은 이승만 정부의 독재 정치와 3·15 부정 선거에 반발해 일어났습니다. ④ 4·19 혁명은 학생을 비롯한 다양한 계층의 시민이 참여하여 전국으로 퍼져 나갔습니다.

2

	채점 기준
상	'독재 체제를 강화하기 위해서이다.'라고 바르게 쓴 경우
하	'대통령이 되기 위해서이다.'라고만 쓴 경우

밑줄 친 '헌법'은 유신 헌법입니다. 유신 헌법으로 막강한 권한을 가지게 된 박정희 대통령은 국민의 기본권을 제한하며 독재 체제를 강화하였습니다.

3 전두환을 중심으로 한 신군부가 정변을 일으켜 권력을 잡았습니다. 이후 전두환은 광주의 민주화 시위를 진압하기 위해 광주에 계엄군을 보냈습니다.

4 ㉣ 계엄군이 광주에서 다른 지역으로 가는 모든 길목을 차단하고, 광주에서 벌어진 일이 외부로 알려지지 않도록 언론을 통제하여 다른 지역 사람들은 당시 광주에서 어떤 일이 일어나고 있는지 제대로 알 수 없었습니다.

5 6월 민주 항쟁의 결과 발표된 6·29 민주화 선언에 따라 헌법을 바꾸고 법을 새롭게 만들면서 우리나라에 민주적인 기본 질서와 제도가 정착되었습니다. ② 정당 활동 금지는 6·29 민주화 선언에 담긴 내용이 아닙니다.

6 지방 자치제는 지역 주민이 직접 뽑은 지방 의회 의원과 지방 자치 단체장을 통하여 그 지역의 일을 처리하는 제도입니다.

7 오늘날 시민들이 평화적이고 민주적인 방식으로 사회 공동의 문제 해결에 참여하면서 우리 사회의 문제들을 원만하게 해결하고 있습니다. ④ 5·18 민주화 운동 당시에 볼 수 있었던 모습입니다.

8 정치는 갈등이나 대립을 조정하고, 많은 사람에게 영향을 미치는 공동의 문제를 원만하게 해결해 가는 과정을 말합니다. ④는 생활 속 정치의 사례에 해당하지 않습니다.

9 ② 진정한 민주주의를 이루려면 모든 사람을 소중하고 존엄한 존재로 생각해야 하며, 공동체도 항상 고려해야 합니다.

10 ① 관용은 나와 다른 생각과 의견을 인정하고 존중하는 태도입니다. ② 실천은 함께 결정한 일을 따르고 실제로 행동하는 자세입니다. ③, ④ 양보와 타협은 상대방과 서로 어떤 일을 배려하고 협의하는 자세입니다.

11 ㉠ 다수결의 원칙은 다수의 의견이 소수의 의견보다 합리적일 것이라 가정하는 방법입니다. 다수의 의견이 항상 합리적인 것은 아니기 때문에 소수의 의견도 존중하는 태도를 가져야 합니다.

12 민주적 의사 결정 원리에 따른 문제 해결 과정은 '㉠ 문제 확인하기 → ㉡ 문제 발생 원인 파악하기 → ㉤ 문제 해결 방안 탐색하기 → ㉢ 문제 해결 방안 결정하기 → ㉣ 문제 해결 방안 실천하기'의 순서입니다.

13 학급의 문제를 해결하고자 학생들이 다양한 방안을 제시하고, 각 방안의 장점과 단점을 생각해 보는 대화이므로, ㉤ 문제 해결 방안 탐색하기 과정에 해당합니다.

14 우리나라 헌법에서는 주권이 국민에게 있음을 분명히 하고 있으며, 이를 실현하려고 국민의 자유와 권리를 법으로 보장하고 있습니다.

15

	채점 기준
상	'세 기관이 서로 견제하고 균형을 이루기 위함.'과 '국민의 자유와 권리를 보장하기 위해서임.'을 모두 바르게 쓴 경우
하	위의 내용 중 한 가지만 쓴 경우

국가 권력을 국회, 행정부, 법원이 나누어 맡도록 하는 것을 삼권 분립이라고 합니다.

16 우리나라는 4년에 한 번씩 국민이 선거로 국회 의원을 뽑는데 이러한 국회 의원들로 구성된 국민의 대표 기관이 국회입니다.

17 ④ 국무 회의를 열어 중요 정책을 논의하는 일은 행정부에서 하는 일입니다.

18 행정부는 법에 따라 국가의 살림을 맡아 하는 국가 기관으로, 행정부의 최고 책임자는 대통령입니다. ① 행정부 구성원 중 대통령만 국민이 5년마다 선거로 선출합니다. ④ 국회 의원은 국회의 구성원입니다. ⑤ 대통령이 외국에 가거나 그 밖의 이유로 자리를 비우게 될 때에는 국무총리가 대통령의 역할을 대신합니다.

19 행정부에서는 대통령, 국무총리, 각부의 장관을 비롯한 국무 위원들이 모여 국무 회의를 엽니다.

20 ① 특정한 경우를 제외한 모든 재판의 과정과 결과를 국민에게 공개하고 있습니다. ②, ③ 우리나라 헌법은 법원이 외부의 영향을 받지 않도록 독립을 보장하고 있습니다. ④ 법관은 모든 사람에게 법을 공평하게 적용해야 합니다.

실전 단원 평가 2회

11~13쪽

1 ㉠ → ㉣ → ㉢ → ㉡　**2** ⑤
3 ㉠, ㉣　**4** ④　**5** ③
6 ⑤
7 예 지방 자치제가 실시되면서 주민들은 스스로 지역 문제를 해결하고자 의견을 제시하고, 지역의 대표는 주민들이 낸 의견을 반영하여 지역 문제를 민주적으로 해결할 수 있게 되었다.
8 정치　**9** ⑤　**10** 연우
11 ④　**12** ②　**13** ①
14 ④
15 예 왕 한 사람에게 모든 통치 권력이 집중되어 있었기 때문이다.
16 ㉠, ㉢　**17** 국정 감사　**18** ①
19 ②　**20** ③

1 ㉠ 1960년 3·15 부정 선거가 시행되었습니다. ㉣ 마산 시위 과정에서 실종된 고등학생 김주열이 죽은 채로 발견되었습니다. ㉢ 4월 19일에 전국적인 시위로 확대되었고 ㉡ 결국 이승만은 대통령직에서 물러났습니다.

2 ⑤ 김주열의 시신이 발견되면서 3·15 부정 선거에 항의하는 시위가 전국으로 퍼져 나갔고 4월 19일에는 많은 학생과 시민들이 시위에 참여하였습니다(4·19 혁명).

3 박정희 대통령이 죽은 후 신군부가 정변을 일으켰고 (12·12 사태), 이후 계엄령을 전국으로 확대하였습니다. ㉡, ㉢은 박정희 대통령 사망 이전의 일입니다.

4 ④ 계엄군은 광주에서 벌어진 일이 외부로 알려지지 않도록 언론을 통제하였습니다.

5 6월 민주 항쟁 당시 시민들은 전두환 정부의 독재에 반대하고 대통령 직선제를 요구하였습니다.

6 6월 민주 항쟁의 결과 발표된 6·29 민주화 선언 이후 대통령 선출 방식을 직선제로 바꾸는 헌법 개정이 이루어졌습니다. 이 헌법에 따라 제13대 대통령 선거가 직선제로 시행되었습니다.

7

	채점 기준
상	'주민들은 스스로 지역 문제를 해결하고자 의견을 제시함.'과 '지역의 대표는 주민들이 낸 의견을 반영하여 지역 문제를 민주적으로 해결할 수 있게 되었음.'을 모두 바르게 쓴 경우
하	위의 내용 중 한 가지만 쓴 경우

지방 자치제가 실시되면서 우리나라의 민주주의는 더욱 확대되었습니다.

8 가정, 학급, 학교, 지역 등 우리의 일상생활 곳곳에서 정치의 모습을 찾아볼 수 있습니다.

9 민주주의를 이루는 기본 정신은 ㉡ 인간의 존엄성, ㉢ 평등, ㉣ 자유입니다. ㉠ 공공의 이익을 위해 필요한 경우 개인의 이익은 법률로 제한되기도 합니다.

10 연우는 사실이나 의견의 옳고 그름을 따져 살펴보는 비판적 태도를 보이고 있습니다.

11 나와 다른 생각과 의견을 인정하고 존중하는 태도를 관용이라고 합니다.

12 ②는 다수결의 원칙을 활용하여 의사 결정을 할 수 있는 사례로 적합하지 않습니다.

13 ① 국민 주권은 국민 모두에게 주권이 있다는 것입니다.

14 ④ 오늘날에는 모든 사람이 한자리에 모여 나라의 중요한 일을 결정하기 어렵기 때문에 자신의 뜻을 전달할 대표자를 뽑습니다.

15

	채점 기준
상	'왕 한 사람에게 모든 통치 권력이 집중되어 있었기 때문이다.'라고 바르게 쓴 경우
하	'왕이 마음대로 할 수 있었다.'라고만 쓴 경우

한 사람이나 기관에 국가 권력이 집중되면 권력을 마음대로 행사하여 국민의 자유와 권리를 침해할 수 있습니다. 이를 막으려고 민주주의 국가에서는 서로 다른 국가 기관이 국가 권력을 나누어 맡도록 합니다(권력 분립).

16 ㉡ 국회 의원은 국민의 직접 선거로 선출됩니다. ㉣ 국회 의원은 다른 직업을 갖는 데 제한이 있습니다.

17 국회는 국정 감사를 공개로 진행하며 필요한 경우에는 관련 서류를 제출하도록 요구하거나 청문회를 열 수도 있습니다.

18 ① 대통령은 행정부의 최고 책임자로서 국가의 중요한 일을 결정합니다.

19 ①은 교육부, ③은 국토 교통부, ④는 보건 복지부, ⑤는 국방부에서 하는 일입니다.

20 ③ 법을 만드는 것은 국회에서 하는 일입니다.

수행 평가

주제 ❶ 14쪽

1-❶ (가) → (다) → (라) → (마) → (나) → (바)

1-❷ ㉠ 예 이승만 정부의 독재 정치

㉡ 예 바뀐 헌법에 따라 선거를 다시 하여 새로운 정부가 세워짐.

1-❸ 예 독재 정권을 몰아내고 우리나라에 민주주의가 정착되도록 노력하였다.

주제 ❷ 15쪽

2-❶ 삼권 분립

2-❷ ㉠ 예 법을 만든다. / 예산안을 심의하여 확정하고, 결산을 심사한다. / 행정부가 법에 따라 일을 잘하고 있는지 살펴보는 국정 감사를 한다.

㉡ 예 법에 따라 국가의 살림을 맡아 한다.

㉢ 예 법에 따라 재판을 한다. / 사람들 사이의 다툼을 해결한다. / 법을 어긴 사람을 처벌한다. / 국가나 지방 자치 단체로부터 피해를 입은 사람의 억울함을 풀어 준다.

2-❸ 예 한 기관이 국가의 중요한 일을 마음대로 처리할 수 없도록 서로 견제하고 균형을 이루게 하여 국민의 자유와 권리를 보장하기 위해서이다.

1-❶

채점 기준
'(가) → (다) → (라) → (마) → (나) → (바)'라고 바르게 쓴 경우

(가)는 1960년, (다)는 1961년, (라)는 1972년, (마)는 1980년, (나)는 1987년, (바)는 1987년 6월 민주 항쟁 이후에 일어났습니다.

1-❷

	채점 기준
상	'㉠ 이승만 정부의 독재 정치'와 '㉡ 바뀐 헌법에 따라 선거를 다시 하여 새로운 정부가 세워짐.'을 모두 바르게 쓴 경우
하	㉠, ㉡ 중 한 가지만 쓴 경우

4·19 혁명은 학생을 비롯한 다양한 계층의 시민이 이승만 정부의 독재에 맞서 일으킨 민주주의 혁명입니다.

1-❸

	채점 기준
상	'독재 정권을 몰아내고 우리나라에 민주주의가 정착되도록 노력하였다.'라고 바르게 쓴 경우
하	'독재 정권을 몰아내려 함.' 또는 '우리나라에 민주주의가 정착되도록 노력함.' 중 한 가지만 쓴 경우

많은 사람들이 노력한 결과 우리나라의 민주주의가 발전하게 되었습니다.

2-❶

채점 기준
'삼권 분립'이라고 바르게 쓴 경우

우리나라는 국가 권력을 국회, 행정부, 법원이 나누어 맡도록 하는 삼권 분립을 실시하고 있습니다.

2-❷

	채점 기준
상	'㉠ 국회에서 하는 일, ㉡ 행정부에서 하는 일, ㉢ 법원에서 하는 일'을 각각 한 가지씩 바르게 쓴 경우
중	세 기관 중 두 기관에서 하는 일을 쓴 경우
하	세 기관 중 한 기관에서 하는 일만 쓴 경우

국회는 법을 만드는 일, 행정부는 법에 따라 국가 살림을 하는 일, 법원은 법에 따라 재판을 하는 일을 주로 합니다.

2-❸

	채점 기준
상	'한 기관이 국가의 중요한 일을 마음대로 처리할 수 없도록 서로 견제하고 균형을 이루게 하기 위함.'과 '국민의 자유와 권리를 보장하기 위해서임.'을 모두 바르게 쓴 경우
하	위의 내용 중 한 가지만 쓴 경우

국가 기관이 권력을 나누어 가지고 서로 감시하도록 하는 권력 분립은 민주 정치의 원리 중 하나입니다.

2. 우리나라의 경제 발전

쪽지 시험

❶ 우리나라 경제 체제의 특징 17쪽

1 가계 **2** 기업 **3** 적은
4 이윤 **5** 시장 **6** 전통 시장
7 ㉠ 자유 ㉡ 경쟁 **8** 정부

❷ 우리나라의 경제 성장 19쪽

1 ㉠ 농업 ㉡ 공업 **2** 노동력
3 중화학 공업 **4** 반도체 **5** 첨단 산업
6 서비스 산업 **7** 국회 **8** 환경 오염

❸ 세계 속의 우리나라 경제 21쪽

1 무역 **2** ㉠ 수출 ㉡ 수입
3 다르기 **4** 서비스 **5** 자유 무역 협정
6 경쟁 **7** 관세
8 세계 무역 기구(WTO)

실전 단원 평가 1회 22~24쪽

1 ㉡, ㉢ **2** ①
3 예 자신이 추구하는 가치를 지키기 위해서이다.
4 ㉠ 비용 ㉡ 이윤 **5** ④
6 ⑤ **7** ⑤ **8** ①
9 ②
10 예 노동력이 풍부하였기
11 ㉢ **12** ② **13** ②
14 ③, ④ **15** ②, ③ **16** 원산지
17 동하, 윤서 **18** ⑤ **19** ①
20 ⑤

1 ㉠은 기업의 경제적 역할입니다.

2 가계는 소비를 할 때 소득의 범위 안에서 가격, 품질, 디자인 등 다양한 기준을 고려하여 가장 적은 비용으로 가장 큰 만족을 얻을 수 있도록 합리적 선택을 해야 합니다.

3

	채점 기준
상	'자신이 추구하는 가치를 지키기 위해서이다.'라고 바르게 쓴 경우
하	'가치를 지키기 위해서이다.'라고만 쓴 경우

평가책

가격이 비싸더라도 인권, 환경 등 자신이 추구하는 가치를 지키면서 소비하는 사람들이 늘고 있습니다.

4 기업은 사람들이 원하는 것을 무제한으로 생산할 수 없으므로 적은 비용으로 보다 많은 이윤을 얻을 수 있는 합리적 선택을 합니다.

5 ④ 인터넷 쇼핑이나 홈 쇼핑을 이용하면 시간과 공간의 제약을 받지 않고 물건을 살 수 있습니다.

6 ①, ②, ③, ④는 자유에 해당하는 활동입니다.

7 정부는 기업 간의 공정한 경제활동을 보장하기 위해 허위 광고, 과장 광고 등을 규제하며, 기업끼리 상의하여 마음대로 물건의 가격을 올리거나 제한할 수 없도록 감시합니다.

8 ① 정부는 1962년에 경제 개발 5개년 계획을 실시하였습니다.

9 경공업은 가발, 의류, 신발 등과 같이 부피에 비하여 무게가 가벼운 물건을 만드는 산업을 말합니다.

10

채점 기준	
상	'노동력이 풍부하였기'라고 바르게 쓴 경우
하	'노동력'이라고만 쓴 경우

1960년대에 우리나라 기업은 풍부한 노동력을 이용하여 경공업 제품을 낮은 가격에 생산할 수 있었습니다.

11 1980년대부터 우리나라 자동차의 해외 수출이 큰 폭으로 늘어나면서 자동차 산업이 우리나라의 수출을 이끄는 산업으로 성장하였습니다.

12 1990년대에 컴퓨터와 가전제품의 생산이 늘어나고 핵심 부품인 반도체의 중요성이 커지면서 우리나라 기업들은 세계적으로 인정받는 반도체를 개발하고 생산하였습니다.

13 ② 철강 산업은 1970년대에 발달하기 시작한 산업입니다.

14 정부는 경제적 양극화(빈부 격차) 문제를 해결하기 위해 소득이 적은 사람들에게 생계비, 양육비, 학비 등을 지원합니다.

15 나라마다 자원, 자연환경, 기술 수준 등이 달라 생산할 수 있는 물건이나 서비스가 다르기 때문에 무역이 필요합니다.

16 다양한 물건의 원산지를 살펴보면 우리나라가 다른 나라와 여러 가지 물건을 교류한다는 사실을 알 수 있습니다.

17 민아: 우리나라는 중국과의 수출액 비율과 수입액 비율이 가장 높습니다.

18 ①, ③ 우리나라 국민이 외국 기업에서 일자리를 얻는 등 개인의 경제활동 범위가 넓어졌습니다. ②, ④는 다른 나라와의 경제 교류가 기업에 미친 영향입니다.

19 세계가 하나의 시장이 되면서 더 넓은 시장에서 활동할 수 있지만 각 나라의 경쟁은 더욱 심해졌습니다.

20 ⑤ 관세는 상품이 국경을 통과할 때 부과되는 세금으로, 다른 나라에서 들여오는 수입품에 붙습니다.

실전 단원 평가 2회

25~27쪽

1 ② **2** 유리 **3** ㉠, ㉢
4 예 적은 비용으로 보다 많은 이윤을 얻을 수
5 ②, ⑤ **6** ⑤ **7** ③
8 ⑤ **9** ④
10 예 1970년대 이후 우리나라의 산업 구조는 경공업 중심에서 중화학 공업 중심으로 바뀌었다.
11 ② **12** ②
13 ㉣ → ㉠ → ㉡ → ㉢ **14** ①
15 ③ **16** 반도체 **17** ②, ⑤
18 ① **19** ㉡, ㉢ **20** ㉢

1 ②는 가계의 경제적 역할입니다.

2 제시된 그림과 같이 가계와 기업의 경제활동은 서로에게 도움을 주며 밀접한 관계를 맺고 있습니다.

3 ㉡ 가격, 품질, 상표, 환경 등 추구하는 가치가 다르기 때문에 합리적 선택의 기준도 개인에 따라 다를 수 있습니다.

4

채점 기준	
상	'적은 비용으로 보다 많은 이윤을 얻을 수'라고 바르게 쓴 경우
하	'이윤을 얻을 수'라고만 쓴 경우

기업은 물건이나 서비스를 생산할 때 적은 비용으로 보다 많은 이윤을 얻을 수 있도록 합리적 선택을 합니다.

5 홈 쇼핑, 인터넷 쇼핑은 직접 가지 않고도 원하는 물건을 구입할 수 있는 시장으로, 시간과 공간의 제약을 받지 않고 물건을 구매할 수 있습니다.

6 개인과 기업은 자유롭게 경제활동을 하면서 이익을 얻고자 다른 사람 또는 다른 기업과 경쟁합니다.

7 정부는 제시된 활동 외에도 기업끼리 상의하여 마음대로 물건의 가격을 올리지 못하도록 감시하고, 허위 광고, 과장 광고 등을 규제하며, 여러 기업에서 물건을 만들도록 지원합니다.

8 1960년대에 정부는 기업이 재료와 제품을 빠르게 운반할 수 있도록 철도와 도로를 건설하였습니다. 또한 배를 이용하여 수출과 수입을 원활하게 할 수 있도록 여러 항만을 건설하였습니다.

9 ④ 반도체 산업은 1990년대에 우리나라에서 발달한 산업입니다.

10

	채점 기준
상	'1970년대 이후 우리나라의 산업 구조는 경공업 중심에서 중화학 공업 중심으로 바뀌었다.'라고 바르게 쓴 경우
하	'중화학 공업 중심으로 바뀌었다.'라고만 쓴 경우

1970년대 이후에는 중화학 공업의 생산 비중이 경공업의 생산 비중보다 커졌습니다.

11 ② 경부 고속 국도는 1970년에 개통되었으며 교통의 발달과 관련이 있습니다.

12 ② 국내 총생산은 꾸준히 증가하여 2020년에는 1,900조 원을 넘었습니다.

13 ㉠은 1970년대, ㉡은 1990년대, ㉢은 2010년대, ㉣은 1960년대의 변화 모습입니다.

14 노사 갈등은 근무 환경, 임금 등의 문제로 근로자와 기업의 경영자 사이에 발생하는 갈등입니다.

15 ○○ 나라는 휴대 전화, 자동차, 배 등을 만드는 기술이 부족하지만, △△ 나라는 배, 자동차, 반도체 등을 만드는 기술이 뛰어납니다.

16 우리나라에서 가장 많이 수출하고 수입하는 품목은 반도체입니다.

17 ① 원유 가격은 계속 변합니다. ③ 사람들의 에너지 사용이 늘면서 우리나라의 에너지 자원이 부족해졌습니다. ④ 우리나라에서는 원유가 생산되지 않습니다.

18 ① 다른 나라와 경제 교류를 한다고 해서 우리나라의 모든 공장이 문을 닫는 것은 아닙니다.

19 ㉠ 우리나라는 미국, 중국, 칠레 등 여러 나라와 자유 무역 협정(FTA)을 맺었습니다.

20 다른 나라와 무역을 할 때 서로 자기 나라의 경제만을 보호하려고 하면 ㉢ 다른 나라와 무역을 하기가 어렵게 됩니다.

수행 평가

주제 ❶ 28쪽

1-❶ (1) ㉡ (2) ㉢

1-❷ 예 가격이 조금 더 비싸더라도 화면 크기가 큰 것을 선택 기준으로 하였다.

1-❸ 예 사람마다 추구하는 가치가 다르기 때문이다.

주제 ❷ 29쪽

2-❶ 철강 제품, 자동차 부품, 무선 통신 기기 부품, 전자 제품, 자동차, 가전제품

2-❷ 예 우리나라와 다른 나라는 서로 도움을 주고받는 상호 의존 관계인 동시에 세계 시장에서 경쟁하는 경쟁 관계를 맺고 있다.

2-❸ 예 우리나라와 다른 나라의 특징을 살린 활발한 경제 교류로 서로 경제적 이익을 얻을 수 있기 때문이다.

1-❶

	채점 기준
상	'(1) ㉡ (2) ㉢'이라고 바르게 쓴 경우
하	(1), (2) 중 한 가지만 쓴 경우

(1)은 무상 관리 기간, (2)는 에너지 사용량이 선택 기준입니다.

1-❷

	채점 기준
상	'가격이 조금 더 비싸더라도 화면 크기가 큰 것을 선택 기준으로 하였다.'라고 바르게 쓴 경우
하	'화면 크기가 큰 것을 선택 기준으로 하였다.'라고만 쓴 경우

㉠ 노트북은 가격이 비싸지만 화면 크기가 가장 큽니다.

1-❸

채점 기준
'사람마다 추구하는 가치가 다르기 때문이다.'라고 바르게 쓴 경우

사람마다 추구하는 가치가 다르기 때문에 합리적 선택의 기준도 다를 수 있습니다.

2-❶

채점 기준	
상	'철강 제품, 자동차 부품, 무선 통신 기기 부품, 전자 제품, 자동차, 가전제품' 중 두 가지 이상 바르게 쓴 경우
하	'철강 제품, 자동차 부품, 무선 통신 기기 부품, 전자 제품, 자동차, 가전제품' 중 한 가지만 쓴 경우

우리나라에서 만든 것을 다른 나라에 파는 것을 수출이라고 하는데, 우리나라는 주로 발전된 기술과 좋은 물건을 수출합니다.

2-❷

채점 기준	
상	'우리나라와 다른 나라는 서로 도움을 주고받는 상호 의존 관계인 동시에 세계 시장에서 경쟁하는 경쟁 관계를 맺고 있다.'라고 바르게 쓴 경우
하	'서로 도움을 주고받는 상호 의존 관계이다.'와 '경쟁한다.' 중 한 가지만 쓴 경우

우리나라와 다른 나라는 서로 경제적 도움을 주고받으며 의존하기도 하고 같은 종류의 제품이나 기술을 수출하며 경쟁하기도 합니다.

2-❸

채점 기준	
상	'우리나라와 다른 나라의 특징을 살린 활발한 경제 교류로 서로 경제적 이익을 얻을 수 있기 때문이다.'라고 바르게 쓴 경우
하	'서로 경제적 이익을 얻을 수 있기 때문이다.'라고만 쓴 경우

우리나라는 다른 나라와 경제적으로 상호 의존하는 동시에 경쟁하는데, 각 나라의 특징을 살린 활발한 경제 교류로 서로 경제적 이익을 얻을 수 있습니다.

학업성취도 평가 대비 문제 1회

30～32쪽

1 ④ **2** ⑤
3 6·29 민주화 선언 **4** ⑤
5 ㉠ 관용 ㉡ 실천
6 예 사실이나 의견의 옳고 그름을 따져 살펴보는 태도
7 도훈 **8** 국회 **9** ②
10 ③ **11** ③
12 ㉠ 소득 ㉡ 이윤 **13** ④
14 ④ **15** 공정 거래 위원회
16 ⑤ **17** ㉡, ㉢ **18** ⑤
19 ③ **20** ⑤

1 4·19 혁명의 결과 이승만이 대통령 자리에서 물러났고, 바뀐 헌법에 따라 선거를 다시 하여 윤보선을 대통령으로 선출하였습니다.

2 1979년 전두환을 중심으로 한 신군부가 정변을 일으켜 권력을 잡았습니다(12·12 사태).

3 6월 민주 항쟁의 결과 발표된 6·29 민주화 선언에 따라 헌법을 바꾸고 법을 새롭게 만들면서 우리나라에 민주적인 기본 질서와 제도가 정착되었습니다.

4 사람들 사이에서 생기는 갈등이나 대립을 조정하고, 많은 사람에게 영향을 미치는 공동의 문제를 원만하게 해결해 가는 과정을 '정치'라고 합니다.

5 일상생활에서 발생하는 문제를 해결하려면 관용, 비판적 태도, 양보와 타협 등이 필요하고, 이러한 과정을 거쳐 결정한 일은 함께 실천해야 합니다.

6

채점 기준	
상	'사실이나 의견의 옳고 그름을 따져 살펴보는 태도'라고 바르게 쓴 경우
하	'옳고 그름을 따져 보는 태도'라고만 쓴 경우

비판적 태도는 사실이나 의견의 옳고 그름을 객관적으로 따져 살펴보는 태도입니다.

7 윤수: 다수의 의견에 따라 결정하더라도 소수의 의견을 존중해야 합니다. 세정: 다수결이 항상 옳은 방법이라 할 수 없으므로, 대화와 토론, 양보와 타협으로 합의에 이를 수 없을 때 마지막 수단으로 사용해야 합니다.

8 국가 권력을 분리하여 각각 다른 기관이 나누어 맡도록 하는 것을 권력 분립이라고 합니다. 우리나라를 비롯한 대부분의 민주주의 국가에서는 국가 권력을 국회, 행정부, 법원이 나누어 맡습니다.

9 국회, 행정부, 법원이 국가의 일을 나누어 맡는 까닭은 한 기관이 국가의 중요한 일을 마음대로 처리할 수 없도록 서로 견제하고 균형을 이루어 권력의 남용을 막고, 국민의 자유와 권리를 지키기 위해서입니다.

10 제시된 그림은 행정부를 구성하는 대통령, 국무총리, 장관을 비롯한 국무 위원들이 모여 국무 회의를 하는 모습입니다.

11 ③은 법원에서 하는 일입니다.

12 가계와 기업의 경제활동은 서로에게 도움을 주며 서로 밀접한 관계를 맺고 있습니다.

13 ④는 과자를 소비하는 가계가 합리적 선택을 할 때 고민하는 내용입니다.

14 ① 외환 시장은 다른 나라의 돈을 사고파는 시장, ② 전통 시장은 물건을 직접 보고 비교해서 살 수 있는 시장, ③ 주식 시장은 주식 거래가 이루어지는 시장, ⑤ 일자리 시장은 노동을 사고파는 시장입니다.

15 공정 거래 위원회는 공정하고 자유로운 경쟁을 보장하는 일을 하는 정부 기관입니다.

16 ① 1950년대 이후 우리나라는 공업 발전에 힘을 모았습니다. ② 첨단 산업은 2000년대 이후, ③ 자동차 산업은 1980년대에 크게 발달하였습니다. ④ 중화학 공업 중심의 산업 구조로 바뀐 것은 1970~1980년대입니다.

17 ㉠ 반도체 연구는 1970년대부터 시작하였습니다.

18 ⑤ 경제 성장으로 세계인이 모이는 다양한 국제 행사가 우리나라에서 열리고 있습니다.

19 나라마다 자원, 기술, 자연환경, 생산 여건 등이 달라 더 잘 생산할 수 있는 물건이나 서비스가 다릅니다.

20 ⑤ 우리나라는 주로 발전된 기술과 좋은 품질의 물건을 수출하고, 우리나라에 부족한 자원, 물건, 기술 등을 수입합니다.

학업성취도 평가 대비 문제 2회

33~35쪽

1 예 계엄군이 광주의 교통과 통신 수단을 차단하고, 언론을 통제하였기 때문이다.
2 ④ **3** ③
4 ㉠ → ㉢ → ㉣ → ㉡ **5** ⑤
6 ⑤ **7** ② **8** ①
9 ㉢, ㉣ **10** ② **11** 보라
12 ㉠, ㉢ **13** 중화학 공업 **14** ②
15 예 1인당 국민 총소득이 크게 증가한 것을 통해 우리나라 경제가 성장하였음을 알 수 있다.
16 ④ **17** ㉠ 무역 ㉡ 수출
18 ⑤
19 예 다른 나라와 경제 교류를 하면서
20 ㉠, ㉡

1

채점 기준	
상	'계엄군이 광주의 교통과 통신 수단을 차단함.'과 '언론을 통제함.'을 모두 바르게 쓴 경우
하	위의 내용 중 한 가지만 쓴 경우

계엄군은 광주에서 일어난 일을 숨기려고 광주의 교통과 통신 수단을 차단하여 광주 사람들이 다른 지역의 사람들과 접촉하지 못하게 하였고, 신문·방송 등 언론을 통제하였습니다.

2 제시된 사진은 6월 민주 항쟁의 모습입니다. 전두환은 간선제로 대통령에 당선된 후, 언론을 통제하고 민주화 운동을 탄압하였습니다. 또한 국민의 대통령 직선제 요구를 받아들이지 않겠다고 발표하면서 이후 직선제 요구 시위가 전국으로 확산되었습니다(6월 민주 항쟁).

3 ③은 간선제에 대한 설명입니다.

4 ㉠ 4·19 혁명은 1960년, ㉢ 5·16 군사 정변은 1961년, ㉣ 5·18 민주화 운동은 1980년, ㉡ 6월 민주 항쟁은 1987년에 일어났습니다.

5 진정한 민주주의를 이루려면 민주주의의 기본 정신인 인간의 존엄성, 자유, 평등을 실현해야 합니다. ⑤는 평등 실현에 대한 내용입니다.

6 문제 해결 방안을 탐색하는 과정에서는 문제를 해결할 수 있는 다양한 방안을 생각하고 각 방안의 장점과 단점을 토론합니다.

7 평등 선거는 모든 사람이 동등하게 한 표씩만 행사할 수 있는 것이고, 비밀 선거는 누구에게 투표하였는지 다른 사람이 알 수 없게 하는 것입니다.

8 제시된 글은 삼심 제도(3심 제도)에 대한 설명입니다. 우리나라는 법원의 공정한 재판을 위해서 삼심 제도를 시행하고 있습니다.

9 국회에서는 법을 만들고, 행정부가 법에 따라 일을 잘 하고 있는지 국정 감사를 실시합니다.

10 제시된 사진은 가계의 소비 활동 모습입니다. ①은 가계의 생산 활동, ③, ④, ⑤는 기업의 경제적 역할입니다.

11 컴퓨터를 살 때 민재는 무상 관리 기간, 보라는 가격, 재석은 디자인, 향기는 에너지 사용량을 선택 기준으로 삼고 있습니다.

평가책

12 ㉡ 개인과 기업의 자유로운 경쟁으로 소비자는 원하는 물건을 사고, 좋은 서비스를 받을 수 있습니다.

13 1970년대에 들어서면서 정부는 우리나라의 산업 구조를 경공업 중심에서 더욱 발전된 중화학 공업 중심으로 바꾸려고 노력하였습니다.

14 ② 신발 산업은 1960년대에 발달한 산업입니다. 2000년대 이후부터는 높은 기술력이 필요한 첨단 산업과 사람들에게 즐거움이나 편리함을 주는 서비스 산업이 발달하고 있습니다.

15

채점 기준	
상	'1인당 국민 총소득이 크게 증가한 것을 통해 우리나라 경제가 성장하였음을 알 수 있다.'라고 바르게 쓴 경우
하	'1인당 국민 총소득이 크게 증가하였다.'라고만 쓴 경우

우리나라의 경제는 짧은 시간 동안 빠르게 성장하였습니다.

16 환경 오염 문제를 해결하기 위해 기업은 친환경 제품을 개발·생산하고자 노력하고, 정부는 친환경 인증 등으로써 이러한 기업들을 제도적으로 지원합니다. 시민들은 환경을 생각하고 보호하는 생활 습관을 실천합니다.

17 ㉠ 무역은 나라와 나라 사이에 물건이나 서비스를 사고파는 것이고, ㉡ 수출은 우리나라에서 만든 것을 다른 나라에 파는 것입니다.

18 ①, ② 합성수지와 석유 제품은 우리나라의 주요 수출품입니다. ③ 원유는 우리나라의 주요 수입품 중 하나입니다. ④ 우리나라의 주요 수출품과 주요 수입품은 반도체, 자동차와 같이 동일한 제품도 있고, 다른 제품도 있습니다.

19

채점 기준	
상	'다른 나라와 경제 교류를 하면서'라고 바르게 쓴 경우
하	'다른 나라의 물건이 들어오면서'라고만 쓴 경우

다른 나라에 직접 가지 않아도 그 나라의 음식, 식재료 등을 접할 수 있는 것은 다른 나라와의 경제 교류가 우리의 식생활에 미친 영향입니다.

20 ㉢ 무역 관련 문제를 해결하기 위해 세계 무역 기구(WTO)와 같은 국제기구에 가입하여 도움을 요청합니다.

한·끝·시·리·즈 교과서 학습부터 평가 대비까지 한 권으로 끝! 사회 공부의 진리입니다.

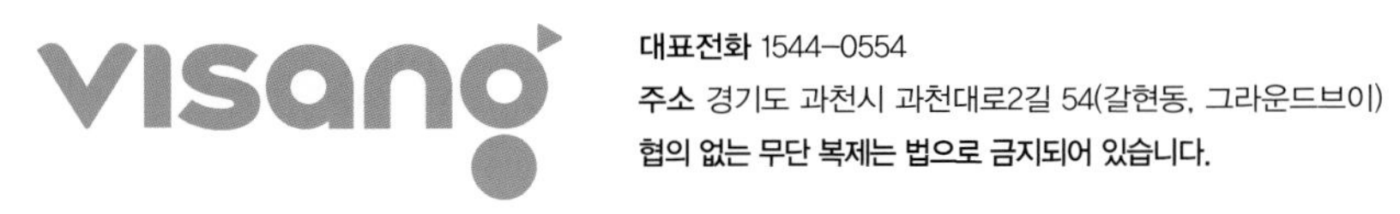

대표전화 1544-0554
주소 경기도 과천시 과천대로2길 54(갈현동, 그라운드브이)

비상 누리집에서 더 많은 정보를 확인해 보세요.

http://book.visang.com/

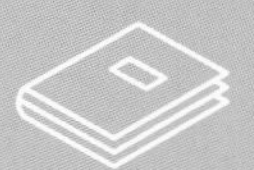

새 교과서 반영

한끝 평가책

초등**사회** 6·1

단원 평가 대비 | 개념 정리 / 쪽지 시험 / 실전 단원 평가 / 수행 평가

학업성취도 평가 대비 | 학업성취도 평가 대비 문제 2회

책 속의 가접 별책 (특허 제 0557442호)
'평가책'은 본책에서 쉽게 분리할 수 있도록 제작되었으므로
유통 과정에서 분리될 수 있으나 파본이 아닌 정상제품입니다.

ABOVE IMAGINATION

우리는 남다른 상상과 혁신으로
교육 문화의 새로운 전형을 만들어
모든 이의 행복한 경험과 성장에 기여한다

한끝

평가책

초등 사회 6·1

단원 평가 대비

학업성취도 평가 대비

① 민주주의의 발전과 시민 참여

1 4·19 혁명(1960년)

배경	이승만은 헌법을 바꾸어 가며 계속 대통령이 되어 독재 정치를 이어 나갔고, 3·15 부정 선거를 시행함. 자료 ①
과정	마산에서 3·15 부정 선거를 비판하는 시위가 일어남. → 4월 19일 전국에서 학생과 시민들이 시위에 참여함. → 이승만 정부의 무력 진압으로 많은 사람들이 죽거나 다침. → 시위가 거세지자 이승만이 대통령직에서 물러남.
의의	학생과 시민들이 힘을 합쳐 독재 정권을 무너뜨린 민주주의 혁명임.

2 5·18 민주화 운동(1980년) 자료 ②

배경	전두환 중심의 신군부가 권력을 장악함(12·12 사태). → 신군부가 계엄령을 확대하고 민주화 시위를 탄압함.
과정	전라남도 광주에서 민주화 시위가 일어남. → 계엄군이 시위를 폭력적으로 진압하자 광주 시민들이 시민군을 조직함. → 계엄군의 무력 진압으로 많은 사람들이 희생됨.
의의	민주화를 바라는 시민들의 의지를 보여 주었고, 우리나라는 물론 아시아 여러 나라의 민주화 운동에 영향을 주었음.

3 6월 민주 항쟁(1987년)

배경	전두환 정부가 언론을 통제하고, 민주화 요구를 탄압함.
과정	대학생 박종철이 경찰의 고문 중 사망함. → 전두환 정부가 국민의 대통령 직선제 요구를 받아들이지 않겠다고 발표함. → 대학생 이한열이 경찰이 쏜 최루탄에 맞아 사망함. → 대통령 직선제를 요구하는 시위가 전국으로 확산됨. → 여당 대표가 6·29 민주화 선언을 발표함. 자료 ③
의의	우리 사회에 민주적인 제도가 만들어지게 됨.

4 6월 민주 항쟁 이후 민주주의 발전

① **대통령 직선제**: 1987년 제13대 대통령 선거가 직선제로 치러진 이후 오늘날까지 계속 시행되고 있습니다.

② **지방 자치제**: 6월 민주 항쟁 이후 부활하였고, 1995년 지방 의회 의원과 지방 자치 단체장 선거를 동시에 실시하였습니다.

③ **오늘날 시민들이 사회 공동의 문제 해결에 참여하는 방식**: 촛불 집회, 1인 시위, 캠페인, 서명 운동, 공공 기관 누리집이나 누리 소통망 서비스(SNS)에 의견 올리기, 선거 참여, 공청회 참석, 정당이나 시민 단체 활동 등 다양한 방식으로 사회 공동의 문제 해결에 참여합니다.

자료 ① 3·15 부정 선거의 방법

투표용지 조작	자유당 후보자를 찍어 놓은 투표용지를 투표함에 몰래 넣음.
여럿이 투표하기	조를 짜서 투표하고 누구를 찍었는지 조장이 확인함.
투표함 바꾸기	실제 투표함을 조작된 투표함으로 바꿈.
참관인 내보내기	선거가 공정하게 진행되는지 살피는 참관인을 투표소 밖으로 내보냄.
폭력배 동원	폭력배를 동원하여 특정 인물을 뽑도록 위협함.
뇌물 제공	유권자들에게 돈, 물건을 주고 자유당 후보자를 뽑도록 함.

자료 ② 5·18 민주화 운동 이전 상황

5·16 군사 정변(1961년)
박정희를 중심으로 한 일부 군인들이 정변을 일으켜 권력을 잡음.

↓

박정희의 대통령 당선
박정희는 헌법을 바꾸어 가며 계속 대통령이 되어 독재 정치를 이어 감.

↓

유신 헌법 선포(1972년)
박정희는 대통령을 할 수 있는 횟수를 제한하지 않고 대통령 간선제 실시 등의 내용이 담긴 유신 헌법을 선포함. → 독재 체제를 강화함.

자료 ③ 6·29 민주화 선언에 포함된 내용

대통령 직선제 시행	언론의 자유 보장
국민이 나랏일을 맡을 대통령을 투표를 통해 직접 뽑을 수 있게 함.	언론이 정부의 통제에서 벗어나 자유롭게 사실을 전할 수 있게 함.
지방 자치제 시행	**기본권 보장**
지역의 문제를 지역 주민들이 스스로 결정할 수 있게 함.	헌법 조항을 보완하여 인간의 존엄성이 보장되도록 함.

❶ 민주주의의 발전과 시민 참여

정답과 해설 • 24쪽

1 1960년 4월 19일, 3·15 부정 선거를 비판하며 많은 학생과 시민들이 벌인 대규모 민주화 운동은 무엇입니까?

1 ______

2 4·19 혁명으로 (박정희 , 이승만)은/는 대통령직에서 물러났습니다.

2 ______

3 (   )을/를 중심으로 한 신군부는 정변을 일으켜 권력을 잡고, 전국으로 계엄령을 확대하여 민주화를 요구하는 시민들을 탄압하였습니다.

3 ______

4 1980년 광주에서 일어난 (   )은/는 군사 독재 정권에 맞서 민주화를 바라는 시민들의 의지를 보여 주었고, 우리나라는 물론 아시아 여러 나라의 민주화 운동에도 영향을 주었습니다.

4 ______

5 (12·12 사태 , 6월 민주 항쟁)이/가 더욱 거세지자 당시 여당 대표는 6·29 민주화 선언을 발표하였습니다.

5 ______

6 6·29 민주화 선언에 따라 제13대 대통령 선거가 (간선제 , 직선제)로 시행되었고, 이 제도는 오늘날까지 계속 시행되고 있습니다.

6 ______

7 지역 주민이 직접 뽑은 지방 의회 의원과 지방 자치 단체장을 통하여 그 지역의 일을 처리하는 제도를 무엇이라고 합니까?

7 ______

8 정보 통신 기술의 발달로 (대규모 집회 , 누리 소통망 서비스(SNS))를 활용하여 사회 공동의 문제 해결에 참여하는 사람이 많아지고 있습니다.

8 ______

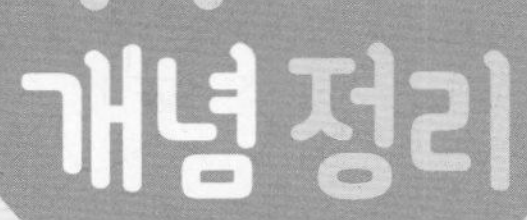

② 일상생활과 민주주의

1 정치와 민주주의의 의미

① 정치의 의미와 사례

의미	사람들 사이의 갈등이나 대립을 조정하고, 많은 사람에게 영향을 미치는 공동의 문제를 원만하게 해결해 가는 과정
사례	가족회의, 학급 회의, 주민 회의 등도 모두 정치의 사례라고 할 수 있음. 자료 ①

② 민주주의의 의미와 기본 정신

의미		모든 국민이 나라의 주인으로서 권리를 갖고, 그 권리를 자유롭고 평등하게 행사하는 정치 형태
기본 정신	인간의 존엄성	모든 인간은 인간이라는 이유만으로 존엄한 존재이며 존중받아야 한다는 것을 의미함. 자료 ②
	자유	국가나 다른 사람에게 구속받지 않고 자신의 생각대로 판단하고 행동할 수 있는 것을 의미함.
	평등	성별, 종교, 신분 등에 따라 차별받지 않고 동등하게 대우받는 것을 의미함.

2 생활 속에서 민주주의를 실천하는 바람직한 태도

관용	나와 다른 생각과 의견을 인정하고 존중하는 태도
비판적 태도	사실이나 의견의 옳고 그름을 따져 살펴보는 태도
양보와 타협	상대방과 서로 어떤 일을 배려하고 협의하는 자세
실천	함께 결정한 일을 따르고 실제로 행동하는 자세

3 민주적 의사 결정 원리

대화와 타협	대화와 토론을 거쳐 타협으로 문제를 해결하는 것이 가장 바람직한 의사 결정 원리임.
다수결의 원칙 자료 ③	• 다수의 의견이 소수의 의견보다 합리적일 것이라 가정하고 다수의 의견에 따르는 방법임. • 쉽고 빠르게 문제를 해결할 수 있으나 다수결의 원칙을 활용하기에 앞서 충분히 대화하고 토론해야 함.
소수의 의견 존중	다수의 의견이 항상 옳은 것은 아니기 때문에 소수의 의견도 존중해야 함.

4 민주적 의사 결정 원리에 따른 문제 해결 과정

문제 확인하기 → 문제 발생 원인 파악하기 → 문제 해결 방안 탐색하기 → 문제 해결 방안 결정하기 → 문제 해결 방안 실천하기

자료 ① 생활 속 정치의 사례

가정	가족회의에서 아이의 스마트폰 사용 규칙을 정하는 일
학급	학급 회의에서 청소 당번을 정하는 일
학교	투표로 학생 대표를 뽑는 일
지역	주민 회의에서 층간 소음 문제를 해결하려고 하는 일

자료 ② 헌법 조문에 실린 인간의 존엄성

> **제10조** 모든 국민은 인간으로서의 존엄과 가치를 가지며, 행복을 추구할 권리를 가진다. ……

대한민국 헌법에는 우리 모두가 인간으로서 존엄한 가치를 지니고 있음이 나타나 있습니다.

자료 ③ 다수결의 원칙을 활용하는 사례

▲ 일상생활에서 하는 의사 결정

▲ 학급 회의에서 하는 안건 결정

▲ 선거로 하는 대표 결정

❷ 일상생활과 민주주의

정답과 해설 • 24쪽

1 사람들 사이의 갈등이나 대립을 조정하고, 많은 사람에게 영향을 미치는 공동의 문제를 원만하게 해결해 가는 과정을 (   )(이)라고 합니다.

2 모든 국민이 나라의 주인으로서 권리를 갖고, 그 권리를 자유롭고 평등하게 행사하는 정치 형태를 무엇이라고 합니까?

3 (   )(이)란 모든 인간은 인간이라는 이유만으로 존엄한 존재이며 존중받아야 한다는 것을 의미합니다.

4 인간의 존엄성이 실현되려면 국가나 다른 사람에게 구속받지 않고 자신의 생각대로 판단하고 행동할 수 있는 (㉠   )과/와 성별, 종교, 신분 등에 따라 차별받지 않는 (㉡   )이/가 보장되어야 합니다.

5 생활 속에서 민주주의를 실천하는 바람직한 태도 중 나와 다른 생각과 의견을 인정하고 존중하는 태도를 (관용 , 실천)이라고 합니다.

6 사회 구성원 간의 갈등을 해결하는 가장 바람직한 의사 결정 원리는 대화와 토론을 거쳐 (   )(으)로 문제를 해결하는 것입니다.

7 다수의 의견이 소수의 의견보다 합리적일 것이라 가정하고 다수의 의견에 따르는 의사 결정 원리를 무엇이라고 합니까?

8 다수결의 원칙을 사용할 때에는 소수의 의견을 (무시 , 존중)하는 태도를 가져야 합니다.

1 ______________

2 ______________

3 ______________

4 ㉠: ______________

㉡: ______________

5 ______________

6 ______________

7 ______________

8 ______________

③ 민주 정치의 원리와 국가 기관의 역할

1 국민 주권

의미	국가의 중요한 일을 결정하는 최고의 권력인 주권이 국민에게 있다는 것
국민 주권의 보장	우리나라는 국민 주권을 헌법에 규정하고 있으며, 이를 실현하려고 국민의 자유와 권리를 법으로 보장함. → 국민은 선거에 참여하여 주권을 행사함. 자료 ①

2 권력 분립

① **권력 분립의 의미**: 국가 권력을 분리하여 각각 다른 기관이 나누어 맡도록 하는 민주 정치의 원리입니다.

② **우리나라의 삼권 분립** 자료 ②

의미	국회, 행정부, 법원이 국가 권력을 나누어 맡도록 함.
목적	세 기관이 서로 견제하고 균형을 이루어 국민의 자유와 권리를 보장함.

3 국회, 행정부, 법원에서 하는 일

① 국회

의미	국민이 뽑은 국회 의원들로 구성된 국민의 대표 기관
하는 일	• 법을 만들며, 법을 고치거나 없애기도 함. • 행정부가 세운 예산안을 심의하여 확정함. • 행정부가 계획대로 예산을 잘 썼는지 결산을 심사함. • 행정부가 법에 따라 일을 잘하고 있는지 국정 감사를 함.

② 행정부 자료 ③

의미	법에 따라 국가의 살림을 맡아 하는 국가 기관
구성	• 대통령: 외국에 대하여 국가를 대표하며, 행정부의 최고 책임자로 국가의 중요한 일을 결정함. • 국무총리: 대통령을 도와 각부를 관리하고, 대통령이 임무를 수행할 수 없을 때 그 역할을 대신함. • 각부: 장관과 차관, 많은 공무원이 행정 업무를 수행함.

③ 법원 자료 ④

의미	법에 따라 재판을 하는 국가 기관
하는 일	• 사람들 사이의 다툼을 해결함. • 법을 지키지 않은 사람을 처벌함. • 국가나 지방 자치 단체로부터 피해를 입은 사람의 억울함을 풀어 줌.

자료 ① 민주 선거의 기본 원칙

보통 선거	선거일 기준으로 만 18세 이상의 국민이면 누구나 투표할 수 있음.
평등 선거	모든 사람은 동등하게 한 표씩 행사할 수 있음.
직접 선거	투표는 본인이 직접 해야 함.
비밀 선거	누구에게 투표하였는지 다른 사람이 알 수 없음.

자료 ② 우리나라의 삼권 분립

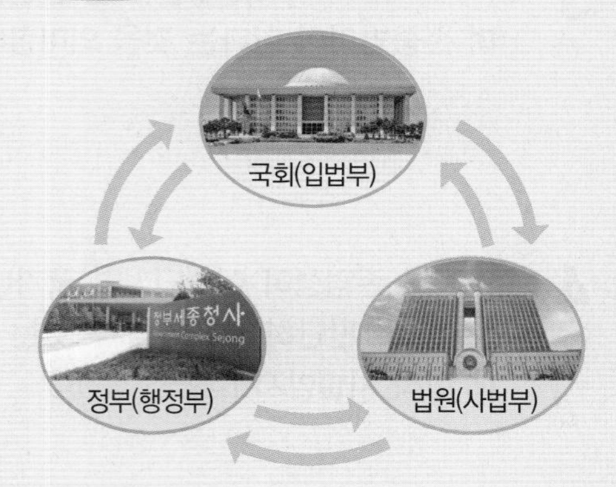

자료 ③ 행정부 각부에서 하는 일

교육부	교육 전반에 관한 일을 함.
보건 복지부	빈곤, 질병 등으로부터 국민을 보호하는 일을 함.
국토 교통부	국토의 균형 발전과 국민 주거 안정을 위한 일을 함.
국방부	군사적 위협과 침략으로부터 국가를 지키는 일을 함.

자료 ④ 공정한 재판을 위한 제도

- 사법권의 독립: 법원이 외부의 영향을 받지 않고, 법관이 헌법과 법률에 따라 독립하여 재판할 수 있도록 보장하고 있습니다.
- 공개 재판: 특정한 경우를 제외한 모든 재판의 과정과 결과를 국민에게 공개합니다.
- 삼심 제도(3심 제도): 하나의 사건에 대해 다른 종류의 법원에서 세 번까지 재판을 받을 수 있는 삼심 제도를 두고 있습니다.

쪽지 시험 ③ 민주 정치의 원리와 국가 기관의 역할

정답과 해설 • 24쪽

1 (   )(이)란 국가의 중요한 일을 결정하는 최고의 권력인 주권이 국민에게 있다는 것을 의미합니다.

1 ____________

2 (   )(이)란 국민을 대신하여 일할 대표자를 투표로 뽑는 것으로, 국민들의 가장 기본적인 정치 참여 통로이므로 '민주주의의 꽃'이라고도 합니다.

2 ____________

3 (㉠   )은/는 국가 권력을 분리하여 각각 다른 기관이 나누어 맡도록 하는 민주 정치의 원리이고, (㉡   )은/는 우리나라에서 국가 권력을 국회, 행정부, 법원이 나누어 맡도록 한 것을 말합니다.

3 ㉠: ____________
㉡: ____________

4 국민이 직접 뽑은 국회 의원들로 구성된 국민의 대표 기관은 무엇입니까?

4 ____________

5 법에 따라 국가의 살림을 맡아 하는 국가 기관은 무엇입니까?

5 ____________

6 (대통령 , 국무총리)은/는 행정부의 최고 책임자로 국가의 중요한 일을 결정하며, 국무 회의의 의장 역할을 합니다.

6 ____________

7 법원은 법에 따라 (   )을/를 하여 사람들 사이의 다툼을 해결하고, 법을 지키지 않은 사람을 처벌하는 역할을 합니다.

7 ____________

8 우리나라에서는 공정한 재판을 위해 하나의 사건에 대해 다른 종류의 법원에서 (두 번 , 세 번)까지 재판을 받을 수 있는 제도를 두고 있습니다.

8 ____________

실전 단원 평가 1회 1. 우리나라의 정치 발전

중요

1 4·19 혁명과 관련한 설명으로 알맞지 않은 것은 어느 것입니까? ( )

① 이승만 정부의 3·15 부정 선거가 원인이 되었다.
② 시위가 거세지자 이승만은 대통령직에서 물러났다.
③ 마산에서 3·15 부정 선거를 비판하는 시위가 일어났다.
④ 다양한 계층의 시민이 참여하는 전국적인 시위로는 확대되지 못하였다.
⑤ 헌법을 바꾸어 가며 독재 정치를 이어 나간 정권을 학생과 시민들이 힘을 합쳐 무너뜨린 사건이다.

서술형

2 박정희 정부가 밑줄 친 '헌법'을 만든 까닭을 쓰시오.

> 5·16 군사 정변 이후 대통령에 당선된 박정희는 헌법을 바꾸어 또다시 대통령이 되었습니다. 1972년 10월에는 대통령을 할 수 있는 횟수 제한을 없애고, 대통령 직선제를 간선제로 바꾸는 등의 내용이 담긴 헌법을 선포하였습니다.

3 다음 빈칸에 공통으로 들어갈 알맞은 인물을 쓰시오.

> 박정희 정부가 끝이 나자 국민들은 민주주의 사회가 될 것이라고 기대하였지만, ( )을/를 중심으로 한 신군부가 정변을 일으켜 권력을 잡았습니다. 전라남도 광주에서 민주주의 회복을 요구하는 시위가 일어나자 ( )은/는 시위를 진압할 계엄군을 광주에 보냈고, 이들은 학생과 시민들을 폭력적으로 진압하였습니다.

( )

4 다음 보기 에서 5·18 민주화 운동 당시 광주 시민들의 노력을 모두 고른 것은 어느 것입니까? ( )

> 보기
> ㉠ 부상자를 돕기 위해 의료 봉사를 하였다.
> ㉡ 스스로 조직을 만들어 질서를 유지하였다.
> ㉢ 음식을 만들어 시민군에게 나누어 주었다.
> ㉣ 광주에서 다른 지역으로 가는 모든 길목을 차단하였다.

① ㉠, ㉡ ② ㉡, ㉢ ③ ㉠, ㉡, ㉢
④ ㉠, ㉡, ㉣ ⑤ ㉡, ㉢, ㉣

5 6·29 민주화 선언에 담긴 내용이 아닌 것은 무엇입니까? ( )

① 기본권 보장 ② 정당 활동 금지
③ 언론의 자유 보장 ④ 지방 자치제 시행
⑤ 대통령 직선제 시행

6 다음 빈칸에 들어갈 알맞은 제도를 쓰시오.

> ( )이/가 시행되면서 주민들은 스스로 지역 문제를 해결하고자 의견을 제시하고, 지역의 대표는 주민들이 낸 의견을 반영하여 지역 문제를 민주적으로 해결할 수 있게 되었습니다.

( )

7 오늘날 시민들이 사회 공동의 문제 해결에 참여하는 방식으로 알맞지 않은 것은 어느 것입니까? ( )

① 1인 시위를 한다.
② 서명 운동을 한다.
③ 정당에 가입하여 활동한다.
④ 시민군을 만들어 경찰에 대항한다.
⑤ 누리 소통망 서비스(SNS)를 활용한다.

1 단원

8 생활 속 정치의 사례가 아닌 것은 어느 것입니까? ( )

① 학급 회의에서 학급 청소 당번을 정하는 일
② 가족회의에서 아이의 스마트폰 사용 규칙을 정하는 일
③ 주민 회의에서 층간 소음 문제를 해결하려고 하는 일
④ 방과 후에 학교 운동장에서 친구들과 축구 시합을 하는 일
⑤ 학교에서 학생 자치 회의를 열어 체육 대회 종목을 정하는 일

중요

9 민주주의에 대한 설명으로 알맞지 않은 것은 어느 것입니까? ( )

① 기본 정신은 인간의 존엄성, 자유, 평등이다.
② 공동체의 이익보다는 개인의 이익을 중요하게 생각한다.
③ 모든 국민이 나라의 주인으로서 권리를 갖는 정치 형태이다.
④ 사회 공동의 문제를 해결할 때 민주주의를 실천하는 바람직한 태도가 필요하다.
⑤ 자유롭고 평등한 입장에서 일상생활의 문제를 민주적으로 해결하는 생활 방식을 의미하기도 한다.

10 다음에서 설명하는 민주주의를 실천하는 바람직한 태도로 알맞은 것은 무엇입니까? ( )

> 사실이나 의견의 옳고 그름을 따져 살펴보는 태도입니다.

① 관용 ② 실천
③ 양보 ④ 타협
⑤ 비판적 태도

중요

11 다음 밑줄 친 ㉠~㉢ 중 알맞지 않은 내용을 골라 기호를 쓰시오.

> 다수결의 원칙은 ㉠ 다수의 의견이 소수의 의견보다 항상 합리적이기 때문에 다수의 의견에 따르는 의사 결정 방법입니다. ㉡ 다수결의 원칙을 따르면 쉽고 빠르게 문제를 해결할 수 있으나, ㉢ 다수결의 원칙을 활용할 때는 소수의 의견도 존중해야 합니다.

( )

[12~13] 다음 보기 를 읽고, 물음에 답하시오.

> 보기
> ㉠ 문제 확인하기
> ㉡ 문제 발생 원인 파악하기
> ㉢ 문제 해결 방안 결정하기
> ㉣ 문제 해결 방안 실천하기
> ㉤ 문제 해결 방안 탐색하기

12 민주적 의사 결정 원리에 따라 문제를 해결할 때 가장 먼저 해야 할 일을 위 보기 에서 골라 기호를 쓰시오.

( )

13 다음 대화와 관련이 있는 문제 해결 과정을 위 보기 에서 골라 기호를 쓰시오.

( )

14 다음 빈칸에 공통으로 들어갈 알맞은 말은 무엇입니까? ( )

- 우리나라 헌법 제1조에서는 국가의 최고 권력인 ( )이/가 국민에게 있음을 분명히 하고 있습니다.
- 4·19 혁명, 5·18 민주화 운동, 6월 민주 항쟁 등에서 우리 국민이 ( )을/를 지키고자 노력하였음을 알 수 있습니다.

① 자유 ② 재산 ③ 주권
④ 평등 ⑤ 행복

서술형

15 우리나라에서 국가 권력을 국회, 행정부, 법원이 나누어 맡도록 한 까닭을 쓰시오.

16 다음에서 설명하는 기관은 무엇입니까? ( )

국민이 4년마다 선거로 선출한 국민의 대표들로 구성된 국가 기관입니다.

① 국회 ② 법원 ③ 행정부
④ 시민 단체 ⑤ 헌법 재판소

중요

17 국회에서 하는 일이 아닌 것은 어느 것입니까? ( )

① 법을 만든다.
② 국정 감사를 한다.
③ 법을 고치거나 없앤다.
④ 국무 회의를 열어 중요 정책을 논의한다.
⑤ 국가의 살림에 필요한 예산안을 심의하여 확정한다.

18 행정부에 대한 설명으로 알맞은 것을 두 가지 고르시오. (,)

① 행정부 구성원 모두를 국민이 선거로 선출한다.
② 법에 따라 국가의 살림을 맡아 하는 국가 기관이다.
③ 대통령은 행정부의 최고 책임자로 국가의 중요한 일을 결정한다.
④ 행정부 조직은 국회 의원을 중심으로 여러 부, 처, 청 등으로 구성되어 있다.
⑤ 행정부의 최고 책임자가 임무를 수행할 수 없을 때 행정 안전부 장관이 그 역할을 대신한다.

19 다음에서 설명하는 기관은 무엇인지 쓰시오.

- 국가의 주요 정책을 논의하는 행정부의 최고 심의 기관입니다.
- 대통령, 국무총리, 각부의 장관을 비롯한 국무 위원들로 구성됩니다.

( )

20 법원에서 공정한 재판을 위해 하는 노력으로 알맞은 것은 어느 것입니까? ( )

① 특정한 경우에만 재판을 공개한다.
② 법원은 국회에 소속되어 간섭을 받는다.
③ 법원은 행정부에 소속되어 간섭을 받는다.
④ 법관은 사람에 따라 법을 다르게 적용한다.
⑤ 한 사건에 대해 다른 종류의 법원에서 세 번까지 재판을 받을 수 있도록 한다.

실전 단원 평가 2회 1. 우리나라의 정치 발전

[1~2] 다음 4·19 혁명의 과정에서 있었던 일을 읽고, 물음에 답하시오.

> ㉠ 3·15 부정 선거가 시행되었다.
> ㉡ 이승만이 대통령직에서 물러났다.
> ㉢ 4월 19일 전국에서 많은 학생과 시민들이 시위에 참여하였다.
> ㉣ 마산 시위에 참여하였다가 실종된 고등학생 김주열이 죽은 채로 발견되었다.

1 위 ㉠~㉣을 일어난 순서대로 기호를 쓰시오.

(→ → →)

2 위 ㉠~㉣에 대한 설명으로 알맞지 않은 것은 어느 것입니까? ( )

① ㉠ - 4·19 혁명의 배경이 되었다.
② ㉠ - 투표용지 조작, 투표함 바꾸기 등이 일어났다.
③ ㉡ - 이승만이 물러나면서 이후 새 정부가 세워졌다.
④ ㉢ - 정부의 무력 진압으로 많은 사람들이 희생되었다.
⑤ ㉣ - 6월 민주 항쟁이 일어나는 직접적인 원인이 되었다.

3 박정희 대통령이 사망한 후에 일어난 일을 보기 에서 모두 골라 기호를 쓰시오.

> 보기
> ㉠ 12·12 사태
> ㉡ 유신 헌법 선포
> ㉢ 5·16 군사 정변
> ㉣ 신군부의 계엄령 확대

( )

중요

4 5·18 민주화 운동에 대한 설명으로 알맞지 않은 것은 어느 것입니까? ( )

① 광주 시민들은 시민군을 만들어 계엄군에 맞서 싸웠다.
② 1980년 전라남도 광주에서 일어난 대규모 민주화 운동이다.
③ 계엄군은 시위에 참여한 학생과 시민들을 폭력적으로 진압하였다.
④ 당시 국민들은 신문이나 방송을 통해 광주에서 일어나는 일을 사실대로 알 수 있었다.
⑤ 5·18 민주화 운동 기록물은 그 가치를 인정받아 유네스코 세계 기록 유산으로 등재되었다.

5 6월 민주 항쟁 당시 시민들이 전두환 정부에 요구한 것은 무엇입니까? ( )

① 경제 안정 ② 언론 통제
③ 대통령 직선제 ④ 민주주의 반대
⑤ 유신 헌법의 부활

6 다음에서 설명하는 선거가 시행되는 배경이 된 사건은 무엇입니까? ( )

> 1987년 제13대 대통령 선거가 직선제로 시행되었습니다.

① 6·25 전쟁 ② 12·12 사태
③ 3·15 부정 선거 ④ 5·18 민주화 운동
⑤ 6·29 민주화 선언

서술형

7 지방 자치제의 실시가 우리 사회에 어떤 영향을 미쳤는지 쓰시오.

8 다음 빈칸에 들어갈 알맞은 말을 쓰시오.

> 체험 학습 장소를 정하는 학급 회의, 주민 간의 갈등을 해결하려고 모인 주민 회의 등은 모두 생활 속 (　　　)의 사례라고 할 수 있습니다.

(　　　　　　)

중요

9 다음 보기 에서 민주주의의 기본 정신에 대한 설명으로 알맞은 것을 모두 고른 것은 어느 것입니까? (　　　)

보기

㉠ 공공의 이익보다는 개인의 이익이 항상 우선시되어야 한다.
㉡ 모든 인간은 인간이라는 이유만으로 존엄한 존재이며 존중받아야 한다.
㉢ 성별, 종교, 신분 등에 따라 차별받지 않고 동등하게 대우받아야 한다.
㉣ 국가나 다른 사람에게 구속받지 않고 자신의 생각대로 판단하고 행동할 수 있어야 한다.

① ㉠, ㉡　② ㉠, ㉣
③ ㉡, ㉢　④ ㉠, ㉡, ㉢
⑤ ㉡, ㉢, ㉣

10 다음 급식 먹는 순서를 정하는 학급 회의에서 비판적 태도에 해당하는 의견을 말한 어린이는 누구인지 쓰시오.

- 민아: 출석 번호 순서대로 먹으면 좋겠습니다.
- 세윤: 저와 의견이 다르지만 출석 번호 순서대로 먹자는 의견도 좋은 것 같습니다.
- 연우: 출석 번호 순서대로 먹으면 출석 번호가 뒤쪽인 친구들은 항상 늦게 먹게 되어 불공평합니다.
- 지수: 그렇다면 출석 번호 순서로 먹되 한 주는 1번부터, 그다음 주는 마지막 번호부터 먹는 식으로 순서를 바꾸면 좋을 것 같습니다.

(　　　　　　)

11 민주주의를 실천하는 바람직한 태도 중 관용에 대한 설명으로 알맞은 것은 어느 것입니까? (　　　)

① 함께 결정한 일을 따르는 것이다.
② 상대방과 어떤 일을 협의하는 것이다.
③ 나와 다른 의견에 대해 따지는 태도이다.
④ 나와 다른 의견을 인정하고 존중하는 태도이다.
⑤ 사실이나 의견의 옳고 그름을 살펴보는 태도이다.

12 다수결의 원칙을 활용하여 의사 결정을 할 수 있는 사례로 볼 수 없는 것은 어느 것입니까? (　　　)

① 가족 여행 장소를 정할 때
② 어려운 수학 문제를 풀 때
③ 가족끼리 외식 메뉴를 정할 때
④ 선거로 지역의 대표를 결정할 때
⑤ 학급 회의에서 체육 대회 종목을 정할 때

중요

13 국민 주권에 대한 설명으로 알맞지 않은 것은 어느 것입니까? (　　　)

① 일정 수준의 교육을 받은 국민만 주권을 갖는다.
② 국민은 대표를 뽑는 선거에 참여하여 주권을 행사한다.
③ 우리나라 헌법에서는 주권이 국민에게 있음을 분명히 하고 있다.
④ 국민 주권을 실현하기 위해 국민의 자유와 권리를 법으로 보장하고 있다.
⑤ 국민 주권은 국가의 의사를 최종적으로 결정하는 최고의 권력인 주권이 국민에게 있다는 것이다.

14 선거에 대한 설명으로 알맞지 않은 것은 어느 것입니까? ( )

① '민주주의의 꽃'이라고 한다.
② 국민을 대신하여 일할 대표자를 투표로 뽑는 것을 말한다.
③ 선거 관리 위원회에서는 선거의 전 과정을 공정하게 관리한다.
④ 모든 사람이 한자리에 모여 나라의 중요한 일을 결정하는 것이다.
⑤ 민주 선거의 기본 원칙은 보통 선거, 평등 선거, 직접 선거, 비밀 선거이다.

서술형

15 루이 14세가 왕이었을 때 프랑스 국민들의 생활이 다음과 같았던 이유를 쓰시오.

> 프랑스의 루이 14세는 왕의 권한은 신이 내려 준 것이라 여겼습니다. 세력을 확장하고자 수차례 전쟁을 일으켰고, 크고 화려한 베르사유 궁전을 지었습니다. 백성은 전쟁과 궁전 건설에 동원되었고 이에 필요한 돈도 부담하며 힘든 삶을 살았습니다.

16 우리나라 국회 의원에 대한 설명으로 알맞은 것을 보기 에서 모두 골라 기호를 쓰시오.

보기
㉠ 임기는 4년이다.
㉡ 대통령이 직접 임명한다.
㉢ 국민의 선거로 선출된다.
㉣ 다른 직업을 갖는 데 제한이 없다.

( )

17 다음에서 밑줄 친 '이것'은 무엇인지 쓰시오.

> 국회에서는 행정부가 법에 따라 일을 잘하고 있는지 살펴보려고 이것을 합니다. 국회 의원들은 행정부의 각 기관이 나랏일을 잘하고 있는지 공무원에게 질문하고, 잘못된 부분은 고치도록 요구합니다.

( )

중요

18 대통령에 대한 설명으로 알맞지 않은 것은 어느 것입니까? ( )

① 국회의 최고 책임자이다.
② 5년마다 국민이 선출한다.
③ 국무 회의의 의장 역할을 한다.
④ 외국에 대하여 우리나라를 대표한다.
⑤ 국무 위원과 모여 국가 정책을 논의한다.

19 행정부 각부 중 기획 재정부에서 하는 일에 대한 설명으로 알맞은 것은 어느 것입니까? ( )

① 교육 전반에 관한 일을 한다.
② 경제 정책을 세우고 관리한다.
③ 국토를 균형 있게 발전시키는 일을 한다.
④ 빈곤과 질병 등으로부터 국민을 보호한다.
⑤ 군사적 위협으로부터 국가를 지키는 일을 한다.

20 법원에 대한 설명으로 알맞지 않은 것은 어느 것입니까? ( )

① 법에 따라 재판을 한다.
② 사람들 사이의 다툼을 해결한다.
③ 사람들에게 필요한 법을 만든다.
④ 법을 지키지 않은 사람을 처벌한다.
⑤ 국가나 지방 자치 단체로부터 피해를 입은 사람의 억울함을 풀어 준다.

수행 평가 1. 우리나라의 정치 발전

주제 ❶

우리나라 민주주의 발전 과정

|목표| • 우리나라 민주주의 발전 과정을 순서대로 나열할 수 있다.
• 4·19 혁명의 배경과 과정, 결과를 설명할 수 있다.
• 우리나라 민주주의 발전 과정에서 나타난 국민들의 노력을 파악할 수 있다.

✽ 다음은 우리나라 민주주의 발전 과정에서 있었던 일입니다. 이를 읽고, 물음에 답하시오.

(가) 4·19 혁명	(나) 6월 민주 항쟁	(다) 5·16 군사 정변
(라) 유신 헌법 공포	(마) 5·18 민주화 운동	(바) 6·29 민주화 선언

1-❶ 위 (가)~(바)를 일어난 순서대로 기호를 쓰시오.

(→ → → → →)

1-❷ 다음은 (가) 민주화 운동에 대한 보고서입니다. ㉠, ㉡에 들어갈 알맞은 내용을 각각 쓰시오.

4·19 혁명

배경	㉠, 3·15 부정 선거 시행
과정	마산에서 부정 선거 항의 시위 → 고등학생 김주열의 시신 발견 → 4월 19일 학생과 시민들이 참여한 전국적 시위 → 이승만이 대통령직에서 물러남.
결과	3·15 부정 선거의 무효, ㉡

• ㉠:

• ㉡:

1-❸ 위 (가), (나), (마) 민주화 운동 과정에서 공통으로 나타난 국민들의 노력을 쓰시오.

주제 ❷

국회, 행정부, 법원에서 하는 일

|목표| • 국회, 행정부, 법원에서 하는 일을 구분할 수 있다.
• 우리나라가 국회, 행정부, 법원에 국가 권력을 나누어 맡도록 한 까닭을 설명할 수 있다.

✽ 다음 자료를 보고, 물음에 답하시오.

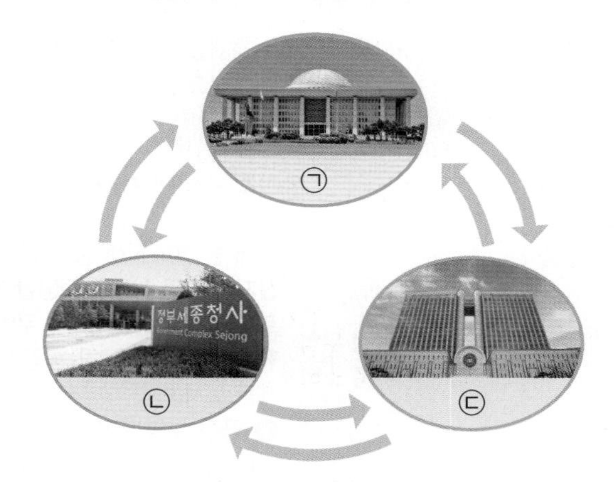

2-❶ 위 자료와 같이 국가 권력을 ㉠~㉢ 기관이 나누어 맡는 것을 무엇이라고 하는지 쓰시오.

( )

2-❷ 위 자료의 ㉠~㉢ 기관에서 하는 일을 각각 한 가지씩 쓰시오.

기관	하는 일
㉠	
㉡	
㉢	

2-❸ 위 자료와 같이 국가 권력을 ㉠~㉢ 기관이 나누어 맡도록 한 까닭을 쓰시오.

개념 정리 ① 우리나라 경제 체제의 특징

1 가계와 기업의 경제적 역할 자료 ①

가계	• 기업의 생산 활동에 참여하고, 그 대가로 소득을 얻음. • 소득으로 필요한 물건이나 서비스를 구입하는 소비 활동을 함.
기업	• 사람들에게 일자리를 제공하고 급여를 지급함. • 사람들의 생활에 필요한 물건이나 서비스를 만들어 판매하여 이윤을 얻음.

2 가계와 기업의 합리적 선택 방법

가계	• 소득의 범위 안에서 다양한 기준을 고려하여 가장 적은 비용으로 가장 큰 만족을 얻도록 합리적 선택을 함. • 가격, 품질, 상표, 환경 등 추구하는 가치가 다르기 때문에 합리적 선택의 기준도 개인에 따라 다를 수 있음. 자료 ②
기업	• 물건이나 서비스를 생산할 때 적은 비용으로 보다 많은 이윤을 얻을 수 있도록 합리적 선택을 함. • 소비자가 원하는 것을 파악하여 물건과 서비스를 더 많이 팔 수 있는 방법을 고민함.

3 가계와 기업이 만나는 시장

① **시장**: 물건이나 서비스를 사고파는 곳입니다.

② **시장의 종류** 자료 ③

전통 시장, 대형 할인점	일정한 장소가 있는 시장으로 여러 기업에서 생산한 물건을 직접 비교해 보고 살 수 있음.
홈 쇼핑, 인터넷 쇼핑	시간과 공간의 제약을 받지 않고 언제 어디에서든지 원하는 물건을 살 수 있음.

4 우리나라 경제의 특징 자료 ④

자유	• 개인: 직업 선택의 자유, 소득을 자유롭게 사용할 자유 등 • 기업: 생산 활동의 자유, 이윤을 자유롭게 사용할 자유 등
경쟁	• 개인: 더 좋은 일자리를 얻으려고 다른 사람과 경쟁함. • 기업: 더 많은 이윤을 얻으려고 다른 기업과 경쟁함.

5 공정한 경제활동을 보장하려는 노력

정부	• 기업끼리 상의하여 마음대로 물건의 가격을 올리거나 서비스를 제한할 수 없도록 감시함. • 허위 광고, 과장 광고 등을 규제함.
시민 단체	기업의 공정하지 않은 경제활동을 감시함.

자료 ① 가계와 기업의 경제활동

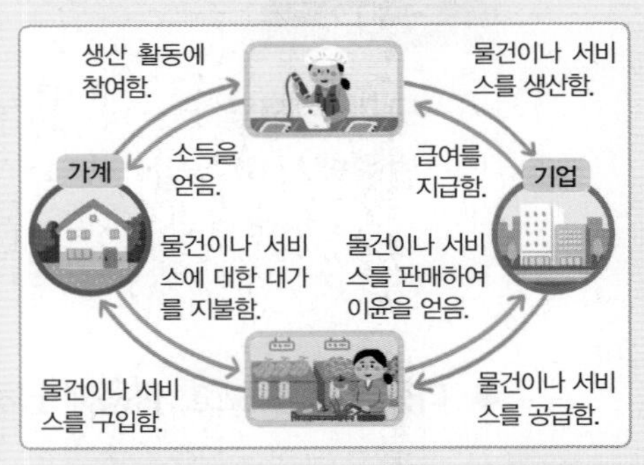

가계와 기업의 경제활동은 서로에게 도움을 주며 밀접한 관계를 맺고 있습니다.

자료 ② 윤리적 소비의 사례

공정 무역 제품 소비	경제 발전이 진행 중인 나라의 생산자가 만든 상품을 정당한 가격으로 구매하여 생산자에게 무역의 혜택이 돌아가도록 하는 공정 무역 제품을 사는 것 예 공정 무역 커피, 공정 무역 바나나, 공정 무역 초콜릿 등
친환경 소비	지구 환경에 주는 부담을 최소화하려고 친환경 제품을 사는 것 예 대나무 칫솔, 종이 빨대, 유리컵, 친환경 가방(에코 백) 등

자료 ③ 다양한 시장의 종류

일자리 시장	일자리를 구하려는 사람과 일할 사람을 구하려는 사람 사이에 노동을 사고파는 시장
주식 시장	주식 거래가 이루어지는 시장
부동산 시장	건물이나 땅을 사고파는 시장
외환 시장	여러 나라의 돈을 사고파는 시장

자료 ④ 자유와 경쟁을 보장하는 경제활동이 우리 생활에 주는 도움

개인	자신의 능력을 더 잘 발휘할 수 있음.
소비자	원하는 물건을 사고, 좋은 서비스를 받을 수 있음.
기업	우수한 품질의 상품을 개발하여 더 많은 이윤을 얻을 수 있음.

→ 개인과 기업의 자유로운 경쟁은 우리 생활과 국가 전체의 경제 발전에 도움을 줍니다.

❶ 우리나라 경제 체제의 특징

정답과 해설 • 27쪽

1 가정 살림을 함께하는 생활 공동체로, 생산 활동의 대가로 얻은 소득으로 생활에 필요한 물건이나 서비스를 구입하는 경제 주체를 무엇이라고 합니까?

2 (　　　　　　)은/는 사람들에게 일자리를 제공하고, 사람들의 생활에 필요한 물건이나 서비스를 만들어 판매하여 이윤을 얻는 경제 주체입니다.

3 가계는 소득의 범위 안에서 다양한 기준을 고려하여 가장 (적은 , 많은) 비용으로 가장 큰 만족을 얻을 수 있도록 합리적 선택을 합니다.

4 기업은 적은 비용으로 보다 많은 (　　　　　　)을/를 얻을 수 있도록 합리적 선택을 합니다.

5 가계와 기업이 만나 물건이나 서비스를 사고파는 곳은 어디입니까?

6 (전통 시장 , 인터넷 쇼핑)을 통해 물건을 구입하면 여러 기업에서 생산한 물건을 직접 비교해 보고 살 수 있습니다.

7 개인은 자신의 능력과 적성에 따라 직업을 (　㉠　)롭게 선택할 수 있고, 더 좋은 일자리를 얻으려고 다른 사람과 서로 (　㉡　)을/를 하기도 합니다.

8 공정한 경제활동을 보장하기 위해 (　　　　　　)은/는 기업끼리 상의하여 마음대로 물건의 가격을 올리거나 서비스를 제한할 수 없도록 감시하고, 공정하지 않은 경제활동으로 나타나는 문제에 관련 법률을 적용하여 제재합니다.

1 ______

2 ______

3 ______

4 ______

5 ______

6 ______

7 ㉠: ______

㉡: ______

8 ______

개념 정리

② 우리나라의 경제 성장

1 6·25 전쟁 이후 경제 성장 모습

① 농업 중심에서 공업 중심의 산업 구조로 바꾸려고 노력하였습니다.
② 섬유, 식료품 등을 만드는 소비재 산업이 주로 발달하였습니다.

2 1960년대 경제 성장을 위한 노력 자료 ①

구분	내용
정부	• 1962년에 경제 개발 5개년 계획을 실시함. • 정유 시설, 발전소, 철도, 고속 국도, 항만 등을 건설함.
기업	가발, 의류, 신발 등의 경공업 제품을 만들어 수출함.

3 1970~1980년대 경제 성장 모습

시기	내용
1970년대	• 정부는 중화학 공업 육성 계획을 발표함. 자료 ② • 철강 및 석유 화학 산업, 조선 산업 등이 발달함.
1980년대	• 자동차 산업, 기계 산업, 전자 산업이 크게 발달함. • 경공업에서 중화학 공업 중심으로 산업 구조가 바뀜.

4 1990년대 이후 경제 성장 모습

시기	내용
1990년대	• 세계적으로 인정받는 반도체를 개발하고 생산함. • 정보 통신 기술과 관련된 산업이 발달함.
2000년대 이후	• 생명 공학 기술 산업, 항공 우주 산업 등과 같이 높은 기술력이 필요한 첨단 산업이 발달하고 있음. • 관광·금융·의료 서비스 산업과 같이 사람들에게 즐거움과 편리함을 주는 서비스 산업이 발달하고 있음.

5 경제 성장에 따른 사회 변화 모습

① **빠른 경제 성장**: 생산 능력과 소득 규모가 커지고, 국민의 생활 수준이 향상하였습니다. 자료 ③
② **경제 성장으로 달라진 우리나라의 위상**: 해외여행객 및 외국인 관광객 증가, 한류 문화 확산, 국제 행사 개최 등

6 경제 성장 과정에서 나타난 문제점과 해결 노력

문제점	해결 노력
경제적 양극화 (빈부 격차)	정부의 생계비·양육비·학비 지원, 국회의 복지 관련 법률 제정, 시민 단체의 봉사 활동 등
일자리 문제 및 노사 갈등	정부의 안정적인 일자리 마련 지원, 노사 갈등 중재, 취업 박람회 개최 등
환경 오염 및 에너지 부족	정부의 친환경 정책, 기업의 친환경 제품 생산, 시민들의 환경 보호·에너지 절약 운동 참여 등

자료 ① 1950~1960년대 연도별 수출액

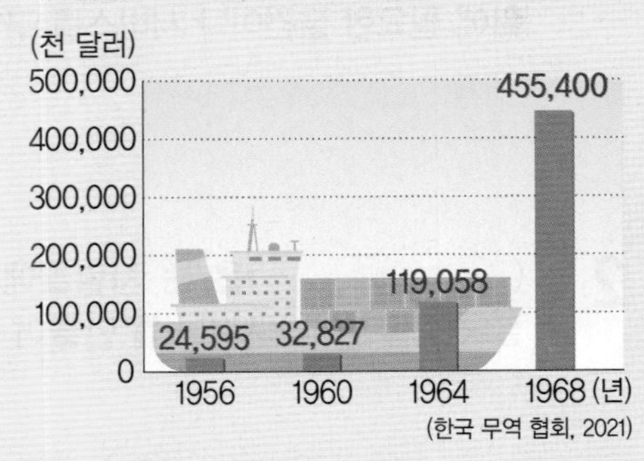

(한국 무역 협회, 2021)

1960년대에 우리나라는 자원과 기술은 부족하였지만 노동력은 풍부하였습니다. 따라서 기업은 풍부한 노동력을 이용하여 가발, 의류, 신발 등의 경공업 제품을 낮은 가격에 생산하여 수출을 늘리는 데 힘썼습니다.

자료 ② 1970년대 중화학 공업을 발전시키기 위한 정부의 노력

- 정부는 중화학 공업이 발전하도록 지원하기 위해 철강 산업 단지를 세웠고, 중화학 공업 제품을 개발하는 데 힘쓰도록 연구소와 교육 시설을 설립하였습니다.
- 정부는 기업이 각종 산업에 참여할 수 있게 낮은 이자율로 돈을 빌려주었고, 중화학 공업 제품을 많이 수출하도록 적극적으로 지원하였습니다.

▲ 포항 종합 제철

자료 ③ 경제 성장에 따른 방송·통신·교통 분야의 변화

1960년대	흑백텔레비전 출시
1970년대	지하철 개통
1980년대	컬러텔레비전 보급
1990년대	컴퓨터 대중화
2000년대	고속 철도 개통
2010년대	스마트폰 대중화

② 우리나라의 경제 성장

정답과 해설 • 27쪽

1 1950년대에 정부는 경제를 살리고자 ㉠ (공업 , 농업) 중심의 산업 구조를 ㉡ (공업 , 농업) 중심의 산업 구조로 바꾸려고 노력하였습니다.

2 1960년대 우리나라는 자원과 기술은 부족하였지만 (   )은/는 풍부하였기 때문에 가발, 의류, 신발 등의 경공업 제품을 낮은 가격에 생산하여 수출을 늘리는 데 힘썼습니다.

3 1970년대 이후 우리나라의 산업 구조가 경공업 중심에서 (   ) 중심으로 바뀌면서 수출액이 크게 증가하였고, 사람들의 생활 수준도 높아졌습니다.

4 우리나라 기업들이 1970년대부터 연구하기 시작하여 1990년대에는 세계적으로 인정받은 것으로, 컴퓨터와 가전제품의 핵심 부품은 무엇입니까?

5 2000년대 이후부터는 생명 공학 기술 산업, 항공 우주 산업, 신소재 산업, 로봇 산업과 같이 높은 기술력이 필요한 (   )이/가 발달하고 있습니다.

6 2000년대 이후부터는 관광 산업, 금융 산업, 문화 콘텐츠 산업과 같이 사람들에게 즐거움과 편리함을 주는 (   )이/가 발달하고 있습니다.

7 오늘날 경제적 양극화(빈부 격차) 문제를 해결하기 위하여 정부는 생계비, 양육비, 학비 등을 지원하고, (   )은/는 복지 관련 법률을 제정합니다.

8 산업이 발달하는 과정에서 (   )과/와 에너지 부족 문제가 심각해짐에 따라 정부, 기업, 시민들은 환경을 보호하고 에너지를 절약하고자 다양한 활동을 하고 있습니다.

1 ㉠: ______
㉡: ______

2 ______

3 ______

4 ______

5 ______

6 ______

7 ______

8 ______

③ 세계 속의 우리나라 경제

1 나라와 나라 사이의 경제 교류

① **무역**: 나라와 나라 사이에 물건이나 서비스를 사고파는 것을 말합니다.

② **수출과 수입**

수출	우리나라에서 만든 것을 다른 나라에 파는 것
수입	다른 나라에서 만든 것을 우리나라로 사 오는 것

③ **무역이 필요한 까닭**: 나라마다 자연환경, 자원, 기술 등이 달라 더 잘 생산할 수 있는 물건이나 서비스가 다르기 때문입니다.

2 우리나라와 다른 나라의 경제 교류 모습 자료 ①

① 우리나라는 다른 나라와 여러 가지 물건을 교류합니다.

② 우리나라는 의료, 만화, 게임, 관광 등 다양한 서비스 분야에서 다른 나라와 활발하게 경제 교류를 합니다.

3 다른 나라와의 경제 교류가 우리 경제생활에 미친 영향 자료 ②

개인	• 외국 기업에서 일자리를 얻는 등 경제활동 범위가 넓어짐. • 전 세계의 다양한 물건을 값싸게 살 수 있는 기회가 늘어남.
기업	• 외국 기업과 교류하며 새로운 기술과 아이디어를 주고받음. • 다른 나라에 공장을 세워 생산 비용을 줄임.

4 우리나라와 다른 나라의 경제 관계

상호 의존 관계	• 우리나라의 발전된 기술과 좋은 물건을 수출하고 우리나라에 부족하거나 없는 자원, 물건, 기술, 노동력 등을 수입함. • 자유 무역 협정(FTA)을 맺기도 함.
경쟁 관계	서로 도움을 주고받는 동시에 세계 시장에서 경쟁함.

5 다른 나라와 경제 교류를 하면서 생기는 문제점과 해결 방안

문제점	• 다른 나라의 수입 제한으로 인해 수출이 감소함. • 한국산 물건에 높은 관세를 부과하여 수출이 어려워짐. • 우리나라의 수입 거부로 다른 나라와 갈등이 일어남. • 수입에 의존해야 하는 물건에 문제가 생기면 우리나라에 어려움이 생김.
문제 발생 원인	서로 자기 나라의 경제를 보호하려고 함. 자료 ③
해결 방안	국제기구 설립과 가입, 무역 관련 국내 기관 설립, 세계 여러 나라와의 협상 등 자료 ④

자료 ① 우리나라의 무역 현황

• 우리나라의 주요 수출국과 수입국

주요 수출국	중국, 미국, 베트남, 홍콩, 일본, 타이완, 인도 등
주요 수입국	중국, 미국, 일본, 독일, 베트남, 오스트레일리아, 타이완 등

• 우리나라의 주요 수출품과 수입품

주요 수출품	반도체, 자동차, 석유 제품, 선박 해양 구조물 및 부품, 합성수지, 자동차 부품 등
주요 수입품	반도체, 원유, 반도체 제조용 장비, 천연가스, 컴퓨터, 자동차 등

자료 ② 경제 교류가 의식주 및 여가 생활에 미친 영향

의생활	다른 나라에서 만든 옷, 신발, 가방 등을 사용할 수 있음.
식생활	다른 나라에 직접 가지 않아도 그 나라의 음식, 식재료 등을 접할 수 있음.
주생활	다른 나라에서 만든 가구, 소품, 건축 재료 등을 사용하여 집을 짓거나 꾸밀 수 있고, 집의 내부 구조도 외국과 비슷해짐.
여가 생활	다른 나라의 영화, 전시, 공연, 운동 경기 등을 즐길 수 있음.

자료 ③ 자기 나라의 경제를 보호하려는 까닭

• 국민의 실업을 방지하기 위해서입니다.
• 국가의 안정적 성장을 이루기 위해서입니다.
• 다른 나라의 불공정 거래에 대응하기 위해서입니다.
• 다른 나라보다 경쟁력이 부족한 산업을 보호하기 위해서입니다.

자료 ④ 세계 무역 기구(WTO)

나라와 나라 사이의 무역 과정에서 생기는 문제를 조정하고 해결하고자 1995년에 만든 국제기구입니다. 무역을 할 때 지켜야 하는 국제적인 규칙과 법을 만들어 다툼을 해결하는 역할을 합니다.

쪽지 시험 ❸ 세계 속의 우리나라 경제

정답과 해설 • 27쪽

1 나라와 나라 사이에 물건이나 서비스를 사고파는 것을 무엇이라고 합니까?

2 우리나라에서 만든 것을 다른 나라에 파는 것을 ㉠ (수출 , 수입), 다른 나라에서 만든 것을 우리나라로 사 오는 것을 ㉡ (수출 , 수입)이라고 합니다.

3 무역이 필요한 까닭은 나라마다 자연환경, 자원, 기술 등이 달라 더 잘 생산할 수 있는 물건이나 서비스가 (같기 , 다르기) 때문입니다.

4 우리나라는 물건뿐만 아니라 의료, 만화, 게임, 관광 등의 (　　　　　) 분야에서도 다른 나라와 활발하게 경제 교류를 하고 있습니다.

5 (　　　　　)(FTA)은/는 나라와 나라 사이에 상품의 자유로운 이동을 가로막는 세금, 제도 등을 줄이거나 없애기로 한 약속입니다.

6 우리나라는 다른 나라와 도움을 주고받는 동시에 같은 종류의 물건을 만드는 다른 나라와 세계 시장에서 (　　　　　)하기도 합니다.

7 상품이 국경을 통과할 때 부과되는 세금을 무엇이라고 합니까?

8 나라와 나라 사이의 무역 과정에서 생기는 문제를 조정하고 해결하고자 1995년에 만든 국제기구는 무엇입니까?

1 ____________

2 ㉠: ____________

㉡: ____________

3 ____________

4 ____________

5 ____________

6 ____________

7 ____________

8 ____________

실전 단원 평가 1회 2. 우리나라의 경제 발전

1 다음 보기 에서 가계의 경제적 역할을 모두 골라 기호를 쓰시오.

보기
㉠ 사람들에게 일자리를 제공한다.
㉡ 생산 활동의 대가로 소득을 얻는다.
㉢ 소득으로 생활에 필요한 물건이나 서비스를 구입하는 소비 활동을 한다.

( )

2 가계의 합리적 선택에서 가장 중요한 것은 어느 것입니까? ( )

① 만족감을 높이는 것
② 생산 비용을 높이는 것
③ 보다 많은 이윤을 얻는 것
④ 가격이 싼 것만 선택하는 것
⑤ 소득의 범위를 고려하지 않는 것

서술형

3 다음과 같이 현아가 더 비싼 물건을 선택한 까닭을 쓰시오.

현아는 값이 비싸더라도 생산자에게 무역의 혜택이 돌아가도록 생산한 공정 무역 바나나를 구입하였습니다.

4 다음 ㉠, ㉡에 들어갈 알맞은 말을 각각 쓰시오.

기업은 물건이나 서비스를 생산할 때 적은 (㉠)(으)로 보다 많은 (㉡)을/를 얻을 수 있도록 합리적 선택을 합니다.

㉠: ( ), ㉡: ( )

5 시장에 대한 설명으로 알맞지 않은 것은 어느 것입니까? ( )

① 가계와 기업이 만나는 곳이다.
② 물건이나 서비스를 사고파는 곳이다.
③ 가계는 더 적은 비용으로 필요한 물건을 사려고 노력한다.
④ 원하는 물건을 사려면 일정한 시간에 직접 시장에 가야만 한다.
⑤ 전통 시장, 인터넷 쇼핑, 주식 시장, 일자리 시장 등 시장의 종류는 다양하다.

6 다음 글의 밑줄 친 부분에 해당하는 활동으로 가장 알맞은 것은 어느 것입니까? ( )

우리나라 경제의 특징은 자유와 경쟁입니다. 개인과 기업의 자유로운 경쟁은 우리 생활과 국가 전체의 경제 발전에 도움을 줍니다.

① 개인이 월급을 저축한다.
② 기업이 과자 공장을 짓는다.
③ 기업에서 빵을 만들어 판다.
④ 개인이 적성에 맞는 직업을 선택한다.
⑤ 개인이 더 좋은 일자리를 얻으려고 면접을 본다.

중요

7 기업 간의 공정한 경제활동을 보장하려는 정부의 노력으로 알맞은 것은 어느 것입니까? ( )

① 기업의 광고를 지원한다.
② 기업의 제품 생산량을 정해 준다.
③ 정부에서 직접 제품을 만들어 판매한다.
④ 특정 회사만 제품을 만들어 팔 수 있도록 지원한다.
⑤ 기업끼리 상의하여 마음대로 물건의 가격을 올리지 못하도록 감시한다.

8 1950년대 우리나라의 경제 상황으로 알맞지 않은 것은 어느 것입니까? (　　)

① 정부는 경제 개발 5개년 계획을 실시하였다.
② 세계 여러 나라의 도움을 받아 식량난을 해소하였다.
③ 전쟁으로 파괴된 여러 시설들을 복구하고자 노력하였다.
④ 식료품, 섬유 등을 만드는 소비재 산업이 주로 발달하였다.
⑤ 농업 중심의 산업 구조를 공업 중심의 산업 구조로 바꾸려고 노력하였다.

[9~10] 다음 글을 읽고, 물음에 답하시오.

> 1960년대에 우리나라 기업은 가발, 의류, 신발 등과 같은 (㉠) 제품의 수출을 늘리는 데 힘썼습니다. 당시 우리나라는 자본과 기술은 부족하였지만 ＿＿＿＿＿ ㉡ ＿＿＿＿＿ 때문에 (㉠) 제품을 낮은 가격에 생산하고 수출할 수 있었습니다.

9 윗글의 ㉠에 공통으로 들어갈 알맞은 산업은 무엇입니까? (　　)

① 농업　② 경공업　③ 서비스업
④ 첨단 산업　⑤ 중화학 공업

서술형

10 윗글의 ㉡에 들어갈 알맞은 내용을 쓰시오.

＿＿＿＿＿＿＿＿＿＿＿＿＿＿＿＿＿＿＿＿

＿＿＿＿＿＿＿＿＿＿＿＿＿＿＿＿＿＿＿＿

11 우리나라에서 자동차 산업이 크게 성장한 시기를 연표에서 골라 기호를 쓰시오.

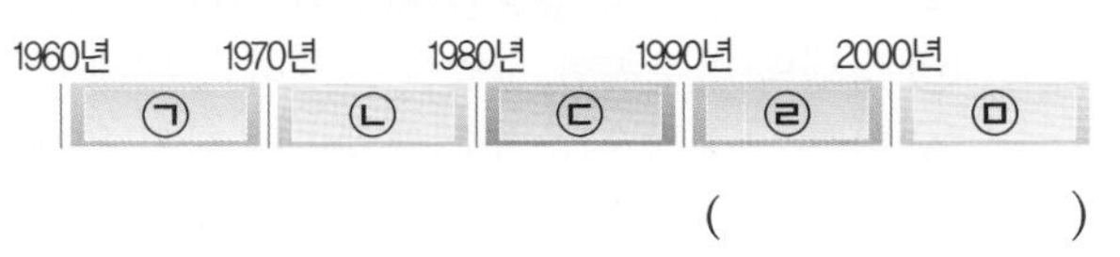

(　　)

12 우리나라에서 1990년대에 반도체 산업이 발달하게 된 까닭은 무엇입니까? (　　)

① 가발, 의류 등을 주로 수출하였기 때문에
② 컴퓨터와 가전제품의 생산이 늘어났기 때문에
③ 정부가 철강 및 석유 화학 기업들을 지원하였기 때문에
④ 대형 선박을 수출하여 세계에서 기술력을 인정받았기 때문에
⑤ 산업 구조가 경공업 중심에서 중화학 공업 중심으로 바뀌었기 때문에

중요

13 우리나라에서 2000년대 이후에 본격적으로 발달하기 시작한 산업으로 알맞지 않은 것은 무엇입니까? (　　)

①
▲ 로봇 산업

②

▲ 철강 산업

③

▲ 항공 우주 산업

④
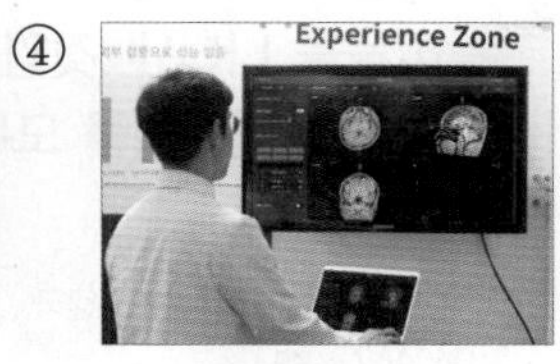

▲ 의료 서비스 산업

14 경제적 양극화 문제를 해결하기 위한 정부의 노력으로 알맞은 것을 두 가지 고르시오. (　　,　　)

① 무료 급식소를 모두 없앤다.
② 복지와 관련된 법률을 폐지한다.
③ 소득이 적은 사람들에게 생계비를 지원한다.
④ 소득이 적은 사람들에게 양육비를 지원한다.
⑤ 소득이 적은 사람들에게 더 많은 세금을 부과한다.

2 단원

15 다음 빈칸에 들어갈 알맞은 말을 두 가지 고르시오. (,)

> 무역이 필요한 까닭은 나라마다 ( ) 등이 달라 더 잘 생산할 수 있는 물건이나 서비스가 다르기 때문입니다.

① 언어
② 자연환경
③ 기술 수준
④ 사람들의 직업
⑤ 사람들의 피부색

16 다음 빈칸에 공통으로 들어갈 알맞은 말을 쓰시오.

> ( )(이)란 물품이 채취·생산·제조·가공된 지역을 말합니다. 물건의 ( )을/를 살펴보면 그 물건이 어느 나라에서 만들어진 것인지 알 수 있습니다.

( )

17 다음 그래프는 우리나라의 나라별 수출액과 수입액 비율을 나타낸 것입니다. 그래프에 대해 바르게 이야기한 어린이를 모두 쓰시오.

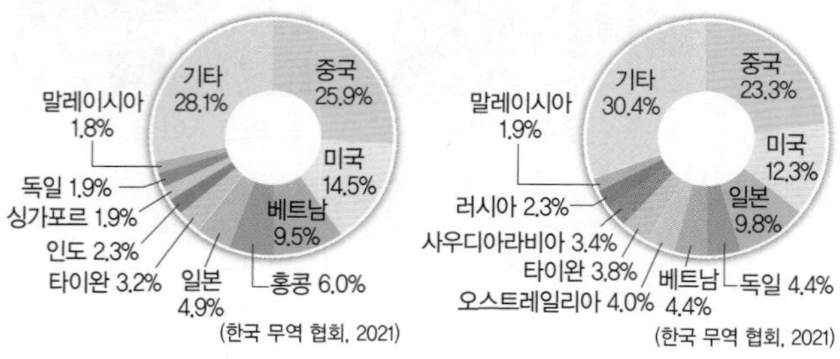

▲ 나라별 수출액 비율 ▲ 나라별 수입액 비율

> • 민아: 우리나라와 무역이 가장 활발한 나라는 독일이야.
> • 동하: 우리나라의 수입액 비율이 높은 나라는 중국, 미국, 일본 등이야.
> • 윤서: 우리나라의 수출액 비율이 높은 나라는 중국, 미국, 베트남 등이야.

( )

중요

18 다른 나라와의 경제 교류가 개인에 미친 영향으로 알맞은 것은 어느 것입니까? ( )

① 개인의 경제활동 범위가 좁아졌다.
② 외국 기업과 새로운 기술이나 아이디어를 주고받을 수 있다.
③ 우리나라 국민이 외국 기업에서 일자리를 얻기 어렵게 되었다.
④ 다른 나라에 공장을 세워 물건을 만들고 옮기는 비용을 줄일 수 있다.
⑤ 소비자가 전 세계의 다양한 물건을 값싸게 살 수 있는 기회가 늘어났다.

19 다음 빈칸에 공통으로 들어갈 알맞은 말은 무엇입니까? ( )

> 우리나라는 다른 나라와 도움을 주고받는 동시에 세계 시장에서 ( )하기도 합니다. 같은 종류의 물건을 만드는 다른 나라와 ( )하는데, 특히 새로운 기술이 많이 필요한 휴대 전화, 전자 기기, 자동차 시장에서의 ( )은/는 더욱 치열합니다.

① 경쟁
② 교류
③ 단합
④ 의존
⑤ 화합

20 세계 여러 나라가 자기 나라의 경제를 보호하려는 까닭으로 알맞지 않은 것은 어느 것입니까? ( )

① 국민의 실업을 방지하기 위해서
② 국가의 안정적 성장을 이루기 위해서
③ 경쟁력이 부족한 산업을 보호하기 위해서
④ 다른 나라의 불공정 거래에 대응하기 위해서
⑤ 자기 나라의 물건에 높은 관세를 부과하기 위해서

실전 단원 평가 2회

2. 우리나라의 경제 발전

1 기업의 경제적 역할로 알맞지 않은 것은 어느 것입니까? (　　)

① 사람들에게 일자리를 제공한다.
② 생활에 필요한 물건을 구매한다.
③ 상품을 많이 팔려고 광고를 한다.
④ 사람들의 생활에 필요한 서비스를 제공한다.
⑤ 사람들의 생활에 필요한 물건을 만들어 판매한다.

2 다음 그림을 보고, 가계와 기업의 관계를 바르게 이야기한 어린이는 누구인지 쓰시오.

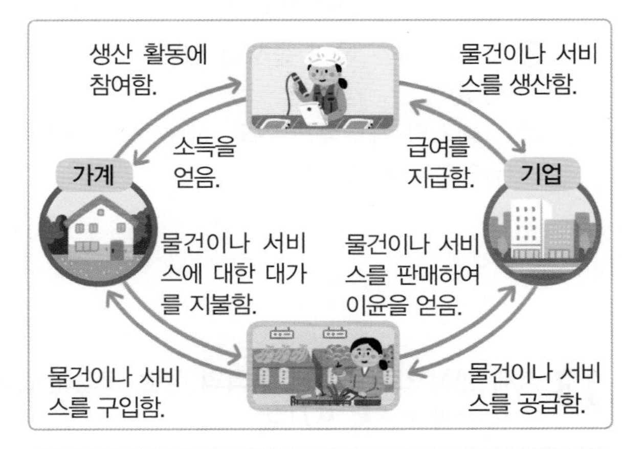

- 재훈: 가계는 기업의 도움을 받기만 해.
- 유리: 가계와 기업이 하는 일은 서로에게 도움이 돼.
- 찬영: 가계와 기업이 하는 일은 서로 아무 관련이 없어.

(　　　　)

3 다음 보기 에서 가계의 합리적 선택 방법으로 알맞은 것을 모두 골라 기호를 쓰시오.

보기
㉠ 고려해야 할 선택 기준을 세운다.
㉡ 모든 상품은 선택 기준을 가격으로 한다.
㉢ 선택 기준에 따라 다양한 상품을 비교하여 가장 큰 만족을 얻을 수 있는 것을 고른다.

(　　　　)

서술형

4 다음 밑줄 친 부분에 들어갈 알맞은 내용을 쓰시오.

> 기업은 소비자가 원하는 것을 파악하여 물건을 더 많이 팔 수 있는 방법을 고민합니다. 특히 기업은 ______________________ 있도록 합리적 선택을 하고자 노력합니다.

____

____

5 언제 어디에서든지 물건을 구매할 수 있는 특징을 가진 시장을 두 가지 고르시오. (　　,　　)

① 백화점　　② 홈 쇼핑
③ 전통 시장　　④ 대형 할인점
⑤ 인터넷 쇼핑

중요

6 우리나라 경제의 특징으로 알맞은 것은 어느 것입니까? (　　)

① 개인 간, 기업 간의 경쟁이 없다.
② 개인에게만 경제활동의 자유가 있다.
③ 정부는 경제활동에 전혀 개입하지 않는다.
④ 기업은 경제적 자유를 얻기 위해 경쟁을 한다.
⑤ 개인과 기업은 자유롭게 경제활동을 하면서 이익을 얻고자 경쟁을 한다.

7 다음과 같은 노력을 하는 곳은 어디입니까? (　　)

> 공정하지 않은 경제활동으로 나타나는 문제에 관련 법률을 적용하여 제재합니다.

① 가계　　② 기업　　③ 정부
④ 시장　　⑤ 시민 단체

2 단원

8 1960년대에 정부가 철도, 도로, 항만 등과 같은 시설을 건설한 까닭은 무엇입니까? (　　　)

① 식량난을 해소하기 위해서
② 기업 간의 경쟁을 감시하기 위해서
③ 국민에게 더 많은 세금을 거두기 위해서
④ 농업을 주요 산업으로 성장시키기 위해서
⑤ 기업이 국내에서 생산한 제품을 운반하여 수출할 수 있도록 돕기 위해서

9 1970년대에 우리나라에서 주로 발달한 산업이 아닌 것은 무엇입니까? (　　　)

① 전자 산업　② 조선 산업
③ 철강 산업　④ 반도체 산업
⑤ 석유 화학 산업

서술형

10 다음 그래프를 보고, 1970년대 이후 우리나라의 산업 구조가 어떻게 바뀌었는지 쓰시오.

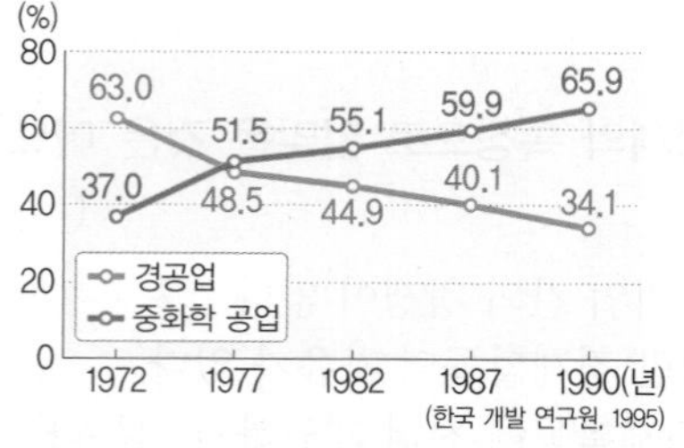

▲ 연도별 경공업과 중화학 공업의 생산 비중

11 우리나라에 초고속 정보 통신망이 보급되면서 달라진 점으로 알맞지 않은 것은 어느 것입니까? (　　　)

① 인터넷 이용이 보편화되었다.
② 경부 고속 국도가 개통되었다.
③ 인터넷 관련 기업들이 늘어났다.
④ 정보를 빠르게 주고받을 수 있게 되었다.
⑤ 정보 통신 기술과 관련된 산업이 함께 발전하였다.

중요

12 다음 그래프에 대한 설명으로 알맞지 않은 것은 어느 것입니까? (　　　)

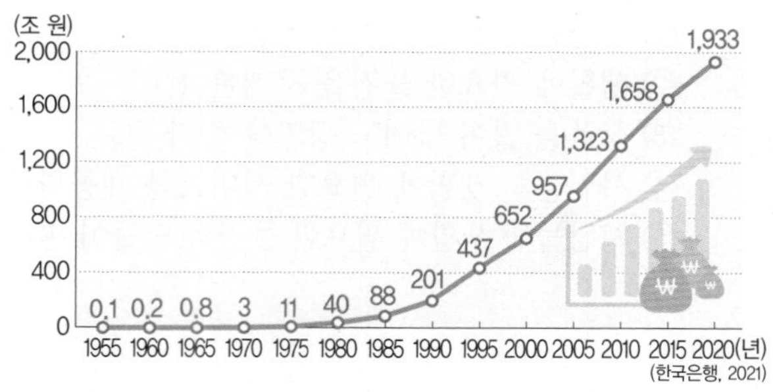

▲ 우리나라 국내 총생산의 변화

① 우리나라의 경제 성장을 보여 준다.
② 1990년의 국내 총생산 금액이 가장 높다.
③ 1955년 이후 국내 총생산은 계속 증가하였다.
④ 2015년에는 국내 총생산 금액이 1,500조 원을 넘었다.
⑤ 그래프의 가로축은 연도, 세로축은 국내 총생산 금액을 나타내고 있다.

13 경제 성장으로 변화한 우리의 생활 모습을 순서대로 알맞게 기호를 쓰시오.

㉠ 지하철 개통	㉡ 컴퓨터 대중화
㉢ 스마트폰 대중화	㉣ 흑백텔레비전 출시

(　　→　　→　　→　　)

14 다음과 같은 노력으로 해결하고자 하는 경제 성장 과정에서 나타난 문제점은 어느 것입니까? (　　　)

- 정부는 근로자와 기업이 민주적으로 문제를 해결할 수 있도록 중재합니다.
- 근로자와 기업의 경영자는 대화로써 갈등을 해결하고, 더 나은 근무 환경을 만들 수 있도록 함께 노력합니다.

① 노사 갈등　② 환경 오염
③ 에너지 부족　④ 세대 간 갈등
⑤ 경제적 양극화

15 다음 글의 ○○ 나라가 △△ 나라에서 구할 수 있는 것은 무엇입니까? (　　)

> ○○ 나라는 철광석, 원유, 목재, 천연고무 등과 같은 자원과 노동력이 풍부하지만 휴대 전화, 자동차, 배 등을 만드는 기술이 부족합니다. △△ 나라는 배, 자동차, 반도체 등을 만드는 기술은 뛰어나지만 원유, 목재, 천연고무 등의 자원은 부족합니다.

① 원유　② 목재
③ 자동차　④ 철광석
⑤ 천연고무

[16~17] 다음 그래프를 보고, 물음에 답하시오.

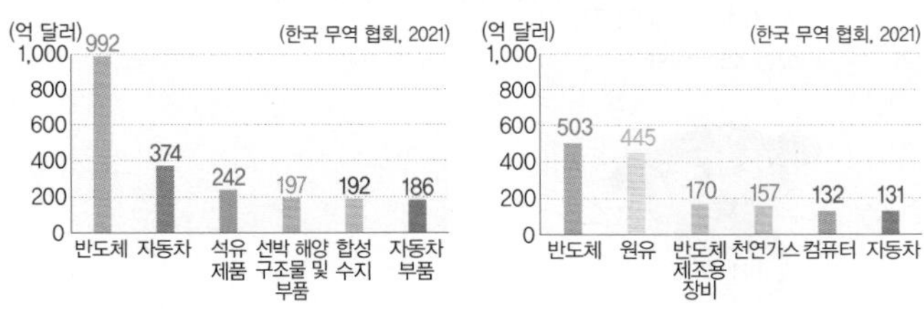

▲ 우리나라의 주요 수출품　▲ 우리나라의 주요 수입품

16 위 그래프를 보고, 우리나라에서 가장 많이 수출하고 수입하는 품목은 무엇인지 쓰시오.

(　　　　)

17 위 그래프와 같이 원유를 많이 수입하는 우리나라가 석유 제품 수출액도 많은 까닭으로 알맞은 것을 두 가지 고르시오. (　　,　　)

① 원유 가격은 항상 똑같기 때문에
② 다양한 석유 제품을 만들 수 있기 때문에
③ 우리나라의 에너지 자원이 풍부하기 때문에
④ 우리나라에서 원유가 많이 생산되기 때문에
⑤ 원유를 가공, 처리하는 기술이 뛰어나기 때문에

중요

18 다른 나라와의 경제 교류가 기업의 경제생활에 미친 영향으로 알맞지 않은 것은 어느 것입니까?

(　　)

① 우리나라의 모든 공장이 문을 닫게 되었다.
② 외국 기업과 아이디어를 주고받을 수 있게 되었다.
③ 외국 기업과 새로운 기술을 주고받을 수 있게 되었다.
④ 다른 나라에 공장을 세워 그 나라의 노동력을 활용할 수 있게 되었다.
⑤ 다른 나라에 공장을 세워 제품을 생산하고 판매하는 과정에서 드는 비용을 줄일 수 있게 되었다.

19 다음 보기에서 자유 무역 협정(FTA)에 대한 설명으로 알맞은 것을 모두 골라 기호를 쓰시오.

> 보기
> ㉠ 우리나라는 아직 어느 나라와도 체결하지 않았다.
> ㉡ 나라 간 경제 교류를 더 자유롭고 편리하게 하려고 맺는다.
> ㉢ 나라와 나라 사이에 상품의 자유로운 이동을 가로막는 세금, 제도 등을 줄이거나 없애기로 한 약속이다.

(　　　　)

20 다음 밑줄 친 ㉠~㉣ 중 알맞지 않은 내용을 골라 기호를 쓰시오.

> 무역을 하면서 불리한 점이 생기면 ㉠ 정부는 자기 나라의 경제를 보호하려고 ㉡ 수입을 제한하는 법이나 제도를 만들기도 합니다. 서로 자기 나라의 경제만을 보호하려고 하면 ㉢ 다른 나라와 무역을 하기가 쉬워지고, ㉣ 새로운 무역 문제가 발생할 수도 있습니다.

(　　　　)

2 단원

수행 평가 2. 우리나라의 경제 발전

주제 ❶

가계의 합리적 선택

|목표| • 가계의 합리적 선택을 위한 다양한 기준이 있음을 알고, 이를 구분할 수 있다.
• 개인마다 합리적 선택 기준이 다른 까닭을 설명할 수 있다.

✽ 다음 표는 각기 다른 특징을 가진 노트북을 비교한 것입니다. 이를 읽고, 물음에 답하시오.

구분	㉠ 노트북	㉡ 노트북	㉢ 노트북
가격	150만 원	100만 원	80만 원
화면 크기	43cm	38cm	38cm
무상 관리 기간	1년	2년	6개월
에너지 사용량	보통임.	많음.	적음.

1-❶ 위 ㉠~㉢ 노트북 중에서 다음과 같은 선택 기준을 가진 사람이 선택할 노트북을 골라 기호를 쓰시오.

(1)

( ) 노트북

(2)

( ) 노트북

1-❷ 위 표에서 ㉠ 노트북을 선택했다면 우선적으로 어떤 선택 기준을 고려한 것인지 쓰시오.

1-❸ 위와 같이 사람마다 선택 기준이 다른 까닭을 쓰시오.

주제 ❷

우리나라와 다른 나라의 경제 관계

|목표| • 무역에서 수출과 수입의 의미를 구분할 수 있다.
• 우리나라와 다른 나라의 경제 관계를 파악할 수 있다.
• 우리나라가 다른 나라와 다양한 경제 관계를 맺는 까닭을 설명할 수 있다.

✽ 다음은 우리나라와 다른 나라의 경제 관계를 나타낸 것입니다. 이를 보고, 물음에 답하시오.

(가)

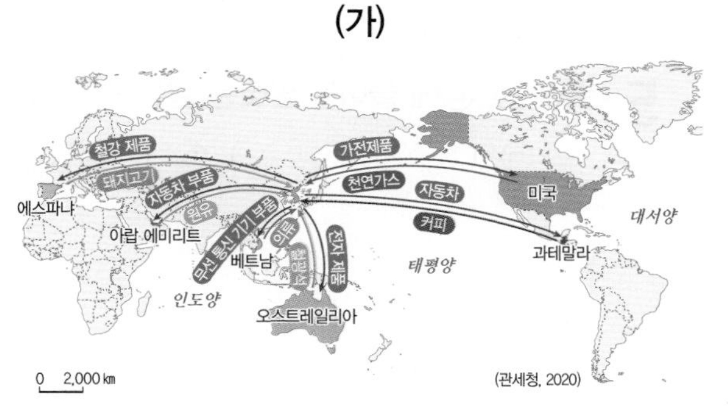

▲ 우리나라와 다른 나라의 상호 의존 관계

(나)

기술 경쟁 / 가격 경쟁

▲ 우리나라와 다른 나라의 경쟁 관계

2-❶ 위 (가) 지도에서 우리나라의 수출품을 찾아 두 가지 이상 쓰시오.

( )

2-❷ 위 (가), (나) 자료를 보고, 우리나라와 다른 나라는 어떤 경제 관계를 맺고 있는지 쓰시오.

2-❸ 위 (가), (나) 자료와 같이 우리나라가 다른 나라와 다양한 경제 관계를 맺는 까닭을 쓰시오.

1 4·19 혁명의 결과로 알맞은 것은 어느 것입니까? (   )

① 대통령 직선제가 이루어졌다.
② 이승만이 다시 대통령에 당선되었다.
③ 박정희 정부가 유신 헌법을 발표하였다.
④ 재선거를 통해 새로운 정부가 들어섰다.
⑤ 간접 선거로 전두환이 대통령이 되었다.

2 1979년 군사 정변으로 권력을 장악한 인물은 누구입니까? (   )

① 김대중 ② 박정희 ③ 윤보선
④ 이승만 ⑤ 전두환

중요

3 6월 민주 항쟁의 결과, 당시 여당 대표가 발표한 다음과 같은 내용을 담고 있는 선언은 무엇인지 쓰시오.

- 대통령 직선제 시행
- 언론의 자유 보장
- 지방 자치제 시행
- 인간의 존엄성 보장

(   )

4 생활 속에서 볼 수 있는 다음과 같은 문제 해결 과정을 무엇이라고 합니까? (   )

- 학교에서 선거로 학생 대표를 뽑는 일
- 가족회의에서 아이의 스마트폰 사용 규칙을 정하는 일

① 경제 ② 교육 ③ 문화
④ 여가 ⑤ 정치

[5~6] 다음은 민주주의를 실천하는 바람직한 태도를 정리한 표입니다. 이를 읽고, 물음에 답하시오.

㉠	나와 다른 생각과 의견을 인정하고 존중하는 태도
비판적 태도	㉢
양보와 타협	상대방에게 어떤 일을 배려하고 서로 협의하는 자세
㉡	함께 결정한 일을 따르고 실제로 행동하는 자세

5 위의 ㉠, ㉡에 들어갈 알맞은 말을 각각 쓰시오.

㉠: (   ), ㉡: (   )

서술형

6 위의 ㉢에 들어갈 알맞은 내용을 쓰시오.

7 다수결의 원칙에 대해 바르게 이야기한 어린이는 누구인지 쓰시오.

- 윤수: 소수의 의견은 무시해야 해.
- 세정: 항상 옳은 결정을 내릴 수 있는 의사 결정 방법이야.
- 도훈: 사람들끼리 양보와 타협이 어려울 때 쉽고 빠르게 문제를 해결할 수 있어.

(   )

6학년 반	점수
이름	

학업 성취도 평가

[8~9] 다음 자료는 우리나라의 삼권 분립을 나타낸 것입니다. 이를 보고, 물음에 답하시오.

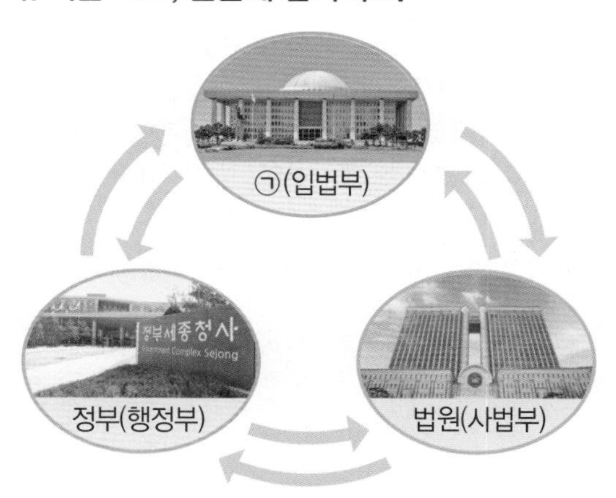

8 위 자료의 ㉠에 들어갈 국가 기관을 쓰시오.

(　　　　　　　)

중요

9 위 자료와 같은 삼권 분립을 실시하는 까닭은 무엇입니까? (　　　)

① 대통령의 힘을 더욱 강화하기 위해서
② 국민의 자유와 권리를 지키기 위해서
③ 한 기관에 권력을 집중시키기 위해서
④ 법원의 권력을 더욱 강화하기 위해서
⑤ 국가 기관이 국가의 중요한 일을 마음대로 처리하도록 하기 위해서

10 다음과 같은 회의를 하는 기관은 어디입니까? (　　　)

① 국회　② 법원　③ 행정부
④ 시민 단체　⑤ 헌법 재판소

11 헌법 재판소에서 하는 일이 아닌 것은 어느 것입니까? (　　　)

① 법률이 헌법에 어긋나는지 심판한다.
② 정당이 헌법 질서를 어지럽혔을 때 심판한다.
③ 개인과 개인 간의 다툼이 생겼을 때 심판한다.
④ 국가 권력이 국민의 기본권을 침해하였는지 심판한다.
⑤ 높은 지위에 있는 공무원이 헌법이나 법률에 어긋나는 행위를 하였는지 심판한다.

12 다음 ㉠, ㉡에 들어갈 알맞은 말을 각각 쓰시오.

> 가계는 기업의 생산 활동에 참여하고 그 대가로 (㉠)을/를 얻어 소비 활동을 합니다. 기업은 사람들에게 일자리를 제공하고 사람들의 생활에 필요한 물건이나 서비스를 만들어 판매하여 (㉡)을/를 얻습니다.

㉠: (　　　　　), ㉡: (　　　　　)

13 과자 회사가 합리적 선택을 하려고 할 때 고민하는 내용으로 알맞지 않은 것은 어느 것입니까? (　　　)

① 과자를 얼마나 만들어야 할까?
② 어떤 과자를 만들어야 잘 팔릴까?
③ 신제품 과자를 어떻게 홍보하면 좋을까?
④ 어떤 과자를 구입하면 만족감이 가장 클까?
⑤ 과자를 만드는 데 돈과 노동력이 얼마나 필요할까?

14 건물이나 땅을 사고파는 시장은 어느 것입니까? (　　　)

① 외환 시장　② 전통 시장
③ 주식 시장　④ 부동산 시장
⑤ 일자리 시장

15 다음과 같은 일을 하는 정부 기관을 쓰시오.

> 기업들의 공정한 경쟁을 위하여 필요한 규칙을 만들고, 기업들이 규칙을 잘 지키는지 감시하는 역할을 합니다.

( )

16 1960년대 우리나라의 경제 성장 모습으로 알맞은 것은 어느 것입니까? ( )

① 농업 발전에 힘을 모았다.
② 첨단 산업이 주로 발달하였다.
③ 자동차 산업이 크게 성장하였다.
④ 중화학 공업 중심의 산업 구조로 바뀌었다.
⑤ 경공업이 발달하였고 가계의 소득도 점점 증가하였다.

17 다음 보기 에서 우리나라 반도체 산업의 발달 모습에 대한 설명으로 알맞은 것을 모두 골라 기호를 쓰시오.

> 보기
> ㉠ 1950년대부터 연구를 시작하였다.
> ㉡ 1990년대에 세계적으로 인정받는 반도체를 개발하고 생산하였다.
> ㉢ 1990년대에 컴퓨터와 가전제품의 생산이 늘어나면서 핵심 부품인 반도체의 중요성이 커졌다.

( )

18 오늘날 경제 성장으로 변화한 우리 사회의 모습으로 알맞지 않은 것은 어느 것입니까? ( )

① 세계적으로 한류 문화가 확산되었다.
② 해외로 여행을 떠나는 사람이 많아졌다.
③ 우리나라로 여행을 오는 외국인 관광객이 늘어났다.
④ 다른 나라에 의료, 식량, 교육 서비스 등을 지원하고 있다.
⑤ 세계인이 모이는 국제 행사가 더 이상 열리기 어렵게 되었다.

중요

19 나라와 나라 사이에 무역을 하는 까닭으로 알맞지 않은 것은 어느 것입니까? ( )

① 나라마다 자원이 다르기 때문이다.
② 나라마다 기술이 다르기 때문이다.
③ 나라마다 언어가 다르기 때문이다.
④ 나라마다 자연환경이 다르기 때문이다.
⑤ 나라마다 더 잘 생산할 수 있는 물건이 다르기 때문이다.

20 우리나라가 다른 나라와 맺고 있는 경제 관계로 알맞지 않은 것은 어느 것입니까? ( )

① 서로 의존하기도 하고 경쟁하기도 한다.
② 다른 나라와 서로 경제적 도움을 주고받는다.
③ 같은 종류의 물건을 만드는 다른 나라와 서로 경쟁하기도 한다.
④ 새로운 기술이 많이 필요한 분야에서의 경쟁이 매우 치열하다.
⑤ 우리나라는 주로 자원, 노동력 등을 수출하고, 발전된 기술과 좋은 품질의 물건을 수입한다.

학업성취도 평가 대비 문제 2회

1. 우리나라의 정치 발전 ~ 2. 우리나라의 경제 발전

6학년 반	점수
이름	

서술형

1 다음과 같은 현상이 나타난 이유를 쓰시오.

> 5·18 민주화 운동 당시 전라남도 광주가 아닌 다른 지역의 사람들은 광주에서 어떤 일이 일어나고 있는지 제대로 알 수 없었습니다.

2 다음 사진과 같은 민주화 운동이 일어난 까닭으로 알맞은 것은 어느 것입니까? (　　)

① 이승만이 독재 정치를 하였다.
② 노태우가 대통령에 당선되었다.
③ 박정희가 5·16 군사 정변을 일으켰다.
④ 전두환 정부가 민주주의를 탄압하였다.
⑤ 정부가 국민의 대통령 직선제 요구를 받아들였다.

3 우리나라의 지방 자치제에 대한 설명으로 알맞지 <u>않은</u> 것은 어느 것입니까? (　　)

① '풀뿌리 민주주의'라고 부르기도 한다.
② 6월 민주 항쟁의 결과 다시 시행되었다.
③ 국민이 뽑은 선거인단이 대표를 뽑는 제도이다.
④ 지역의 대표는 주민들이 낸 의견을 반영하여 지역 문제를 민주적으로 해결한다.
⑤ 1995년에 지방 의회 의원과 지방 자치 단체장 선거를 동시에 실시하면서 정착되었다.

중요

4 다음 사건을 일어난 순서대로 기호를 쓰시오.

> ㉠ 4·19 혁명　　㉡ 6월 민주 항쟁
> ㉢ 5·16 군사 정변　　㉣ 5·18 민주화 운동

(　　→　　→　　→　　)

5 진정한 민주주의를 이루기 위한 노력으로 알맞은 것은 어느 것입니까? (　　)

① 일부 사람만 국가의 일을 결정한다.
② 국가의 통제하에 자신의 의사를 결정한다.
③ 성인에 한해서 인간의 존엄성을 존중한다.
④ 나의 자유를 위해 다른 사람의 자유를 침해한다.
⑤ 성별, 인종, 재산, 종교, 장애 등에 따라 부당하게 차별하지 않는다.

6 민주적 의사 결정 원리에 따른 문제 해결 과정 중 다양한 문제 해결 방안을 생각하는 것은 어느 과정에 해당합니까? (　　)

① 문제 확인하기
② 문제 발생 원인 파악하기
③ 문제 해결 방안 결정하기
④ 문제 해결 방안 실천하기
⑤ 문제 해결 방안 탐색하기

7 다음 민주 선거의 기본 원칙을 알맞게 짝지은 것은 어느 것입니까? (　　)

> (가) 투표권이 있는 사람이 직접 투표합니다.
> (나) 선거일 기준으로 만 18세 이상의 국민이면 누구나 투표할 수 있습니다.

	(가)	(나)
①	비밀 선거	보통 선거
②	직접 선거	보통 선거
③	직접 선거	평등 선거
④	평등 선거	비밀 선거
⑤	평등 선거	직접 선거

중요

8 우리나라에서 다음과 같은 제도를 둔 까닭으로 알맞은 것은 어느 것입니까? (　　)

> 한 사건에 대해 다른 종류의 법원에서 세 번까지 재판을 받을 수 있도록 하고 있습니다.

① 공정한 재판을 위해서
② 세금을 줄이기 위해서
③ 국가의 일자리를 늘리기 위해서
④ 국가 기관이 국민을 감시하기 위해서
⑤ 국민이 정치에 관심을 가지게 하기 위해서

9 국회에서 어린이 보호 구역 지정과 관련해 할 수 있는 일을 보기 에서 모두 골라 기호를 쓰시오.

보기
㉠ 어린이 보호 구역에 신호등, 안전 표지판을 설치한다.
㉡ 어린이 보호 구역에서 과속하여 사고를 낸 운전자를 재판하여 처벌한다.
㉢ 어린이 보호 구역 내 신호등, 안전 표지판을 제대로 설치하였는지 국정 감사를 실시한다.
㉣ 어린이 보호 구역에 신호등을 설치하고 이 구역에서 큰 사고를 낸 운전자를 처벌하는 법안을 통과시킨다.

(　　　　)

10 다음 사진에 나타난 가계의 경제적 역할로 알맞은 것은 어느 것입니까? (　　)

① 기업의 생산 활동에 참여한다.
② 소득으로 필요한 물건을 산다.
③ 사람들에게 일자리를 제공한다.
④ 상품을 많이 팔려고 광고를 한다.
⑤ 사람들이 생활하는 데 필요한 서비스를 제공해 이윤을 얻는다.

11 다음 중 컴퓨터를 살 때 가격을 가장 중요하게 생각하는 어린이는 누구인지 쓰시오.

> • 민재: 무상 관리 기간이 긴 컴퓨터가 좋겠어.
> • 보라: 같은 조건이라면 더 싼 제품을 선택할래.
> • 재석: 가격이 조금 더 비싸더라도 디자인이 예쁜 컴퓨터가 좋겠어.
> • 향기: 화면 크기가 비슷하다면 에너지 사용량이 적은 컴퓨터를 선택할래.

(　　　　)

12 자유와 경쟁을 보장하는 경제 활동이 우리 생활에 미치는 영향을 보기 에서 모두 골라 기호를 쓰시오.

보기
㉠ 개인의 능력을 더 잘 발휘할 수 있다.
㉡ 소비자는 원하는 물건을 사기 힘들다.
㉢ 기업은 더 뛰어난 상품을 개발하여 많은 이윤을 얻을 수 있다.

(　　　　)

13 다음 빈칸에 들어갈 알맞은 말을 쓰시오.

> 1970년대에 우리나라 정부는 (　　　) 육성 계획을 발표하고 철강, 화학, 기계, 조선, 전자 등의 산업을 성장시키는 정책을 펼쳤습니다.

(　　　　)

14 우리나라에서 2000년대 이후 새롭게 발달하고 있는 산업으로 알맞지 않은 것은 무엇입니까? (　　)

① 금융 산업　　② 신발 산업
③ 신소재 산업　　④ 문화 콘텐츠 산업
⑤ 의료 서비스 산업

서술형

15 다음 그래프의 1975년 이후 우리나라 1인당 국민 총소득의 변화를 통해 알 수 있는 점을 쓰시오.

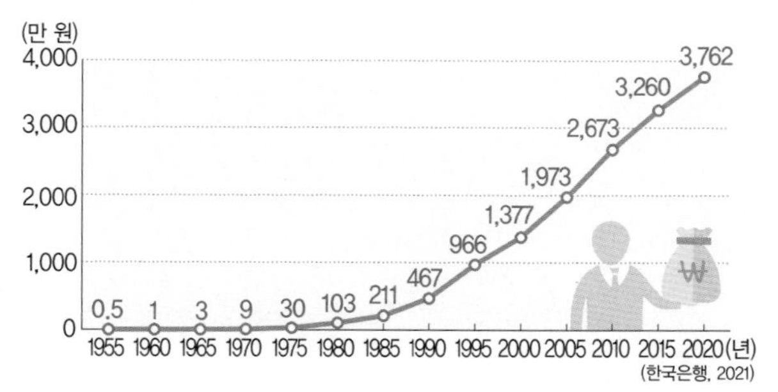

▲ 1인당 국민 총소득의 변화

16 다음은 경제 성장 과정에서 나타난 어떤 문제점을 해결하려는 노력입니까? (　　)

- 기업: 친환경 제품 개발 및 생산
- 시민: 일회용품을 줄이는 생활 습관 실천
- 정부: 기업이 친환경 제품을 만들도록 지원

① 노사 갈등　② 빈부 격차
③ 주택 부족　④ 환경 오염
⑤ 일자리 문제

17 다음 ㉠, ㉡에 들어갈 알맞은 말을 각각 쓰시오.

나라와 나라 사이에 물건, 서비스를 사고파는 것을 (㉠)(이)라고 합니다. 이때 우리나라에서 만든 것을 다른 나라에 파는 것을 (㉡), 다른 나라에서 만든 것을 우리나라로 사 오는 것을 수입이라고 합니다.

㉠: (　　　　), ㉡: (　　　　)

중요

18 다음 그래프를 보고 알 수 있는 사실로 알맞은 것은 어느 것입니까? (　　)

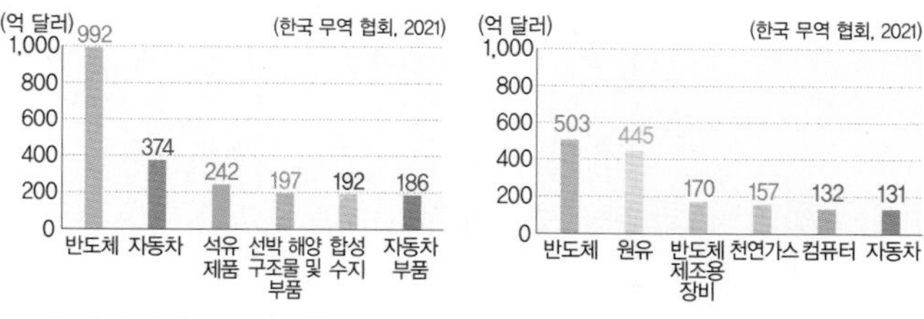

▲ 우리나라의 주요 수출품　▲ 우리나라의 주요 수입품

① 우리나라의 주요 수입품은 합성수지이다.
② 우리나라는 석유 제품을 수출하기 어렵다.
③ 원유는 우리나라 주요 수출품 중 하나이다.
④ 주요 수출품과 주요 수입품이 모두 동일하다.
⑤ 반도체는 주요 수출품인 동시에 주요 수입품이다.

서술형

19 다음 밑줄 친 부분에 들어갈 알맞은 이유를 쓰시오.

_______________ 다른 나라로 여행을 가지 않아도 우리나라에 있는 식당에서 다양한 나라의 음식을 먹을 수 있습니다.

20 다음 보기 에서 우리나라가 다른 나라와 무역을 하면서 겪는 문제를 해결할 수 있는 방법으로 알맞은 것을 모두 골라 기호를 쓰시오.

보기
㉠ 무역과 관련된 국내 기관을 설립한다.
㉡ 세계 여러 나라와 협상하고 합의한다.
㉢ 무역과 관련된 일을 하는 국제기구에는 가입하지 않는다.

(　　　　)

Memo